普通高等教育经济管理类专业基础课精品系列教材

实用商务谈判

刘 华 周 莉 主编

白彦瑶 叶 静 邵 洵 许 翔 副主编

科学出版社

北 京

内 容 简 介

本书是一本深入浅出、通俗易懂的商务谈判教材，旨在对谈判的策略和技巧进行理论提炼和系统传授。全书以商务谈判为主线，突出能力培养和技能应用，通过案例分析和实训项目，帮助学生掌握商务谈判的基本流程和具体操作。本书共 8 章，分别为商务谈判概述、商务谈判的过程、商务谈判的沟通技巧、商务谈判的语言技巧、商务谈判的价格策略、商务谈判障碍的排除、国际商务谈判、商务谈判礼仪。

本书可作为普通高等院校（应用型本科、高职高专）、成人高校、民办高校及本科院校直属的二级职业技术学院市场营销、国际贸易、电子商务、物流管理、工商管理等经济与管理类专业教材，也可作为政府机构、经济贸易部门、相关企业的培训教材。

图书在版编目（CIP）数据

实用商务谈判/刘华，周莉主编. —北京：科学出版社，2019.12

（普通高等教育经济管理类专业基础课精品系列教材）

ISBN 978-7-03-063543-3

Ⅰ. ①实… Ⅱ. ①刘… ②周… Ⅲ. ① 商务谈判—高等学校—教材Ⅳ. ①F715.4

中国版本图书馆 CIP 数据核字（2019）第 264549 号

责任编辑：薛飞丽 彭立军/ 责任校对：王 颖

责任印制：吕春珉 / 封面设计：艺和天下

科学出版社出版

北京东黄城根北街 16 号

邮政编码：100717

http://www.sciencep.com

北京鑫丰华彩印有限公司印刷

科学出版社发行 各地新华书店经销

*

2020 年 1 月第 一 版 开本：787×1092 1/16

2020 年 1 月第一次印刷 印张：14 3/4

字数：339 000

定价：39.00 元

（如有印装质量问题，我社负责调换〈鑫丰华〉）

销售部电话 010-62136230 编辑部电话 010-62135397-2039

前　言

商务谈判是一种充满挑战的特殊交际活动，它需要品格、心理、才能均出类拔萃的优秀人才。怎样使学生通过学习真正理解商务谈判的原理，掌握一定谈判技能，并为日后的自我提高奠定良好的基础，这是高等院校的一大课题，也是高校教师义不容辞的职责。为了满足高等院校教学，以及政府机构工作人员、外贸及工商管理人员、营销人员的实践需要，编者组织长期从事商务谈判的教学人员和商贸战线的谈判精英编写了本书。全书内容涉及商务谈判的基本原理、商务谈判的过程、商务谈判的沟通技巧、商务谈判的语言技巧、商务谈判的价格技巧、商务谈判的障碍排除、国际商务谈判、商务谈判礼仪等。

本书主要有以下突出特点。

1．以突出能力技巧和实际应用为核心，通过一系列案例分析和实训项目，将理论阐述融入实际谈判业务操作，让学生全面了解并掌握商务谈判的基本流程和具体操作。

2．在结构安排上，以案例导入、理论介绍、案例分析、实践训练为顺序，由浅入深，循序渐进，培养学生分析问题和解决问题的能力。

3．从“实际、实用、实效”的宗旨出发，结合众多谈判人员的体会，突出商务谈判的方法和技巧，选择当前实用的谈判原理及相关谈判案例，用以说明商务谈判成败的要点。

本书由刘华、周莉担任主编，白彦瑶、叶静、邵洵、许翔担任副主编。具体的编写分工如下：第一章由刘华执笔；第二章由周莉执笔；第三章由邵洵执笔；第四章由夏进迪、余菲执笔；第五章由刘丽娟执笔；第六章由许翔执笔；第七章由白彦瑶执笔；第八章由叶静执笔。刘华负责总体框架的设计、编写大纲的审定、各章初稿的修订及全书的总纂与定稿。

本书附有教学课件，感兴趣的读者请到科学出版社职教技术出版中心网站（www.abook.cn）下载。

编者在编写本书的过程中，参考和引用了国内外众多学者的研究成果，他们的观点和独到的思维方法给了编者许多启迪，谨致以诚挚谢意。

由于编者水平有限，加之时间仓促，书中不足之处在所难免，恳请读者批评指正。

编　者

2019 年 2 月

目　录

第一章
商务谈判概述

案例导入

信达公司与宏盛公司就合作事宜展开谈判。在谈判过程中，信达公司请来一位著名的性格分析专家在一旁观察，分析宏盛公司每个谈判代表的个性特征。第一天的谈判快结束时，信达公司的负责人李总请宏盛公司每个谈判代表给他签名留念。谈判结束后，李总将这些签名交给性格分析专家进行分析，以便更全面地了解宏盛公司每个谈判代表的性格特点。

晚上，信达公司宴请宏盛公司谈判代表。在宴会和之后的娱乐活动中，信达公司采取盯人战术，派出自己的谈判问题分析人员，分别盯住宏盛公司的每一个谈判代表，深入了解宏盛公司的详细情况。

等到宏盛公司的谈判代表都休息了，信达公司全体谈判代表连夜开会。此时性格分析专家已写出了关于宏盛公司每个谈判代表的性格分析报告；谈判问题分析人员也将各自了解的情况写成了分析报告。将所有涉及谈判内容的信息汇总后，经过了一个晚上的性格分析和策略准备，信达公司谈判组研究制定出新的有针对性的谈判策略，并对每个谈判细节都做了周密的安排。

第二天，信达公司在谈判桌上轻松地实现了谈判目标。这是一个运用性格分析取得谈判成功的典型例子。

第一节　谈判与商务谈判的定义

一、谈判的定义

谈判，有广义和狭义之分。广义的谈判包括非正式场合的协商、交涉、磋商和商量等；狭义的谈判是指在正式场合进行的谈判。简单地说，谈判就是当事人为满足各自需要和维持各自利益而进行洽谈和协商的过程，也可以说，谈判是解决问题、维持关系、建立合作关系的一种方式。

谈判，实际上包含“谈”和“判”两个紧密联系的环节。谈，即说话或讨论，是当事人明确阐述自己的意愿和所要追求的目标，充分发表关于各方应承担和享有的责、权、利等看法。判，即分辨和评定，是当事各方努力寻求关于各项权利和义务的共同一致的意见，以期通过相应的协议正式予以确认。因此，谈是判的前提和基础，判是谈的结果和目的。

谈判是有关双方充分利用信息、口才、智谋、勇气、策略，为了实现各自的目标和利益，在一起不断地洽谈和协商，最后达成一项双方均为满意的协议的行为过程。

由于谈判所涉及的范围十分广泛，内容又很丰富，人们可以从不同的角度诠释谈判。迄今为止，理论界对谈判有着不同的解释和定义，其中比较有代表性的有以下几种。

1. 国外学者对谈判定义的主要观点

美国谈判学会会长杰勒德·尼尔伦伯格在《哈佛谈判学》一书中，曾给出谈判的定义："谈判就像在一张绷紧了的网中，运用情报及权力来左右他人的行为。"他又在《谈判艺术》一书中写道："每一个要求满足的愿望和每一项寻求满足的需要，至少都是诱发人们展开谈判过程的潜因。只要人们为了改变相互关系而交换意见，只要人们为了取得一致而磋商协议，他们就是在进行谈判。"

美国谈判咨询顾问 C. 威恩·巴罗和格莱德·P. 艾森在其合著的《谈判技巧》一书中指出："谈判是一种双方致力于说服对方接受其要求时所运用的一种交换意见的技能。其最终目的就是要达成一项对双方都有利的协议。"

法国谈判学家克里斯托夫·杜邦在《谈判的行为、理论与应用》一书中，从社会关系的角度给出谈判的定义是："谈判是使两个或数个角色处于面对面位置的一项活动，各角色因持有分歧而相互对立，但他们彼此又互为依存，他们选择谋求达成协议的实际态度，以便终止分歧，并在他们之间（即使是暂时性的）创造、维持、发展某种关系。"

英国谈判专家比尔·斯科特指出："贸易谈判是双方面对面会谈的一种形式。它所涉及的双方，即为我方和你方。"

2. 我国学者对谈判定义的主要观点

李品媛编著的《现代商务谈判》中把谈判定义为"参与各方出于某种需要，在一定的时空条件下，采取协调行为的过程"。

孙庆和、张福春在其合著的《实用商务谈判大全》中，给出谈判的定义是："谈判是人们为了协调彼此之间的关系，满足各自的需要，通过协商而争取达成的意见。"

王海云在其所著的《商务谈判》中对谈判的定义是："谈判是人们为了改变相互关系而交换意见，为取得一致而相互磋商的一种行为。谈判亦是直接影响各种人际关系，对参与谈判的各方产生持久利益的过程。"

刘必荣指出："谈判不是打仗，它只是解决冲突、维持关系或建立合作构架的一种方式，是一种技巧，也是一种思考方式。"

宋贤卓在其主编的《商务谈判》中指出："谈判是人们为了满足各自的需求和实现自己的目标而进行磋商、对话的一种活动。"

综上所述，中外专家学者对谈判定义的表述虽不尽相同，但是其理论的基础和内涵在以下几个方面是一致的。

1）谈判的目的性

谈判均有各白的需求、愿望或利益目标，是目的性很强的活动。没有明确的谈判目的，不明白为什么而谈和在谈什么，至多只能叫做聊天或闲谈。因此，上述定义都强调谈判的目的性，即追求一定的目标这一基本点，如"满足愿望""满足需要""为了自身的目的""对双方都有利""满足己方利益""利益互惠""满足各自的需要""为了各自的利益动机”等。

2）谈判的相互性

谈判是一种双边或多边的社会交往和互动过程，总要有谈判的对象。否则，自己和自己谈，就不能称为谈判，也达不到谈判的目的。因此，人们在给出的谈判的定义中都指出谈判的相互性，即涉及彼此关系这一基本点，如“为了改变相互关系”“涉及各方”“使两个或数个角色处于面对面位置上”“双方致力于说服对方”“个人、组织或国家之间”“谈判双方”“协调彼此之间的关系”等。

3）谈判的协商性

谈判是通过协商相互关系实现各自目标的行为方式。谈判不是命令或通知，不能由一方说了算。在谈判中，一方既要清楚地表达其立场和观点，又必须认真听取他方的陈述和要求并不断调整对策，以便沟通信息、增进了解、缩小分歧、达成共识，这就是彼此之间的协商或磋商。因此，谈判的定义不能不阐明谈判的协商性（即共同商量办事）这一基本点，如“交换观点”“进行磋商”“说明对方”“利用协商手段”“观点互换”“通过协商”“进行相互协商”等。

综上所述，谈判是指人们为了各自的利益而进行相互协商并设法达成一致意见的行为过程，是现代社会人们活动的一种重要方式，更是人类社会解决矛盾、冲突、分歧的重要手段。

二、商务谈判的定义

商务谈判是指经营者在商务活动中为了促成交易达成，获得各自的经济利益，以及分享资源、谋求合作，解决双方争议，补偿经济利益损失而进行的一种人际协商行为。

一切谈判，包括商务谈判，首先都是一种活动，是由包括至少两方在内的参与者共同推动的行为过程。在形式上，商务谈判表现为谈判双方通过协商来确定与交换有关的各种条件。而实质上，商务谈判反映着双方在经济利益上的对立与依存关系。商务谈判谋求的是双方共同利益的满足。

商务谈判是伴随交换而产生的一种现象，与交换活动紧密相关。但是，这并不意味着一切交换都必须通过谈判来实现。任何交换都要涉及交换的条件和如何确定交换条件的问题，对此，菲利普·科特勒曾经指出，交换可以分为两大类：一类是惯例化的交换，另一类是谈判的交换。惯例化的交换是根据定价和营销的控制计划确定的。例如，在百货商场和超市的交换，产品的价格是标定的，并且不能改变。对于这一既定的价格，顾客只要简单地决定买或者不买，买卖双方无须进行谈判。而在谈判的交换过程中，交换条件是不固定的，而且在人们进行业务往来的过程中，交换条件也随着有关因素的变化而变化。在这种情况下，价格和其他交换条件就需要通过双方谈判来最终确定。谈判的目的就在于确立交换的各项条件。

把原本不固定的交换条件，如价格水平、付款方式和交割期限等确定下来，无疑是商务谈判的一项重要任务。但是，商务谈判并非只是彼此协商确定交换条件的过程。事实上，谈判双方从一开始就必定存在着某些共同的需要，否则他们就不可能走到一起。同时，他们彼此又必定有着某些不同的需要，如果他们之间不存在分歧，那么协议就会立刻达成，因而也就没有谈判的必要了。为此，商务谈判实质上包含着谈判双方在利益上既相互对立又相互依存的关系。

所谓利益，必须是双方相互需要的。一方要取得利益就必须给予对方利益，一方取得利益的大小又直接取决于对方所能得到的利益大小，双方既需要互相交换利益，又必须合理地切割利益。谈判双方这种在利益上既相互依存又相互对立的关系，反映了商务谈判的实质。商务谈判实际上是人们相互调整利益、减少分歧，并最终确定共同利益的过程。

第二节　商务谈判的构成

谈判作为一种协调人们往来关系的沟通交际活动，有其自身的构成要素。研究和认识谈判的构成要素，对于谈判者把握谈判活动，正确运用谈判策略与技巧有着重要的作用。从广义的角度看，谈判是由 4 个基本要素构成的，即谈判主体、谈判客体、谈判议题和谈判环境。

一、谈判主体

谈判主体是指代表各自利益参加谈判的各方人员。谈判的利益主体至少由两方组成，也可以是三方或是多方，这是根据谈判客体涉及的利益关系而确定的。作为谈判主体，可以是一人，个人在组织授权的范围内完成谈判全过程的工作，主要适用于简单、小型的谈判；也可以是由若干人组成的群体（谈判小组），在群体内有明确的职能分工，如主谈人、谈判组长、陪谈人等，每个成员专门负责谈判中的某一项内容，主要适用于复杂、大中型的谈判。在现代社会的经济生活中，要取得商务谈判的成功，谈判人员应当具备良好的综合素质和修养。

二、谈判客体

谈判客体是指谈判主体共同关心的指向物，也是谈判双方权利和义务所指向的对象。在国际商务谈判中，谈判客体没有界限，任何可以买卖转让的有形、无形的物品或权利都可以成为商务谈判的客体。有观点认为，人也是商务谈判的客体。人成为谈判客体的主要标志是具有可说服性，谈判的进行或终止、谈判的要约和承诺等，都取决于人的动机和行为，只有说服了人，使对方理解和接受了谈判主体的提议，才能达成一致的协议。

三、谈判议题

谈判议题是指谈判双方共同关心并希望解决的问题。这种问题既可以是技术合作方面的，也可以是物资、资金方面的；既可以是立场观点方面的，也可以是行为方式方面的。一个问题要成为谈判议题，一般需要具备以下条件。

（1）共同性，即这一问题是双方共同关心并希望得到解决的。

（2）可谈性，也就是说谈判的时机要成熟，水到渠成，不得强求。

（3）谈判的议题必然涉及双方或多方的利害关系，经过谈判，最终可能得到解决。

四、谈判环境

谈判环境是指在谈判中能够对谈判产生影响的重要因素，是谈判思想不可缺少的成分，是组成谈判的重要构件，并直接影响到谈判的成败。谈判环境主要包括政治环境、法律环境、经济环境、宗教风俗与文化环境和时空环境等。

1. 政治环境

政治环境的变化对国际贸易活动往往会产生重大影响，谈判双方都会非常重视对政治环境的全面分析，特别是对有关国际形势变化（如发生战争、地区局势紧张等）、政局的稳定性及国家之间的双边关系等方面变化情况的分析。

2. 法律环境

法律产生于商品交换，商品交换依靠法律来调整，谈判的内容只有符合法律规定，才能受到法律的保护。因此，谈判人员在谈判前必须对与谈判有关的各项法律规定的变化情况进行了解和分析，并确定谈判方案，预见谈判结果，确定法律的适用情况和纠纷解决方式。

3. 经济环境

经济环境的变化对商务谈判也会产生明显的影响。谈判时，谈判人员要了解经济形势和市场状况，要及时掌握经济周期、国际收支、外贸政策、金融外汇管理等的变化情况，必须根据经济环境适时调整谈判方案和谈判策略。

4. 宗教风俗与文化环境

商务谈判的特点之一是多国性和多民族性。要同许多不同文化背景和宗教信仰的人交往，他们文化习俗的差异，决定了他们具有不同的立场、态度、习惯、价值观、道德观和谈判风格。在谈判中应加强了解，相互尊重，做好沟通，便于有针对性地采取对策，以掌握谈判的主动权。

5. 时空环境

商务谈判是在一定时间和地点进行的，在选择谈判时间时，一定要把握好时机，力争取得“天时”之利；在选择谈判地点时，一定要营造良好的谈判环境，力争取得“地利”之便。

第三节 商务谈判的类型

商务谈判涉及的内容十分复杂，谈判人员的身份各异，采取的方式不同，因此，商务谈判的类型也很多。一般而言，商务谈判可按以下标准进行分类。

一、按谈判参与方的数量分类

按谈判参与方的数量，商务谈判可分为双方谈判和多方谈判。

（一）双方谈判

双方谈判是指只有两个当事方参与的谈判。在国家或地区之间进行的双方谈判，也叫双边谈判。

（二）多方谈判

多方谈判是指有3个及3个以上的当事方参与的谈判。例如，甲、乙、丙三方出资兴办企业的谈判即为多方谈判。在国家或地区之间进行的多方谈判，也叫多边谈判。

由于参与方数量的差别，双方谈判和多方谈判有不同的特点。双方谈判，一般来说涉及的责、权、利划分较为简单明确，因而谈判也比较易于把握。多方谈判，参与方越多，其谈判条件越是错综复杂，需要顾及的方面就越多，也难以在多方的利益关系中加以协调，从而会增大谈判的难度。

二、按谈判议题的规模及各方参加谈判人员的数量分类

按谈判议题的规模，商务谈判可分为大型谈判、中型谈判、小型谈判；按各方参加谈判人员的数量，商务谈判分为小组谈判、单人谈判。

（一）按谈判议题的规模分类

谈判议题的规模取决于谈判议题及谈判人员的数量，谈判议题越是复杂，涉及的项目内容就越多，各方参加谈判的人员数量也会越多。这样，商务谈判自然有大型、中型、小型之分。但是，这种划分只是相对而言，并没有严格的界限。划分谈判规模，通常以

各方谈判人员的数量为依据，各方在 12 人以上的为大型谈判，4～12 人的为中型谈判，4 人以下的为小型谈判。

1. 大、中型谈判

一般情况下，大、中型谈判，由于谈判项目内容及谈判背景等较为复杂，持续的时间也较长，因此需要充分做好谈判的各方面准备工作。例如，组织好谈判班子（成员要有商务、法律、技术等方面的各类专家），了解相关的谈判背景，分析谈判各方的实力，制订全面的谈判计划，选择有效的谈判策略，做好谈判的物质准备等。

2. 小型谈判

由于小型谈判规模较小，谈判内容、涉及背景、策略运用等均相对简单，但是谈判人员也应做好准备工作，认真对待。

（二）按各方参加谈判人员的数量分类

1. 小组谈判

小组谈判是指各方由两人以上组成小组进行的谈判。若谈判小组人员较多或职级较高，则可称谈判代表团。

2. 单人谈判

单人谈判也称单兵谈判，即指各方出席谈判的人员只有 1 人，为“一对一”的谈判。例如，中国同欧洲联盟（以下简称“欧盟”）之间有关纺织品贸易的谈判，其中就有中方首席代表与欧盟首席代表进行多次“一对一”的谈判。单人谈判，独立作战，因而对谈判人员有较高的要求，要求他的谈判权力要高、谈判专业要精、决策能力要强、外语水平要高等。

小组谈判与单人谈判，其规模通常由谈判议题决定。规模较大的谈判，有时根据需要也可以在首席代表之间安排“一对一”的单人谈判，以磋商某些关键问题或棘手问题。

三、按谈判所在地分类

按谈判所在地，商务谈判可分为主场谈判、客场谈判和第三方谈判。

（一）主场谈判

主场谈判也称主座谈判，是指对谈判的某一方而言，在其所在地由己方作为主人而组织的谈判。主场谈判占有“地利”优势，会给主方带来诸多便利。例如，熟悉工作和生活环境、有利于开展谈判的各项准备工作、便于问题的请示和磋商等。因此，主场谈判在谈判人员的自信心、应变能力及应变手段上，均占有天然优势。如果主方善于利用

主场谈判的便利和优势，往往会给谈判带来有利影响。当然，作为东道主，商务谈判的主方应当礼貌待客，做好谈判的各项准备工作。

（二）客场谈判

客场谈判也称客座谈判，是指在谈判对手所在地进行的谈判。客场谈判中，客居他乡的谈判人员会受到各种条件的限制，需要克服种种困难。客场谈判时，谈判人员面对谈判对手，必须审时度势，认真分析谈判背景、主方的优势与不足等，以便正确运用并调整自己的谈判策略，发挥自己的优势，争取满意的谈判结果。这种情况在外贸谈判中，历来为谈判人员所重视。例如，澳大利亚等国家的人比较恋家，出门在外一段时间就会想家，日本人抓住他们的这一特点，经常以极为热情的方式邀请他们来日本进行谈判，有意延长谈判时间，而他们又急于回家，往往就会在谈判中妥协，使得日方获益较多。

为了平衡主、客场谈判的利弊，若谈判需要进行多轮，则通常安排主、客场轮换。在这种情况下，谈判人员应善于抓住主场机会，使其对整个谈判过程产生有利的影响。

（三）第三方谈判

第三方谈判是指在谈判双方（或各方）所在地以外的地点进行的谈判。第三方谈判可以避免主、客场因地点不同对谈判产生的某些影响，为谈判提供良好的环境与平等的气氛。但是，第三方谈判可能会引起第三方的介入而使谈判各方的关系发生微妙变化。

四、按交易对象分类

按交易对象，商务谈判可分为合同条款谈判、货物买卖谈判、技术买卖谈判、劳务合作谈判、“三来一补”谈判、租赁业务谈判、损害及违约赔偿谈判等。

（一）合同条款谈判

经济合同是一种经济法律行为。一方面，它规定了当事人可以依法享有合同中的权利；另一方面，它规定了当事人应该履行的义务和责任。一个对谈判各方都有利的经济合同，必须经过磋商，并在达成一致的协议后，采用书面形式订立下来。合同条款的谈判是经济业务洽谈的最后一个关键环节，是极为重要的阶段。为此，谈判人员都十分重视合同条款的谈判工作。为了做好合同条款的谈判，谈判人员必须统筹规划合同条款，精心处理合同文字，妥善安排定稿工作，最后还要严格审查合同条款。

（二）货物买卖谈判

货物买卖谈判是指就一般商品的买卖而进行的谈判。具体来讲，货物买卖谈判是买卖双方根据买卖商品本身的有关内容，如数量、质量、运输方式、交货时间、价格条件、支付方式，以及交易过程中谈判各方的权利、义务和责任等问题所进行的谈判。它包括国内货物买卖洽谈和货物进出口业务谈判。其中，国内货物买卖洽谈在商务谈判中所占的比重最大。

（三）技术买卖谈判

技术买卖谈判是指技术的转让方与技术的受让方就转让技术的形式、内容、质量规定、使用范围、价格条件、支付方式，以及双方在转让过程中所承担的一些权利、责任和义务等问题所进行的谈判。技术买卖不同于一般的商品买卖，在谈判过程中，往往涉及知识产权的保护、技术风险及限制与反限制等问题，所以技术买卖谈判要远比货物买卖谈判复杂得多。这就要求谈判人员要具有较高的谈判修养和素质、较高的专业技术水平。

（四）劳务合作谈判

劳务合作谈判是指劳务合作双方就提供劳务的形式、内容、时间、价格、计算方法、劳务费的支付方式，以及有关合作双方的权利、责任和义务等问题所进行的谈判。因为劳务本身不是具体的商品，而是一种通过人的特殊劳动，改变某种生产资料的性质或形状，满足人们一定需求的劳动过程，劳务合作谈判与一般货物买卖谈判有着明显不同。

（五）“三来一补”谈判

“三来”是指从国外来料加工、来样加工和来件装配这 3 项业务。“三来”业务谈判的内容主要有来料、来样、来件的时间及质量认定、加工标准、加工费的计算及支付方式等。“一补”是指补偿贸易（compensation trade）。补偿贸易是一种买方全部或部分地以实物对进口货物做延期支付的贸易方式。补偿贸易谈判主要涉及技术设备作价、质量保证、补偿产品的选定及作价、补偿时间和支付方式等问题。

（六）租赁业务谈判

租赁是指出租人按照协议将物件交付给承租人临时占有或使用，并在租期内向承租人收取租金的一种商业行为。按照性质，租赁可分为融资租赁和经营租赁；按照区域范围，租赁可分为国内租赁和国际租赁。不论哪种租赁，其租赁对象都是有形耐用物，即具有使用价值并可长期供人们使用的物品。在租赁期间，虽然出租人将物品交给承租人使用，但物品的所有权仍属于出租人。

租赁业务谈判主要是指我国企业从国内或国外租用机器和设备而进行的谈判。它涉及机器设备的选择、交货情况、维修保养、租期到期后的处理、租金的计算及支付方式，以及租赁期内租赁者与承租者双方的权利、责任和义务关系等问题。

（七）损害及违约赔偿谈判

损害是指在商务活动中，由于一方当事人的过失给另一方当事人造成的损失。违约是指在商务活动中，合同一方的当事人不愿履行或违反合同的行为。在损害及违约赔偿

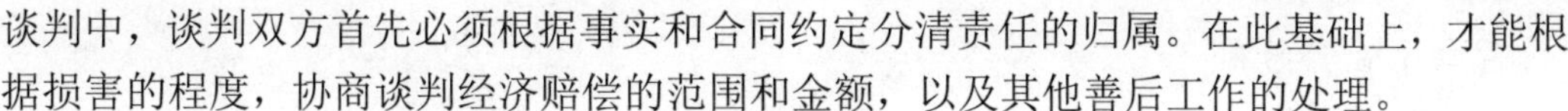

谈判中，谈判双方首先必须根据事实和合同约定分清责任的归属。在此基础上，才能根据损害的程度，协商谈判经济赔偿的范围和金额，以及其他善后工作的处理。

五、按商务交易的地位分类

按商务交易的地位，商务谈判可分为买方谈判、卖方谈判和代理谈判。

（一）买方谈判

买方谈判是指以求购者（购买商品、服务、技术、证券、不动产等）的身份参加的谈判。其特征主要表现在以下几个方面。

（1）重视搜集有关信息，“货比三家”。这种信息搜集工作应当贯穿谈判的各个阶段，并且其目的和作用应有所不同。

（2）极力压价，“掏钱难”。买方是掏钱者，一般不会“一口价”随便成交。即使是重购，买方也总要以种种理由追求更优惠的价格。

（3）度势压人，“买主是上帝”。处在买方地位的谈判人员往往会有“有求于我”的优越感，甚至盛气凌人。同时，买方常常以挑剔者的身份参与谈判，“评头品足”“吹毛求疵”均在情理之中。只有在某种商品短缺或卖方处于垄断地位时，买方才会在谈判中处于下风。

（二）卖方谈判

卖方谈判是指以供应者（提供商品、服务、技术、证券、不动产等）的身份参加的谈判。其特征主要表现在以下几个方面。

（1）主动出击。卖方即供应商，为了自身的生存和发展，其谈判态度自然积极，谈判中的各种表现也均体现出主动精神。

（2）虚实相映。谈判中，卖方的表现往往是态度诚恳、交易心切与软中带硬、待价而沽同在，亦真亦假、若明若暗兼有。当己方为卖方时，应注意运用此特点争取好的卖价；当他方为卖方时，也应注意识别。

（三）代理谈判

代理谈判是指受当事方委托参与的谈判。代理又分为全权代理和只有谈判权而无签约权代理两种。代理谈判的主要特征表现在以下几个方面。

（1）谈判者权限观念强，一般会谨慎和准确地在授权范围之内行事。

（2）由于不是交易当事人，谈判者的观点比较客观。

（3）由于受人之托，为表现其能力和取得佣金，谈判者的态度积极、主动。

六、按谈判所属部门分类

按谈判所属部门，商务谈判可分为官方谈判、民间谈判和半官半民谈判。

（一）官方谈判

官方谈判是指国际组织之间、国家之间、各级政府及其职能部门之间进行的商务谈判。由于谈判内容事关国家利益，这类谈判非常正式，有专门的谈判小组，最终的决策权在集体而不是个人手里，谈判的难度较大。其主要特征表现在以下几个方面。

（1）谈判人员职级高、实力强。

（2）谈判节奏快、信息处理及时。

（3）礼貌用语、严格保密。

（二）民间谈判

民间谈判是指民间组织之间直接进行的商务谈判。由于谈判中的决策权掌握在谈判者手中，这种谈判灵活性较大，程序较简单。这类谈判，非常注重企业之间、领导人之间的私交。私人关系好，则交易成功的希望就大，反之则难。其主要特征是相互平等、机动灵活、重视私交、计较得失。

（三）半官半民谈判

半官半民谈判是指谈判议题涉及官方和民间两个方面的利益，或者指官方人员和民间人士共同参加的谈判、受官方委托以民间名义组织的谈判等。半官半民谈判兼有官方谈判和民间谈判的特点，一般表现在以下几个方面。

（1）谈判需兼顾官方和民间的双重意图及利益，制约因素多。

（2）解决谈判涉及的各类问题时，回旋余地大。

七、按谈判的沟通方式分类

按谈判的沟通方式，商务谈判可分为口头谈判和书面谈判。

（一）口头谈判

口头谈判是指谈判人员面对面地直接用口头语言交流信息和协商条件，或者在异地通过电话进行商谈。口头谈判是商务谈判的主要方式，其优点如下。

（1）当面陈述、解释，直接而又灵活，也为谈判人员展示个人魅力提供了舞台。

（2）便于谈判人员在知识、能力、经验等方面相互补充、协同配合，提高整体谈判能力。

（3）反馈及时，以便有针对性地调整谈判策略。

（4）能够利用情感因素促进谈判的成功。

口头谈判也存在某些缺点，如利于对方察言观色，推测己方的谈判意图；易于受到对方的反击，从而动摇谈判人员的主观意志。但是，这些缺陷反过来也是可供运用的优点。

（二）书面谈判

书面谈判是指谈判人员利用文字或图表等书面语言进行交流和协商，一般采用信函、传真、电子邮件等具体方式。书面谈判通常作为口头谈判的辅助方式，其主要优点是：思考从容，利于审慎决策；表达准确、郑重，利于遵循；避免偏离谈判主题和增加不必要的矛盾；费用较低，有利于提高谈判的经济效益等。书面谈判切忌文不达意和马虎粗心，因此，对谈判人员的书面表达能力和工作作风有较高要求。

八、按谈判参与方的国域界限分类

按谈判参与方的国域界限，商务谈判可分为国内商务谈判和国际商务谈判。

1. 国内商务谈判

国内商务谈判意味着双方处于相同的文化背景中，这就避免了由于这方面的差异可能对谈判产生的影响。因为双方语言相同、观念一致，所以谈判的主要问题在于怎样协调双方的不同利益，寻找更多的共同点。这就需要谈判人员充分利用谈判的策略与技巧，发挥自己的能力和作用。

2. 国际商务谈判

国际商务谈判也称进出口贸易谈判或涉外谈判。不论是就谈判形式，还是就谈判内容来讲，国际商务谈判远比国内商务谈判复杂得多。这是因为谈判双方来自不同的国家，语言、信仰、生活习惯、价值观念、行为规范、道德标准乃至谈判的心理都有着极大的差别，而这些方面都是影响谈判顺利进行的重要因素。

国际商务谈判中的一个很重要但又往往被人们忽略的问题，就是谈判双方人员的心理障碍。这是由于不同文化背景导致人们行为差异而形成的心理反射。例如，在谈判过程中，当一方表达其立场观点时，往往担心对方不能很好地理解，而对方可能也有同感。在运用语言上，选择词汇十分慎重，唯恐用词不当，有失礼节，对所应采用的策略、方法也顾虑重重。许多在其他谈判场合中从容不迫、临危不乱的谈判人员，在这类谈判中常表现出拘泥呆板、犹豫不决、瞻前顾后的反常行为。所以，在国际商务谈判中，要注意克服谈判人员的心理障碍，重视和加强对谈判人员的心理训练，使其具备承受各种压力的能力。

第四节　商务谈判的工具

一、法律与政策知识

谈判者必须熟知有关国家的法律、法规和政策，掌握其内容并贯彻到商务谈判过程的始终。因为商务谈判必须在一个国家法律、法规和政策所允许的范围内进行，双方据此达成协议，签订的合同才受到法律的保护，合同当事人的合法权益才有保障。否则，协议、合同就没有法律效力，得不到有关国家的保护。

（一）有关国家或地区的法律制度

在商务谈判中，应掌握有关国家或地区法律制度的具体情况。例如，在现实生活中，法律的执行程度如何，法院与司法部门的独立性如何，谈判对司法部门的影响程度如何；法院受理案件时间长短如何，执行法院判决的措施如何，执行国外的法律仲裁判决需要通过什么程序等。这些只有都了解清楚，才能防范规避风险，预测谈判的最终后果，并努力争取谈判的成功。

（二）有关国家或地区的税收法律规范与政策

对于税收法律规范和政策，要重点了解各种关税（如进口税、出口税、差价税、进口附加税、过境税或过境费等）的税率、关税税则和征税方法等，特别是报复性关税、反倾销税、反补贴税、保障性关税等特别关税的规定；了解有关国际税收的法律规范与制度，包括与国际税收管辖权、国际双重征税和国际重叠征税、国际逃税与避税等有关的法律规范与制度。如果我国与交易国签订了贸易协议或互惠关税协定，还必须了解其详细情况。

（三）有关国际货物贸易、服务贸易、投资的法律规范与制度

对外贸易涉及的法律规范既包括国际法，也包括国内法；既包括公法，又包括私法。例如，各国政府会根据商品和技术的生产、开发情况，资源、就业状况和产品的科技含量等，制定一系列政策和法令，对商品或技术的进出口予以鼓励支持（自由进出口）或限制（许可证制度、配额制度），甚至禁止。各国政府根据本国民族工业的发展状况，制定相应的产业政策，有实行鼓励开发的行业与限制或禁止外国资本介入的行业。例如，对外国投资实行审批制，以便禁止或限制外资进入某些产业领域，引导外资投入本国的优先发展项目，避免重复引进及可能造成的经济畸形发展；限制外国投资比例，以保护东道国投资者对合营企业的有效控制。

（四）有关国家或地区的外汇管理政策

一些国家或地区为了维持国际收支平衡和本国货币汇价水平的稳定，对外汇开支、外汇买卖、国际结算、外汇进出国境和本国货币的汇价等进行干预和限制，以防止套汇逃汇、违法经营和买卖外汇等行为的发生。对于外汇的管理，发达国家与发展中国家不尽相同。例如，我国在境内禁止外币流通，人民币实行以市场供求为基础的、单一的、有管理的浮动汇率制度。

（五）有关国际知识产权保护的法律规范与制度

国际知识产权保护包括工业产权的国际保护、著作权的国际保护、与国际许可证贸易有关的法律规范与制度。国际社会通过了许多知识产权保护国际公约，如《保护工业产权巴黎公约》《保护文学和艺术作品伯尔尼公约》等。在国际商务谈判交易中应特别注意《世界版权公约》和世界贸易组织的法律文件还规定了在贸易与知识产权交叉领域与贸易有关的知识产权协定等。

（六）有关商品检验的政策

国际商务谈判必然涉及商品检验问题。商品检验的作用是提供一个确定卖方所交货物是否符合合同约定的依据，关系到合同的履行、索赔、诉讼等诸多法律问题。商品检验主要包括下列内容。

1. 商品检验的科目

各国根据进出口商品存在的质量问题，拟定法定商品检验的科目与商品种类。

2. 商品检验权问题

商品检验权问题关系到买卖双方由哪方决定商品品质、数量或包装是否符合合同约定。在国际贸易中，对商品检验权一般有下列 3 种不同的规定。

（1）以离岸品质、重量为准。

（2）以到岸品质、重量为准。

（3）以装运港的检验证书作为议付货款的依据，但在货到目的港后允许买方有复验权。若复验后发现货物的品质、数量与合同不符，则买方可根据复验结果向卖方提出索赔。这种做法比较公平、合理，兼顾了买卖双方的利益，在国际贸易中使用比较普遍。

3. 商品检验机构

在国际贸易中，进行商品检验的机构主要有以下 3 类。

（1）由国家设立的商品检验机构。

（2）由私人或同业公会、协会开设的公证行。

（3）生产、制造商或产品的使用部门设立的检验机构。

另外，商品检验的期限、标准和方法等都必须在合同中明确、具体地约定。

二、专业技术知识

商务谈判是直接与人打交道的社会实践活动，政策性、专业性很强。它要求谈判人员富于创造性，有较强的应变能力，不仅要有广博的基础知识，还要有精深的专业技术知识。在商务谈判中，谈判人员会遇到许多问题，涉及的内容十分广泛，要求谈判人员无所不晓是不客观的，但对与业务相关的基本知识必须有所了解，如必须具备商品、国际商业惯例、金融、运输、保险等方面的知识。

（一）商品

商务谈判总是以一定的商品为谈判对象。谈判人员应对商品的物理、化学、气味、手感、颜色等特征有基本的了解。谈判人员对商品的功能、用途及相关技术生产过程也要有所了解，并掌握与之有关的知识，如总的工艺条件，即厂房要求、水、电、气、采暖、通风、空调净化、防污防菌、“三废”处理等。生产过程是由基本生产过程、辅助生产过程、生产服务过程、生产技术准备过程构成的，即从准备生产该种商品开始到把它生产出来为止的全部过程，以及包装、储存、运输的条件等。谈判人员还应该掌握该商品所处的市场环境、政府管理条例，以及行业、企业管理的办法。例如，有的商品资源紧缺，国内市场供不应求，政府实行限制或禁止出口的政策；有的商品资源丰富，供过于求，政府实行鼓励出口的政策等。

（二）国际商业惯例

国际商业惯例是在国际商业交往中长期形成的，经过反复使用而被国际商业参加者接受的习惯做法或规则。谈判人员应当掌握有关的国际商业惯例。例如，由国际统一私法协会 1932 年制定的《华沙—牛津规则》、1994 年完成的《国际商事合同通则》；由国际商会 1995 年制定的《托收统一规则》、2010 年制定的《国际贸易术语解释通则》等。国际商业惯例属于任意性规范，只有在当事人明示选择适用的情况下才对当事人有约束力，当事人也可以对其选择的商业惯例进行相应的修改。而在当事人未选择适用国际商业惯例时，适用国际商业惯例只发生于法律对有关事项未加规定的情况。《中华人民共和国民法通则》第一百四十二条第三款明确规定：“中华人民共和国法律和中华人民共和国缔结或者参加的国际条约没有规定的，可以适用国际惯例。”但适用国际惯例的不得违背中华人民共和国的社会公共利益。

（三）金融

在商务谈判中，谈判人员应当具备在关金融方面的知识，如货币、汇率、信贷等。这些问题会经常在商务谈判中出现，所以谈判人员必须掌握相应的金融知识。

1. 货币

货币是商品交换发展的产物，并成为交换的媒介。货币发挥一般等价物的作用，具体体现在其执行的几种职能上：价值尺度、流通手段、贮藏手段、支付手段和世界货币。商务谈判中涉及的价款或酬金是以交易对象所在国的货币结算，还是以双方认可的货币进行结算，这是一个至关重要的问题。一方面，交易对象所在国的货币可能为国际金融市场流通的货币（即“可兑换的货币”），也可能为非流通货币（即“不可兑换的货币”）。

在与用非流通货币的交易国无其他生意或虽然有生意但不多的情况下，这些货币将会成为“死钱”或暂时变成“死钱”，不但不能流动创利，反而会带来金融损失。另外，交易对象所在国的货币可能为硬货币，也可能为软货币，即该国货币为国际金融市场可以流通的货币，其币值相对于其他流通货币的汇率较坚挺（即硬），或较为下浮（即软），这两种情况均应认真考虑。

在商务谈判中，谈判人员应避免使用那些不能在国际金融市场上流通的货币，应采用国际金融市场普遍接受、能自由兑换的流通货币，如美元、英镑、欧元等。在使用流通货币时，还必须考虑是使用硬货币还是软货币来进行合同结算，这就需要根据现实情况，综合分析货币汇率变化的趋势，做出准确的判断，选择不同时期最佳的交易货币。

2. 汇率

汇率是指两国货币相互兑换的比率，是衡量两国货币价值大小的标准。在商务谈判中，汇率就是指己方的本国货币（或手中所持货币）与谈判对手所在国货币（或所持货币）不同时，两者之间相应的比值。

在商品经济条件下，汇率与进出口贸易有着密切的联系。简单地说，本国货币（或手中持有货币）汇率下跌，有利于出口，不利于进口；本国货币（或手中持有货币）汇率上升，有利于进口，不利于出口。这是因为，本币汇率下降即为本币对外贬值，出口商品所得的外汇收入能比贬值前换得较多的本币，如果本币对内不相应贬值，则无疑增加了出口商品的利润；而进口商为支付货款兑换货币时，却要付出较多的本币，从而增加了成本。本币汇率上升对进出口商的影响刚好相反。汇率与进出口的这种关系，使汇率成为各国调剂经济的一种手段。商务谈判人员应学习和了解汇率方面的知识，掌握汇率变化的规律，控制成交货币及结算时间，以减少交易因汇率变化而带来的风险或损失。

3. 信贷

商务谈判总会涉及因结算支付带来的信贷问题。无论是进口还是出口，都可能采用信贷方式来促成交易成功。信贷是利用外资的一种形式，谈判人员应合理运用，择优取之。信贷的类别主要有出口信贷、政府贷款、国际商业银行贷款、国际金融机构贷款。

（1）出口信贷。出口信贷是指一个国家为了鼓励商品出口，加强本国商品的竞争能力，通过银行对本国出口厂商或国外进口厂商或进口方的银行所提供的贷款。按贷款接受的对象不同，出口信贷分为卖方信贷和买方信贷两种。出口信贷一般享受政府补贴，其利率比国际金融市场的贷款利率要低。我国已与英国、法国、德国等国签订了出口信贷总协议，外贸企业应积极利用这种信贷形式。但出口信贷必须与项目相联系，只能用于购买出口国的商品、技术等，贷款额度不得超过合同金额的85%。

（2）政府贷款。政府贷款是指一国政府利用财政资金向另一国政府及其机构和公私企业提供的优惠性贷款。政府贷款的期限长、利率低、贷款条件优惠，带有经济援助的性质。政府贷款的期限一般长达20～30年，最长的有40年，而且有一定年限的宽限期，有的为无息贷款或含有一定比例的赠予成分。政府贷款一般对贷款的使用目的有明确规定，如规定贷款只能用于特定的项目工程，或规定只能用于购买贷款国的商品、技术等。政府贷款可以大大增强本国商品的出口创汇能力。

（3）国际商业银行贷款。国际商业银行贷款是指一国借款人为了某种目的或用途而在国际金融市场上向外国银行借贷的行为。提供贷款银行为商业银行，即以营利为目的的银行。国际商业银行贷款与贷款国商品出口没有必然的联系，可以用于对任何国家的支付，较之出口信贷灵活，但贷款国政府不予补贴，因而贷款利率比较高，还款期比较短，往往要求借款人提供担保。国际商业银行贷款按时间长短可分为短期贷款和长期贷款。总的来说，银行贷款的成本较高，外贸企业应慎重选择。

（4）国际金融机构贷款。国际金融机构贷款是指国际金融机构对成员国政府、政府机构或公私企业的贷款。从事国际贷款的国际金融机构可分为全球性国际金融机构和地区性国际金融机构。全球性国际金融机构如国际货币基金组织、世界银行、国际开发银行、国际金融公司等。地区性国际金融机构目前主要有亚洲开发银行、非洲开发银行、泛美开发银行等。商务谈判人员应掌握各国际金融机构的组织章程和有关贷款方面的专门规定和规则，明确贷款的对象只能是成员国政府或成员国的公私机构。贷款的目的大多为解决成员国特别是解决发展中成员国国际收支失衡或建设资金的不足。国际金融机构贷款具有国际经济合作的性质，条件较国际金融市场上的银行贷款优惠，有的还结合技术援助进行，是我国利用外资中应积极争取的对象。我国国际金融机构贷款分别由财政部、中国人民银行等部门归口管理。

（四）运输

在国际贸易中，货物运输是一个重要环节，货物必须从卖方所在地运至买方所在地。商品运输的效益往往会影响交易的效益。尤其是原料性商品、价值与运费相比不划算的商品更是如此。因此，谈判人员应在洽谈商业条件时兼顾运输条件，坚持及时、准确、安全、经济的原则，正确选择运输路线、运输方式和运输工具，以求用最少的时间，走最短的里程，花最低的费用，安全无损地把商品运送到目的地。

1. 正确选择商品运输路线

谈判人员应对商品运输路线方案的运输里程、装卸环节、运输时间、费用开支、商品安全等方面进行调查研究，消除增大运输总里程的各种不合理运输，最大限度地缩短商品运输的平均里程，最终选择一条里程近、环节少、时间短、费用低、损耗少的运输路线。同时，谈判人员还应考虑商品的自然属性和市场需要情况，如运输蔬菜、水果、肉蛋等商品，或市场急需的商品，应选择运输速度快、时间短的路线；如果不是市场急需的商品，就应选择运费较低的运输路线，只要不影响商品的质量，运输时间长一点也是可以接受的。

2. 合理选择运输方式

合理的运输方式通常有以下几种。

（1）直达运输。直达运输是指商品在运输过程中，越过一个或一个以上的批发仓库环节，从供应地点直接运到销售单位。直线运输按照商品合理流向，采取最快速又便捷的运输路线，避免迂回、重复、倒流等不合理的运输现象，使商品运输直线化。在实际运用时，精简运输环节和选择运输线路往往是结合进行的，以达到较好的经济效果。

（2）“四就直拨”运输。“四就直拨”是指 4 种直拨形式：就厂直拨、就车站码头直拨、就库直拨、就车（船）过载。这种运输方式可以减少调运环节，加速商品流转，减少商品损耗，节省运杂费用。

（3）国际货物多式联运。国际货物多式联运是指联运经营人以一张联运单据，通过两种以上的运输方式将货物从一个国家运往另一个国家的运输方式。这种运输方式是在集装箱运输的基础上产生和发展起来的新型运输方式。它以集装箱为媒介，将海上运输、铁路运输、公路运输、航空运输和内河运输等传统的运输方式结合在一起，形成一体化的门到门运输。这种运输方式速度快、运费低、货物不易受损。

3. 善于选择运输工具

国际货物运输工具很多，主要包括轮船、火车、汽车、飞机、管道等。其中，海上运输是主要的运输方式。国际货物买卖中 80%左右的运输量是通过海上运输方式完成的。海上运输运费低廉、载运量大，但速度慢、装卸环节多、商品在途时间长、资金周转慢、商品损耗较大。海上运输适用于运输价值低、时间要求不紧迫、运量大的商品。铁路运输货运能力大，运行速度较快，运费比汽车运费低，安全准确，最适于大宗货物的远程运输。汽车运输机动灵活、反应迅速，装卸方便，适宜短距离的货物集散运输任务，但运费较铁路运输、海上运输高。航空运输速度快、安全性高、破损率低、不受地面条件限制，但装载量小、运价高，只适于远距离运送急需、贵重和时间较紧迫的物品。管道运输具有高度机械化，能不间断、均衡地进行运输，商品安全损耗少，在管理和使用上比较简单方便，适于运送液体、气体商品。近年来，随着集装箱运输的广泛运用，多式联运也迅速发展起来。

以上各种运输工具，均有其不同的特点，发挥着不同的作用。在组织商品运输时，应结合各种商品的自然属性（不同的物理或化学形态），以及市场需求的缓急程度，选择较为适当的运输工具。

（五）保险

商务谈判经常会涉及保险问题。俗话说“天有不测风云，人有旦夕祸福”，此所谓“旦夕祸福”就是风险。现代科学技术的发展水平，还不可能防止自然灾害和意外事故等风险的发生，交易当事人只有通过参加保险，才能有效地取得灾后经济补偿，防范交易中的风险。保险对以后的合同执行有着重大意义，谈判者应对保险知识有所了解，并根据商品特征及采用的运输方式投保某种险别。

1. 海洋运输货物保险

中国人民保险公司海洋运输货物保险的主要险别有 3 种：平安险、水渍险和一切险，它们的保险责任范围是不同的。

（1）平安险，又称“单独海损不赔险”。该险别的责任范围包括海运中的海上风险和外来风险造成的全部损失或部分损失。

（2）水渍险。该险别除包括平安险的责任范围外，还负责赔偿被保险货物由于恶劣气候、雷电、海啸、地震、洪水等自然灾害所造成的部分损失。

（3）一切险。该险别除包括水渍险的责任范围外，还负责赔偿被保险货物在运输途中由于外来原因所致的全部或部分损失。应注意，一切险是最高险，责任范围最广。

我国海洋运输货物保险除主要险别外，还有附加险，它是投保人在投保主要险别时，为补偿因主要险别范围以外可能发生的某些风险而造成的损失所附加的保险。附加险主要有以下几种。

（1）一般附加险。它承保各种外来原因造成的货物全部损失或部分损失。

（2）特别附加险。它是必须附属于主要险别下，对因特殊风险造成的保险标的的损失负赔偿责任的附加险。

（3）特殊附加险。它包括海洋运输货物战争险和货物运输罢工险等。

2. 陆上运输货物保险

中国人民保险公司的陆上运输货物保险条款以火车和汽车为限，主要有以下几种。

（1）陆运险。该险别的责任范围包括自然灾害与意外风险带来的损失。

（2）陆运一切险。除了承担陆运险的责任外，还包括被保险货物在运输途中由外来原因所致的全部损失或部分损失。

（3）陆上运输货物战争险。是陆上运输货物保险的附加险。

3. 航空运输货物保险

航空运输货物保险主要有以下险别。

（1）航空运输险。该险别的责任范围包括自然灾害和意外事故造成的部分或全部损失。

（2）航空运输一切险。该险别除了承担航空运输险的责任外，还负责赔偿被保险货物由于外来原因所致的全部或部分损失。

在商务谈判中，谈判人员应根据政治经济形势、商品特征、运输方式、交易对象、货物价值和交货时间、地点等选择保险险别，有针对性地投保，做到投入较少的费用而能有效地避免风险。出现风险时，可以根据所投险别，尽可能多地挽回损失。保险的办理必须明确予以约定，交易双方应根据约定进行投保。国际货物运输保险合同的订立是由被保险人以填制投保单的形式向保险人提出保险要求的，即要约。经保险人同意承保，并就货物运输保险合同的条款达成协议（即承诺）后，保险合同即宣告成立。投保单中需列明货物名称、保险金额、运输路线、运输工具及投保险别等事项。保险人应当及时向被保险人签发保险单或者其他保险单证，并在保险单或其他保险单证中载明当事人双方约定的合同内容，以便保险合同的执行。

三、思维艺术

思维是人脑对客观现实间接和概括的反映。思维主要借助语言来进行，它可以揭示事物的本质特征和内在联系，并主要表现在人们解决问题的活动中。商务谈判离不开思维，一次成功的谈判，有赖于谈判者科学、正确的思维。谈判人员应掌握有关思维的基本知识，灵活运用思维艺术。

（一）辩证逻辑思维

辩证逻辑思维是一种科学的思维形态，它使谈判人员能客观、全面、辩证地观察和分析整个谈判活动，从总体和全局上把握谈判双方的现状、共同利益、矛盾对立，以及谈判的条件和发展趋势，准确地认识问题并有针对性地采取措施，使谈判活动朝着有利于己方的方向发展。辩证逻辑思维是运用概念进行判断、推理、论证的过程。概念是思维的基本细胞和出发点，由它组成判断，由判断组成推理，再由推理组成论证。在商务谈判中，双方都会运用概念说服对方接受自己的建议，因此，概念是抓住论题本质及其内部联系的基础，必须确定概念的内涵和外延并使双方取得共识，在明确概念的基础上正确地判断事物，并充分运用演绎、归纳、类比等推理方法，使推理正确，让对方信服。同时，谈判人员还应掌握客观性、具体性、历史性等辩证逻辑思维的方法使推理更为完整、科学。论证包括证明和反驳两个方面。论证是用已知的真实判断做根据，证实某一判断是真或是假的思维过程，它是认识矛盾、解决矛盾的过程。在紧张激烈而又复杂多变的商务谈判中，谈判者对各种思维方式灵活、有效地选择和组合运用，便产生了谈判中的思维艺术。思维艺术主要有散射思维、快速思维和逆向思维等。只要谈判人员合理运用，就会取得较好的效果。

（二）诡辩

诡辩与形式逻辑的思维方式相违背，是指在商务谈判中谈判者故意运用思维方式的缺陷或不正当的推理方法把问题搞混淆，使对手陷入“有理说不出”的窘境。谈判中诡辩术的主要表现手法有循环论证、平行论证、机械类比、以现象代替本质、以偏概全、偷换概念、泛用折中等。这些表现手法有一个共同的特征，就是“沾一沾边，据一点理”。因为总有点能说得出的理，就有可能借题发挥，争取即刻的效果，或调节对己不利的气氛，或避开对手的追击，或拖延谈判时间等。尽管诡辩本身并不科学，但在对手据理却未完全做到客观公正的时候，这种诡辩术除有自卫的作用外，还有一定的攻击力。在运用诡辩术时，应掌握分寸，适可而止。谈判人员要掌握诡辩术的主要表现手法，这样才能在商务谈判过程中对付诡辩者。如果发现对方使用了诡辩术，可以揭露其逻辑错误。战胜诡辩术最有力的武器就是辩证逻辑思维。

四、语言艺术

商务谈判离不开语言，双方的沟通、谅解乃至最后达成协议，都要通过语言。语言是传递信息、交流思想的重要工具。谈判人员只有熟练掌握语言艺术，才能在谈判中遇乱不惧，处变不惊，巧妙应答，始终掌握谈判的主动权。

在商务谈判中，双方的接触、沟通与合作都是通过语言工具来实现的。语言艺术水平的高低直接决定了双方谈判的效果，因此要十分注重对商务谈判语言的运用。

（一）商务谈判对语言艺术的要求

商务谈判对语言艺术的要求主要表现在以下几个方面。

1. 准确无误

在谈判中谈判人员应用精练的语句表达自己的观点、意图、思想等，不要使用模棱两可或概念模糊的语言，要做到知识准确、用词准确。因为准确无误的语言可以避免出现误会与不必要的纠纷，从而掌握谈判的主动权。

2. 文明礼貌

谈判语言应符合职业道德的要求，讲究文明礼貌。无论在什么情况下，谈判人员都要保持沉着与理智，不能出口伤人或攻击对方的人格。在谈判中，维护对方的尊严是一个极其重要的问题，否则，要想继续与他沟通交往将变得十分困难。

3. 清楚明白

谈判人员应紧扣主题，采用对方能够听清、听懂、理解的语言，把话说清楚，使对方理解。一般而言，句子不要太长，语速不宜太快或太慢，注意说话的先后顺序和逻辑性，尽量消除信息失真。

4. 机智风趣

无论是用汉语还是用外语进行交流，谈判人员都应做到发音准确、吐字清楚、语音纯正、语言流畅。谈判人员还要善于使用幽默、风趣、机智等语言，以调节气氛、消除隔阂，降低对立与对抗的程度，从而使谈判沟通更为顺畅。

（二）商务谈判中运用语言艺术应注意的事项

商务谈判中运用语言艺术应注意的事项具体如下。

1. 客观性

谈判人员在商务谈判中运用语言艺术表达思想、传递信息时要言之有物、言之有据，要以客观事实为依据，以实事求是为原则，不能凭空捏造，更不能用谎言欺骗。

2. 针对性

各种谈判语言在谈判沟通过程中具有不同的作用，具体运用均以谈判对象、谈判内容、谈判目的、谈判时间的不同而异，要对症下药、有的放矢。例如，在谈判的开局阶段，以文学语言和外交语言作为谈判语言的主体，努力营造良好的谈判气氛；在谈判进入磋商阶段后，应以商务专业语言和法律语言为主，穿插文学语言、军事语言；在谈判协议达成阶段，适当运用军事语言表明己方的最后立场和观点，并用商务专业语言和法律语言确定交易条件及双方的权利与义务。

3. 逻辑性

谈判人员在商务谈判中要注意概念明确，判断恰当；推理论证要符合逻辑，说服力要强。

4. 灵活性

商务谈判语言沟通过程存在着特殊性和复杂性，谈判人员要注意不同谈判语言的交叉运用。针对谈判过程中的谈话对象和客观环境的变化，加以灵活调整，及时变换谈判语言是十分重要的。不拘格式的变化，紧扣谈判的主题，使谈判语言的运用具有一定的灵活性和适应性。同时，还应注意利用表情（目光、微笑）、手势、姿势等非语言形式，以增强语言的艺术性，表达和强调自己的思想与见解。商务谈判语言的艺术性，就在于它们的创造性。只有创造性的语言，才具有鲜活的生命力，才能很好地发挥语言的作用，最终促成谈判的成功。

第五节　商务谈判的组织

一、谈判者的资格审定

商务谈判是谈判双方为获得经济利益而进行的较量。这种较量的前提，必须建立在参与谈判者有义务也有能力对自己在谈判中的言行负完全法律责任的基础上。失去这一基础，将直接导致谈判无法进行，或者使已经完成的谈判归于无效。因此，谈判者首先必须是有资格参加谈判并承担谈判后果的国家、组织、自然人及其他能够在谈判或履约中享有权利和承担义务的各种实体，这种意义上的谈判者称为谈判的关系主体。而实际参加谈判的自然人，是通过自身的行为直接完成谈判事项磋商的行为者，称为谈判的行为主体。

（一）关系主体与行为主体的联系和区别

谈判的关系主体与行为主体是两个不同的概念，它们既有联系又有区别。

1. 二者的联系

（1）任何谈判关系主体的意志和行为，必须借助于谈判的行为主体来表示或进行，仅有谈判关系主体而无行为主体的谈判是无法进行的。

（2）只有当谈判的关系主体是自然人并出席谈判时，谈判的关系主体和行为主体才是完全一致的。

（3）当谈判的关系主体与行为主体不一致时，即谈判的关系主体不能亲临谈判现场，而委托行为主体代表时，谈判的行为主体只有正确反映谈判关系主体的意志，在谈判关系主体授权范围内所发生的谈判行为才是有效的，由此而产生的谈判后果，谈判的关系主体才能承担。

2. 二者的区别

（1）谈判的行为主体必须是有意识、有行为能力的自然人，而谈判的关系主体则不然，它既可以是自然人，也可以是国家、组织或其他社会实体。

（2）承担谈判后果的是谈判的关系主体，在谈判关系主体与行为主体不一致的情况下，谈判的行为主体只出席谈判活动，不承担谈判后果。

正是由于谈判关系主体与行为主体有严格区别，因此在审定谈判者资格时，也必须对谈判关系主体和行为主体分别进行甄别。

（二）谈判关系主体的特征

谈判关系主体的主要特征表现在以下几个方面。

（1）谈判的关系主体必须是谈判关系的构成者，其代理人不能成为谈判关系的构成者。

（2）谈判的关系主体必须具有谈判资格和行为能力。

（3）谈判的关系主体必须能够直接承担谈判的后果，其代理人不承担谈判的后果。

（三）谈判行为主体的特征

谈判行为主体的主要特征表现在以下几个方面。

（1）谈判的行为主体是以自然人的身份亲自参加谈判，经济组织或法人实体不是自

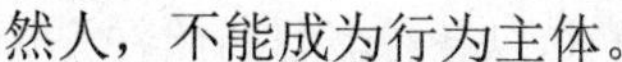

然人，不能成为行为主体。

（2）谈判的行为主体必须通过自己的行为来直接完成谈判任务。谈判的关系主体是自然人且亲自参加谈判，才是行为主体。如果谈判的关系主体委托他人参加谈判，而自己不亲自参加谈判，就不是谈判的行为主体。

（3）谈判的行为主体受关系主体的委托参加谈判时，必须正确反映关系主体的意愿，并在关系主体授权的范围内行事，由此产生的谈判后果，关系主体才能承担。谈判的关系主体与行为主体有时是同一个人，有时是分离的。

理解谈判关系主体和行为主体的特征，有利于对其进行审查。

二、谈判人员的基本素养

素养是素质与修养的合称。素质主要指先天的禀赋和资质，而修养则指后天的学习与锻炼。高标准素养的形成，不仅要有优良的素质做基础，还要以严格的修养作为条件，两者缺一不可。素养是一个人德、识、才、学、行的综合和集中表现。在风云变幻的商务谈判中，谈判人员只有凭借高超的智慧、能力，过人的胆识，才能应对压力、抵御诱惑、捕捉机会、迎接挑战，因此对谈判人员的素养要求必须严格。这里我们仅就谈判人员的素质进行阐述。一般可从外表上判断一个人的身体素质，从言行、态度上可判断其心理素质和业务能力。一个合格的谈判人员所应具备的基本素质包括道德品质、业务能力和心理素质 3 个方面。

（一）道德品质

一个人的道德品质是其素质的核心和精华，不讲道德、品质恶劣的人算不上是高素质的人。正直无私、忠于职守、遵纪守法、克己奉公是谈判人员首先必须具备的道德品质。谈判双方在谈判中的利益，在很大程度上取决于谈判者的谈判行为。面对谈判中的种种压力与诱惑，谈判人员能否把握自己，牢记使命，忠于自己代表的一方是至关重要的。谈判人员必须具有明确的团队意识和主动的团结合作精神。如果谈判人员利欲熏心，损公肥私，出卖自己代表的一方，得到的谈判结果势必非常不利于这一方，这种谈判必然是失败的谈判。良好的道德品质是谈判人员抵御各种压力、诱惑的基础，也是获取有利谈判结果的保证。对谈判人员道德品质的要求主要表现在以下几个方面。

1. 忠于职守，遵纪守法

谈判人员不论是代表国有单位、集体企业、民营企业与国内其他单位或个人进行商务谈判，还是参加国际商务谈判，都必须忠于职守，遵守党纪国法和职业道德，贯彻执行党和国家的方针政策。在当前市场经济条件下，谈判人员在国内谈判中常常会遇到形形色色的对手，有的会用金钱等进行诱惑。谈判人员必须具有良好的思想品质、灵敏的政治嗅觉，自觉抵制各种腐败思想的侵蚀。在国际商务谈判中，情况往往更为复杂。某些国外企业每年要开支上千万美元，用于请客送礼、拉关系。有的国外企业对客户馈赠礼品种类繁多，如汽车、住房、摩托车、珍贵首饰等，有的干脆以各种名目付给津贴、回扣等。因此，以清醒的头脑分清贿赂与礼节性馈赠的界线，这对谈判人员至关重要。只有奉公守法、道德高尚的人才能自觉遵守组织纪律，严格保守商业机密，维护国家和民族的利益与尊严；才能无私无畏、专心致志地施展才能，在各种复杂的情况下，为国家争取到更大的利益。否则，谈判人员经不起外界的诱惑，为个人的蝇头小利而牺牲国家和民族的利益，最后自己也将落得身败名裂的下场。

2. 百折不挠，意志坚定

要在一场重要谈判中取得预期的结果，无异于赢得一场战斗，需要耗费许多心血。谈判人员从接受任务开始，就要用心了解自己和对方的情况，做好一切谈判的准备，随时应付谈判过程中的风云变幻及种种困难和障碍。谈判人员一定要有高度的事业心和责任心，发挥自己的智慧和能力，百折不挠地去克服一个又一个困难，尽心尽力地完成自己承担的任务。美国总统尼克松曾经这样评价过周恩来总理："他是矢志不移的理想家，也是精于筹划的现实主义者；是政治斗士，也是高明的调停者。""周的身上既有儒家君子的特色，又有列宁主义革命者的政治本色，这两者结合的个性对于他担任的政治角色十分理想。犹如几种金属熔成的合金那样，他的个性的各种成分熔合起来比任何一种单独成分都更坚强有力。"周恩来总理的崇高思想品德和坚忍不拔的意志，值得每个谈判人员学习。

3. 谦虚谨慎，团结协作

商务谈判需要谈判人员掌握大量的情况和资料，运用多方面的知识和技能。一个人的知识和能力总是有限的，必须依靠谈判团队的每个成员及幕后顾问团队的协作和支持，无论个人的经验有多丰富，能力有多强，在过去谈判中所起的作用如何卓著，都要虚怀若谷，懂得尊重别人，既尊重领导又尊重左右和下属，既尊重己方人员也要尊重对方成员。谦虚谨慎，宽厚仁爱，把自己真正置于组织之下、团队之中，认真听取各种有利于实现谈判目标的意见和建议，把谈判团队中各类人员的积极性和主动性充分地调动起来。只有这样，才能克服商务谈判中面临的各种困难，不断地创造出良好的业绩。

4. 诚实无欺，讲求信誉

诚实无欺是每个企业经营的基本原则，也是每个谈判人员应具备的道德风范，还是树立国家和企业良好信誉的基本前提。企业与企业之间，既是竞争的关系，又是相互协作、相互配合的关系，不择手段、尔虞我诈的种种做法，在法制健全的市场经济当中是绝对行不通的，也是没有前途的。当然，商场如战场，诚实无欺不等于毫无心机，把自己的底细全盘托出，把谈判的主动权拱手让人。在商务谈判中，为使交易顺利达成，使用暗示、夸大、假动作、声东击西等策略和技巧还是必需的，但前提是无害人之心。"老实是无能的别名"，在国际商务谈判中尤其如此，谈判中若拘泥于以诚相待，将不可避免地受人宰割。反过来说，如果只知道运用策略和技巧，抛弃了基本道德规范，无异于欺诈，这样的谈判人员不可能使谈判获得成功，最多也只是“一锤子买卖”，使国家、集体和个人的信誉扫地。谈判策略与技巧的运用要在坚持信誉的范围之内，一旦协议达成，就必须按质、按量、按时履行协议条款，以信誉赢得顾客、赢得未来。

（二）业务能力

谈判人员的业务能力是指谈判者掌握、驾驭商务谈判进程，并能取胜的能力。它包括谈判人员的知识结构与水平、观察能力、判断分析能力、表达能力、控制能力和应变能力。

1. 知识结构与水平

广博的知识是谈判取得成功的坚实基础。商务谈判是一种复杂的经济活动，它涉及多个领域与层面的知识，主要包括管理学、预测与决策科学、法律、国际贸易、金融学、会计学、公共关系学、心理学、社会学、政治学、历史学、社交礼仪知识等。谈判人员要广泛了解社会科学与自然科学知识，特别是要了解所从事的行业及相关行业的行业特点、技术特点、市场动向、运作过程与规律及其相应的国际惯例。谈判人员不仅要广泛获取科学知识和自然常识，还要熟悉一些社会科学方面的知识，如哲学理论、历史事件、文化思潮、国内外动态、文学艺术、民俗风情、趣闻轶事等。只有具有广博的知识储备，谈判人员在谈判活动中才能信手拈来、左右逢源，游刃有余地化解谈判中的矛盾，取得谈判的成功。

2. 观察能力

观察能力是指谈判人员对谈判对方进行观察并善于发现和抓住其典型特征和内在实质的能力。谈判人员要有敏锐的洞察力，在蛛丝马迹中明察秋毫，通过对方的种种细微活动，来获取自己所需要的信息，进而判断出对方的真实意图，以便采取相应的对策。

3. 判断分析能力

判断分析能力是谈判人员观察能力的进一步深化。判断分析能力是指谈判人员将观察中得到的信息加以归纳、分析，进而推断出谈判对方的真实意图的能力。它与观察能力既相联系又相区别。观察是谈判人员通过感官得到的直接印象，为判断分析提供素材；判断分析是观察的延伸，通过分析表象信息之间的联系，判断出对方的真实意图。具有良好判断分析能力的谈判人员能从一系列观察到的表象中发现对方的典型特征和内在本质，从而有针对性地采取对策。

4. 表达能力

表达能力是谈判人员在商务谈判中运用语言和非语言形式传达有关信息的能力。整个谈判过程就是谈判人员交换信息的过程，因此表达能力是谈判人员的基本素质要求。

在商务谈判中，谈判人员的语言或非语言的信息表达，要具有表现力、吸引力、感染力和说服力，要能以恰当的语言运用创造有利于己方的谈判气氛或局势。谈判人员是一个出色的语言艺术家，在谈判桌上为了尽力避免对抗，谈判语言必须讲究策略。沙特阿拉伯的石油大亨亚马尼深谙这种谈判艺术。一位美国石油商曾经这样描述："亚马尼在谈判时总是低声细语，绝不高声恫吓。他最厉害的一招是心平气和地重复一个又一个的问题，最后把你搞得筋疲力尽，不得不把自己的老底都拱手让出去。他是我打过交道最难对付的谈判对手。"

5. 控制能力

控制能力是指谈判人员有目的地运用各种谈判策略和技巧，使谈判的发展变化保持在既定的目标范围内的能力。谈判是谈判双方抱着各自的目的，由两极经过相互磨合走向相互交叉点的过程。由于这个过程会受到诸多不确定因素的影响，因此谈判形势变化莫测，稍有不慎就会迷失方向。有控制能力的谈判人员能运用各种手段和方法把握住谈判形势的发展方向，善于捕捉转瞬即逝的机会，让谈判按预定的轨道向前发展。

6. 应变能力

应变能力是指谈判人员根据形势的变化，审时度势，随机应变，采取相应对策，调整目标与策略，推动谈判发展的能力。谈判人员只有具有应变能力，才能在谈判中应付自如。当然，渊博的知识是随机应变的前提，它能使谈判人员以不变应万变，临危不乱，镇定自若。

（三）心理素质

心理素质是指谈判人员在谈判中应具有良好的心理品质。成熟而稳定的心理素质是谈判人员在利益角逐和智慧较量中，应对压力、处置僵局，正常甚至超常发挥自身能力的精神保障，它能够赋予谈判人员以力量、智慧和灵感，使其临危不惧、遇事不惊，顺利时不自满，挫折时不气馁。谈判人员成熟而稳定的心理素质反映其具有强烈的责任心、高度的自制力、良好的协调力和坚强的意志力。

1. 责任心

商务谈判人员代表谈判一方要确保经济利益和目标要求，认真负责是谈判人员心理素质的最基本要求。谈判人员只有具备高度的事业心、责任心，才会在谈判中不管遇到何种情况，始终坚持自己的立场，发挥自己的智慧和能力，使谈判取得成功。

2. 自制力

自制力是谈判人员在环境发生巨大变化时克服心理障碍的能力。由于商务谈判会涉及双方的经济利益，谈判双方在心理上处于对立，故而僵持、紧张、激烈的局面不可避

免，这会引致谈判者情绪的波动。如果是明显的情绪波动，如发怒、沮丧，可能会造成疏漏，从而给对方制造击败己方的机会。谈判人员应善于在激烈变化的局势中控制自身的情绪和行为。具体来说，就是在谈判顺利时，不会沾沾自喜、头脑发热；在遇到挫折时，也不会心灰意冷、萎靡不振；遇到气恼的事，能够不发脾气、心平气和。

3. 协调力

协调力是指谈判人员善于与他人相处，具有良好的人际关系，并能调动其他谈判人员的积极性，协调他们的意志，统一其行动的心理素质。商务谈判是一种涉及人和领域比较多的复杂活动，而且协作性强。因此，在谈判过程中，谈判一方人员的协调行动是非常重要的。一个好的谈判人员，既能尊重他人，虚心地听取一切有利于谈判进行和谈判目标实现的正确建议和合理意见，又要善于解决矛盾冲突，善于沟通情况，善于调动他人，使己方谈判成员为实现谈判目标密切配合，统一行动。

4. 意志力

意志力是指谈判人员必须具有坚忍不拔的意志品质，不为困难所屈服，不为诱惑所动摇。

三、谈判人员的选拔与培训

没有人生来就是谈判专家，但是有些人具有成为高级谈判人员的潜质，经过培养塑造，便可以在谈判场上大显身手。怎样识别选拔谈判人才，如何培训人才，是企业面临的一个重要课题。

（一）谈判人员的选拔

1. 选拔谈判人员的方法

选拔谈判人员的方法有很多，常用的有以下 4 种。

1）经历跟踪法

经历跟踪法也称业绩考核法。这种方法尤其适用有过谈判经历或近似经历的人员的评选。对备选者在以前较长一段时期内的情况进行全面了解，收集他的工作情况、受教育程度、个人经历、社会地位、性格特点、个人专长等信息。掌握其以往谈判或类似工作中的表现情况，据此判断此人的智商水平、专业技能、心理特点、工作态度、思想品德等。

2）观察法

观察法是指在备选者没有刻意准备的情况下，通过对其行动、语言、表情等有计划、有目的、有系统地观察，推断他的各种能力和心理特征，判定他是否可以成为谈判人选。应该注意的是，这种观察必须要有计划、有目的，要有明确的推断标准。全面的观察应当包括：①动作的速度、准确性和协调性；②记忆力的速度、持久性、准确性、备用性；③思维的深度、广度、灵活性和创造性；④想象力的生动性、丰富性和新颖性；⑤情绪状态、理智感、道德感；⑥兴趣、意志、气质；⑦语言表达能力、面部表情等。

3）谈话法

谈话法即通过与备选者进行语言交流，通过事先设计好的提问方式，考查备选者的各种能力和心理特点。

4）谈判能力测验法

谈判能力测验法即以问卷的方式了解备选者的知识、能力、心理等。这种方式可以在很短的时间内对备选者进行多方面的了解，但是其不利的一面也是显而易见的，因为备选者在答案里写上的往往都是经过理性选择的答案，在现实生活中的行为很有可能与写在纸上的答案大相径庭。这种方法比较适合在较大范围内对备选者进行筛选，而不以此作为最后确定谈判人员的选择依据。

2. 选拔谈判人员的基础工作

为了选拔合适的谈判人员，企业应注意做好以下几项基础工作。

（1）建立人才档案库。对谁进行经历跟踪，对谁进行言行观察，找谁来谈话，对哪些人进行问卷考核，任何一种选拔方法本身都已包含了重要的选拔过程。要使人员选拔工作富有成效，离不开平日对人才资料档案的积累，企业应将广泛网罗人才信息作为人力资源日常管理工作的一项重要内容。无论是应聘者自荐、他人推荐，还是新闻媒介对出色谈判人员业绩的报道，都应分档归类，列入人才资源信息库，形成较大的候选阵容。

（2）严格谈判人员选拔制度。在谈判人员选拔上应本着任人唯贤的原则，不能论资排辈，更不能搞裙带关系。尤其是在国际商务谈判中，严禁将出国考察谈判变为公费观光旅游，应严格谈判人员选拔与业绩考核纪律，以保证谈判团队的谈判能力。

（二）谈判人员的培训

优秀谈判人员形成的关键在于培养。企业培训专业谈判人员应从以下两个方面入手。

1. 在岗人员的培训

已经从事过谈判工作的人员，从以往实践中获得的临场经验是非常难得的，因此在岗人员是宝贵的谈判人才资源，为使他们能够在日后的谈判中更好地发挥作用，应该重视在岗人员的岗位培训。通过企业文化建设，通过对谈判中不法行为的严惩来提高谈判人员的道德水准；还要为在岗的技术、经济、法律人员创造进修机会，不仅巩固他们的专业知识，而且培养他们成为一专多能的人才。

2. 新选拔人员的上岗培训

从高等学府新选拔的谈判人员，在专业技术知识方面确实是一流的，但由于缺乏实

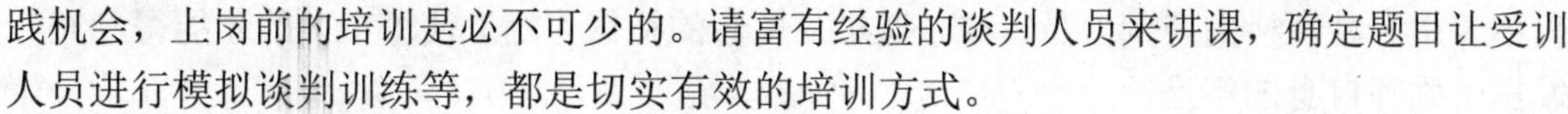

践机会，上岗前的培训是必不可少的。请富有经验的谈判人员来讲课，确定题目让受训人员进行模拟谈判训练等，都是切实有效的培训方式。

四、谈判团队的组织

谈判的规模大小不一，小到单枪匹马，大到成团组队，应视不同情况而定。推销员上门推销是典型的单兵作战，由此引发的多为"一对一"的谈判行为。在这种情况下，个人素养的高低是谈判成败的决定性因素。因不涉及合作、信息交流、性格冲突、角色充当等事项，推销员可以充分依据个人对谈判对手的判断，施展才智，推动谈判顺利进行。然而，正所谓"智者千虑，必有一失"，如果谈判者对谈判局势的估计发生误差，势必造成无法挽回的遗憾。

许多商务谈判尤其是大中型商务谈判，是由两个以上谈判人员组成的谈判小组甚至谈判团队进行的。在这种情况下，谈判人员的选拔与组织便成为决定谈判胜败的重要因素。中国有句俗语"三个臭皮匠，顶个诸葛亮"，尽管每个谈判人员不一定都是智慧过人的谈判老手，但众人集思广益、合理分工、密切配合、扬长避短，仍有可能在风云变幻的商务谈判中稳操胜券。相反，如果谈判团体中每个人都是能人高手，但整个团队缺乏组织领导，谈判人员各展其才，相互之间没有沟通、理解、配合，甚至内部发生冲突摩擦，最后的结果很有可能是三个"诸葛亮"反倒输给一个"臭皮匠"。

（一）谈判团队的组成原则

在谈判团队的选配上，应遵循以下 3 项基本原则。

1. 知识互补

商务谈判是一项涉及商业、法律、金融、专业技术等多方面知识的经济活动，而任何一个个体，其所拥有和掌握的知识总是有限的，而且存在着个体差异。因此，在组建谈判团队时，必须做到知识互补，使谈判团队的成员都成为处理不同问题的专家。这样，通过谈判人员在知识方面的相互补充，形成整体优势。学历的高低标志着一个人接受教育的程度。一般情况下，学历高的人较学历低的人有更为丰富和全面的知识，具有很大的潜能。但是，如果一个谈判者只有书本知识却从未参与过任何谈判实践，那么，他在初登谈判场时不宜直接充当主要角色，只有经过一段时间的旁听观察，才能将书本知识灵活运用于实践中。也有一些人虽然没有接受过高等教育，但在实践中摸索出一些谈判经验，在谈判桌上的临场发挥相当优秀。因此，在组建谈判团队时应将学历与经验并重，不能一味强调其中的一项，只有将有学历的和有经验的谈判人员结合在一起，相互补充，扬长避短，才能提高谈判班子的总体能力。

2. 性格协调

在一个较为合理而完整的谈判团队中，谈判人员的性格必须互补协调，即一个谈判集体要由多种性格的谈判人员组成，通过“性格的补偿作用”使每个人的才能得到充分发挥，弥补自身的不足。

谈判人员的个体性格，按行为类型基本上可以分为外向型与内向型两种。外向型的人性格活泼开朗、善于表达、反应敏捷、处事果断，但是性情可能比较急躁，看待问题也可能不够深刻甚至会疏忽大意。对于外向型的谈判人员，或安排其为主谈，或分派其了解情况或搜集信息等交际性强的工作。内向型的人性格稳重沉静，办事认真细致，说话比较谨慎，原则性较强，看问题比较深刻，善于观察和思考，理性思维也比较明显，但是他们不够热情，不善于表达，反应相对比较迟钝，处理问题不够果断，灵活性较差。对于内向型的谈判人员，或安排其为陪谈，或安排其从事内务性工作，如对资料、信息进行处理和加工等工作。在谈判团队的构成中，只要将这两类性格的谈判人员组合在一起，分别担任不同的角色，就可以发挥出各自的性格特长，优势互补、协调合作。

3. 规模适当

谈判团队配备人员的多少，取决于商务谈判的规模和复杂程度、谈判人员的素质及谈判时间和效率的要求等因素。例如，商务谈判的规模越大，复杂程度越高，则谈判人员越多；商务谈判的复杂程度越低，谈判人员自身素质越高，则所需谈判人员就越少。英国谈判专家比尔·斯科特提出，谈判团队以 4 个人为最佳，最多不能超过 12 个人，这是由谈判效率、对谈判团队的管理、谈判所需专业知识的范围和对谈判团队成员调换的要求决定的。这一原则要求谈判团队的规模要适当。

每一次商务谈判不仅是针对某一问题进行的利益交锋，也是培训新人的绝好机会。因此，谈判团队中既要有训练有素的“沙场老将”，也要有初出茅庐的“新兵”。在一般谈判中，让“新手”出场演练，由“老将”坐镇指挥，只有这样，才能在保证谈判顺利进行的情况下，完成梯队建设，使谈判精兵层出不穷。

（二）谈判团队的组织构成

一个正规的谈判团队从组织构成上分为主谈和陪谈两部分。主谈通常是谈判团队的主要负责人，有的情况下，主谈又分为技术主谈和经济主谈。主谈是谈判团队的核心，他不仅要有一般谈判人员应具备的素养，还应具有增效能力，即通过有效地指挥与协调谈判团队中每个成员的活动，使谈判团队的群体效应得到最大程度的发挥。在许多情况下，主谈一职均由副职领导出任，原因如下：一方面，他对下属各专业人员具有指挥权；另一方面，万一谈判陷入僵局，正职领导可再出场缓冲周旋。主谈在谈判团队中的具体职责主要有以下几个方面。

（1）监督谈判程序，掌握谈判进程，保证谈判按计划顺利进行。如果遇特殊情况，则及时修改谈判方案，确保谈判工作的总体计划性。

（2）听取专业人员的建议、说明，协调谈判团队内部人员的意见，调动全体成员的

积极性。主谈人既是首席代表，又是一线指挥员，内部分工恰当，妥善处理主谈与陪谈的关系，是调动谈判人员积极性的关键。尤其是作为领导又兼主谈，在与陪谈人员产生意见分歧时，不能以权压人，应耐心听取他人的意见，容忍他人的激烈言辞，创造一个良好的环境，吸取众人的智慧，找出解决问题的最佳方式。

（3）决定谈判中的重要事项。主谈在谈判中拥有最终决定权，在进行决策之前，应与陪谈人员讨论、商议，不能无视他人，自作主张。但是，当谈判团队内部人员意见分歧并难以达成一致时，主谈应果敢决断，不能瞻前顾后，举棋不定，贻误时机。

（4）代表单位签约，并在谈判结束后向有关方面汇报谈判结果。

（三）谈判团队的业务构成

谈判团队的业务构成是指团队内各类专业人员应具有的合理的比例结构。大型经济谈判往往涉及多种专业，必须由各类技能人员密切合作来完成。因此，在组建谈判团队时，必须从专业入手进行人员选拔。一般来讲，一个谈判团队应包括下列几个方面的专业人才。

1. 技术人员

技术人员负责有关技术性能、技术资料和验收办法等方面的谈判，并熟知此类产品的技术行情，配合经济人员进行效益、价格评定。

2. 财务人员

商务谈判涉及的财务问题相当复杂，应由熟悉财务成本、支付方式及金融知识，具有较强的财务核算能力的财务会计人员参加，并协助主谈人员制定有关财务条款。

3. 法律人员

法律人员熟悉各种经济法律法规，并有一定的签约、辩护经验，懂得并能够解释合同文件及合同中各种条款的法律要求，负责合同及技术附页的文字把关，并根据谈判情况拟订合同文本。

4. 翻译人员

谈判对象国别不同，上述专业人员在谈判中经常会遇到语言文字方面的障碍，因此需要在谈判团队中配备翻译人员，以保证语言文字交流的准确性。参与谈判的翻译人员，不仅应精通外国语言文字，而且应掌握一定的专业技术知识，这样才能准确无误地完成翻译工作。

谈判团队通常要由这 4 个方面的人员组成，有时遇到特殊的技术问题和法律问题，还需要聘请一些专家参加。对于一些规模较小的商务谈判，谈判团队成员可兼顾两个或三个方面的业务，从而使团队人员得到精简。外贸企业出国推销小组多数属于这一类，要求外销人员具备多方面的知识，能够身兼数任。

谈判小组有各方面人员参加，能够分工合作，集思广益，运用各种谈判技巧，有较大的回旋余地，它对谈判实力的增强不是简单的“叠加效应”，而是“乘数效应”。当然，谈判团队由不同专业的人员组成，会增加费用的支出，同时对问题难免会出现意见分歧，要做到统一认识、团结一致，需要有力的领导进行协调。

谈判团队的组成人数并无一定的限制，在力求精干的原则下，可根据谈判项目的大小、工作的难易程度等情况来确定谈判团队的规模。人数少的时候，可以一人身兼数职；人数多的时候，可分成几个小组，如商务小组、技术小组、法律小组等，负责各自专业领域的谈判。

第六节　商务谈判的原则

一、遵守法律原则

在谈判及合同签订的过程中，要遵守国家的法律、法规和政策。与法律、法规和政策有抵触的商务谈判，即使出于谈判双方自愿并且协议一致，也是无效的，是不被允许的。随着商品经济的发展，生产者与消费者之间的交易活动将会在越来越广的范围内受到法律、法规和政策的保护与约束。离开法律、法规和政策，任何商务谈判都将寸步难行。

二、合作原则

商务谈判是企业进行经营活动和参与市场竞争的重要手段。但是，参与谈判各方都是合作者，而非竞争者，更不是敌人。首先，人们谈判是为了满足需要、建立和改善关系，是一个协调行为的过程，这需要参与谈判的各方进行合作和配合。如果没有各方的提议、谅解与让步，就不会达成最终的协议，各方的需要都不能得到满足，合作关系也就无法建立。其次，如果把谈判纯粹看成是一场比赛或一场战斗，非要论个输赢，那么双方都会站在各自的立场上，把对方看成是对手、敌手，千方百计地想压倒对方、击败对方，以达到自己单方面的目的，这样做的最终结果往往是谈判破裂。即使签订了协议，达到目的的一方成了赢家，做出重大牺牲或让步的另一方成了输家，也会郁愤难平。因此，这一协议缺乏牢固的基础，自认为失败的一方会寻找各种理由和机会延缓合同的履行，挽回自己的损失，其结果往往是两败俱伤。

美国纽约印刷工会前领导人伯特伦·波厄斯以“经济谈判毫不让步”而闻名全国。他在一次与报社进行的谈判中，不顾客观情况，坚持强硬立场，甚至两次号召报业工人

罢工，迫使报社满足了他提出的全部要求。报社被迫同意为印刷工人大幅度增加工资，并且承诺不采用排版自动化等先进技术，防止工人失业。结果是以伯特伦·波厄斯为首的工会一方大获全胜，但是却使报社陷入困境。首先是3家大报社被迫合并，接下来便是倒闭，数千名报业工人失业。这一例证表明，一方贪求谈判桌上的彻底胜利，导致了两方实际利益的完全损害。

谈判是一种合作，在谈判中，最重要的是应明确双方不是对手、敌手，而是朋友、合作的对象。只有在这一指导思想下，谈判者才能本着合作的态度，消除达成协议的各种障碍，并能认真履约。

坚持合作的原则，并不排斥谈判策略与技巧的运用。合作是解决问题的态度，而策略和技巧则是解决问题的方法与手段，两者是不矛盾的。

三、互利互惠原则

人们在同一事物上的利益不一定是矛盾的、此消彼长的关系。下面一个简单的例子说明了这个道理：两个人争一个橘子，最后协商的结果是把橘子一分为二，第一个吃掉了分给他的一半，扔掉了皮；第二个人却扔掉了橘子，留下了皮做药。如果采用将皮和果实分为两部分的方法，则可以最大限度地实现两个人的利益。

认为谈判双方的利益是对立的传统观念是片面的。现代谈判观点认为，在谈判中每一方都有各自的利益，但每一方利益的焦点并不是完全对立的。一项产品出口贸易的谈判，卖方关心的可能是货款的一次性结算，而买方关心的是产品的质量是否属于一流。因此，谈判的一个重要原则就是协调双方的利益，提出互利性的解决方案。

四、立场服从利益原则

有两个人在图书馆里发生了争执，一个要开窗户，一个要关窗户。他们斤斤计较于开多大一条缝，一半还是四分之一，没有一个办法使他们都满意。工作人员走进来，问其中一个人为什么要开窗户，他回答："呼吸一些新鲜空气。"又问另一个人为什么要关窗户，他回答："不让纸被风吹乱了。"工作人员考虑了一分钟，把旁边屋子的窗户打开，让空气流通起来而又不吹乱纸。

无论是商务谈判，还是个人纠纷，抑或是国家间的外交谈判，人们习惯在立场上讨价还价，双方各持一种立场来磋商问题。在立场上磋商问题的结果，很难通过让步达成妥协，结果是谈判破裂、不欢而散。所以，人们自觉或不自觉地以利益服从立场为原则进行谈判，其后果往往是消极的。

虽然坚持立场是为了维护自己的利益，但往往事与愿违。在立场服从利益的前提下，谈判者变得灵活、机敏，只要有利于己方或双方，没有什么是不能放弃的，没有什么是不可以更改的。成功的谈判者不但要强硬，而且要灵活。

五、对事不对人原则

所谓对事不对人原则，就是在谈判中区分人与事的问题，把对谈判对手的态度和讨论问题的态度区分开来，就事论事，不要因人误事。

因为谈判的主体是富于理智和情感的人，所以谈判的过程不可避免地要受到人的因素的直接影响。一方面，谈判过程中会产生互相都满意的心理，随着时间的推移，建立起一种互相信赖、理解、尊重和友好的关系，会使下一轮的谈判更顺利、更富有效率。另一方面，如果在谈判过程中双方都不满意，大家会变得愤愤不平、意志消沉、谨小慎微、充满敌意或尖酸刻薄。

造成谈判中从个人利益和观点出发来理解对方的提议的一个原因在于，谈判者不能很好地区分谈判中的人与谈判中的事，混淆了人与事的相互关系，要么对人对事都抱一种积极的态度，要么对人对事都抱一种对抗的态度，把对谈判中问题的不满意，发泄到谈判者个人的头上，把对谈判者个人的看法转嫁到对谈判的议题的态度上，都不利于谈判的进行。在谈判中，导致人与事混淆的另一个原因是人们常常没有根据地从对方的态度中得出结论。这会导致对方个人感情上的变化，使对方为了保全个人的面子，顽固地坚持个人立场，从而影响谈判的进行。

因此，在谈判中应把人与事分开，与对手打交道是谈判的形式，解决问题是谈判的直接目的，争取因人成事，避免因人误事。

六、坚持使用客观标准原则

“没有分歧就没有谈判”，说明谈判双方利益的冲突和分歧是客观存在的，是无法避免的。房客希望房租低一点，而房主却希望高一点；购货者希望货物明天到，而供应者却想在下周送到；甲希望得到对自己有利的结果，而其对手也持同样的观点。这些分歧如阳光下的影子一样，是无法消除的。

谈判的任务就是消除或调和彼此的分歧，达成协议。实现的方法有很多种，一般是通过双方的让步或妥协来完成的。坚持客观标准能够克服主观让步可能产生的弊病，有利于谈判者达成一个明智而公正的协议。

所谓客观标准，是指独立于各方意志之外的合乎情理和切实可用的标准，它既可能是一些惯例通则，也可能是职业标准、道德标准、科学标准等。在谈判中可能出现双方因坚持不同标准而产生分歧的情况，这时需要双方努力寻求沟通的客观基础，寻找最合理的标准。在谈判中坚持使用客观标准有助于双方的和睦相处，冷静而又客观地分析问题，有助于双方达成一个明智而又公正的协议。协议的达成是依据客观标准的，双方都感到自己的利益没有受到损害，因此会积极、有效地履行合同。

第七节　商务谈判的心理

一、谈判心理概述

商务谈判心理是指围绕商务谈判活动而形成的各种心理现象及其心态反应。它不仅影响谈判当事人的行为活动，也直接关系到交易协议的达成和合同的履行，包括谈判前、谈判中、谈判签约及合约履行的谈判双方当事人的心理活动与心态效应。了解谈判对手的心理状况，有益于接收正确的信息反馈；分析谈判对手的行为动机，有助于判断双方的主观意向，以便更恰当地运用谈判的基本策略与技巧，从而取得理想的谈判结果。

商务谈判是一种特定的人与人之间的交流行为。心理因素对谈判行为有着强烈的影响，谈判者对谈判方针、谈判作风、谈判策略、谈判技巧和谈判结果的认定都包含着心理因素的作用。谈判行为是一个复杂的过程，这个过程涉及谈判者的心理活动。

（一）谈判心理学

谈判心理学是心理学理论在谈判中的应用，是普通心理学的一个分支。在商务谈判过程中，从心理学观点讲，同样会经常发生感觉、知觉、记忆、想象、思维、注意等心理活动。通过思维活动，在人的头脑中会经常产生对当前的印象及印象之间的联系，并会推想出将来可能发生的事件的情景，从而对谈判方法、谈判技巧、谈判组织、谈判气氛产生直接的影响。

1. 感觉

感觉是人脑对直接作用于感官事物的个别属性的反映。例如，对眼前的一个苹果，我们可以看到它的大小、形状、颜色，能闻到它的香味，咬一口能尝到它的味道，用手触摸能知道它的表面是光滑的。当然，假如它能发出声响，我们也能听到它的声音。“看到”“闻到”“尝到”“触摸到”“听到”，就是视觉、嗅觉、味觉、肤觉、听觉等各种感觉。

2. 知觉

知觉是人脑对作用于感官事物的整体属性的反映。知觉比感觉要更复杂一些。知觉是在各种感觉的基础上产生的，如当我们对苹果的颜色、大小、形状、味道、香味等属性都了解以后，我们就获得了对这个苹果的整体、全面的认识，也就是对苹果有了知觉。知觉因反映的事物的性质不同而分为空间知觉、时间知觉和运动知觉二大类。普通心理学除了对这些知觉进行研究外，还对错觉、幻觉等一些特殊的知觉进行研究、分析。

3. 记忆

记忆是人脑对过去感知过的事物、经验的反映。它是一种比感觉和知觉更为复杂的心理过程。例如，我们过去看过的一部电影、电视剧或一本书，过了一些时候再观看或阅读时，就能够认出，这是我们以前看过的，或者不用看也能在脑海中将它们的主要内容或情节回忆出来，这就是记忆现象。记忆对我们的学习、工作、生活的意义非常重大，因为一个人一生的所有知识经验的积累几乎是靠记忆来实现的。

4. 想象

想象和思维一样，也是一种高级的心理过程，它是人脑对已有的表象进行加工改造而创造出新形象的过程。例如，我们没有到过大草原，但读到“天苍苍，野茫茫，风吹草低见牛羊”的诗句时，我们的大脑中就会立即浮现出一幅在蓝蓝的天空下面是一望无际的大草原、茂密的牧草在微风下波浪起伏、成群的牛羊在牧草中时隐时现的草原牧区景象。又如，孙悟空、猪八戒等艺术形象的塑造过程等，就是想象。想象不是凭空进行的，它总是在以前感知过的事物并通过记忆存留在大脑中的表象的基础上进行的。想象，实际就是对记忆表象的一种加工改造和重新组合，它是创造活动的一个重要的必要因素。可以说，一切科学发明创造、一切文学艺术形式的创造，无不是想象与思维的结果。想象有无意想象、有意想象、再造想象、创造想象及幻想等。

5. 思维

思维是一种更高级的心理过程，是人脑对事物的本质属性进行概括与间接的反映。在实践活动中，我们肯定都要去解决所遇到的种种问题或难题，如求证一道几何题、写一篇文章、进行某项技术革新、设计某项工程方案等，这些主要是通过思维来完成的。思维也就是我们平时所说的思考。思维的过程是通过分析、综合、比较、抽象、概括及具体化等环节进行的。思维的形式通过概念、判断、推理体现出来。思维主要分为动作思维、形象思维、抽象思维，以及非形式逻辑思维、形式逻辑思维。

6. 注意

我们在感觉、知觉、记忆、想象及思维的时候，都必须全神贯注、聚精会神，这样才能看得见东西、听得清声音，才能牢记在心、经久不忘，才能迅速正确地解答问题和进行创造活动。这种聚精会神、全神贯注的状态，普通心理学称为注意现象。注意，是心理活动对一定事物的指向与集中，不是一种独特的心理过程，它总是附属于其他心理过程，如感觉、知觉、记忆、思维、想象而存在的。如果没有注意，心理过程就会处于一种无目标的涣散状态而使人无法有效地认识世界和改造世界。谈判心理学研究的内容，主要是谈判双方在谈判全过程的思想认识活动，通过认识活动形成有意识的倾向性，以及它们在谈判人员身上所具有的个性特点。谈判心理学研究的基本任务是探讨客观事物如何引起谈判人员的心理活动，各种心理活动是怎样进行的，心理活动是怎样发展的；谈判人员的个性特征是如何形成、发展的，谈判人员的心理活动同他的社会实践有什么关系等。这些知识对谈判目标、方案的确定，以及谈判策略的选择，都是必不可少的。商务谈判人员只有掌握双方心理活动的规律，才能卓有成效地进行磋商洽谈，才能创造性地完成谈判任务。许多优秀的谈判人员正是由于掌握了对方的心理发展特点，准确地了解其心理动向，预见到谈判发展的前景，采取有针对性的措施，才能收到良好的谈判效果。

（二）谈判心理学的应用

谈判心理学具有实践性。也就是说，只有在实际的谈判中对这门学科的内容加以应用，这门学科才具有意义和价值。在商务谈判中，这一应用有以下几个方面。

1. 发现需要

需要是谈判的动力，谈判是满足各方需要的过程。无论个人、组织、团体、企业、国家，只要是进行谈判，必定是建立在双方有某些需要而又期望得以实现的基础之上。因此，在谈判过程中要设法发现对方的需要，必须弄清对方有哪些需要、在想什么、谋求什么。在谈判过程中，谈判人员要通过信息交流发现对方的需要；通过仔细倾听对方的发言，注意观察对方的每一个细微动作，对方的仪态举止、重复语气等，都可以反映出对方的思想、愿望、隐藏的需要；还可以通过提问来发现对方的需要。

2. 掩饰自己心理

在商务谈判中，如果暴露自己的心理活动和想法，就会被对方利用，从而造成对自己不利的局面。因此，谈判人员在谈判中掩饰自己的心理和想法是很重要的。也就是说，谈判人员在谈判中要善于控制和掩饰自己的心理变化和外表言行。

3. 摸透对方心理

摸透对方心理就是要求谈判人员在谈判过程中要观察对方的心理活动，利用其心理活动的规律推测对方的想法和下一步可能采取的活动，或利用各种谈判策略和方法诱发、刺激对方心理的变化，由此来决定自己的谈判策略和战术，从而更有成效地以最佳方案解决每个谈判细节。

4. 心理诱导

实施心理诱导，要十分注意因势利导。它是从谈判对方的心理倾向出发，选择适当方法，将对方向符合自己意图的方向引导。经验丰富的谈判者，常常在意见不一致或是出现僵局时提出一些启发性的具体建议，使问题得到缓和或者解决，特别是当对方对问题犹豫不决时，一项好的建议常常能打动对方、诱导对方。常用的诱导方法，如提建议，是采用心理诱导解决谈判分歧意见；摆事实、讲道理，只要事实有说服力，道理很充分，就会产生巨大的诱导力量。

二、谈判的动力

需要、动机、态度是人最典型的心理现象，它们时刻支配和统治着人们的行为活动，是谈判的动力。那么，了解谈判的需要心理，探索谈判的具体动机，改变影响态度的消极因素，有助于我们更好地了解与掌握谈判者的行为活动，取得谈判中的主动。

（一）谈判需要

1. 需要的含义

需要是人对客观事物的某种欲望。人的一切行为都是从需要开始的，而行动的目的又总是反映某种需要。我们认为谈判活动也是建立在人们需要的基础之上的。每一次谈判就是需要在支配、在控制、在活动。谈判开始、谈判深入、谈判暂停、谈判僵持、谈判成功与失败，都是需要主宰的结果。处在不同国度、不同文化背景下的人或团体进行商务谈判，就是为了实现各自不同的需要，而这些不同的需要可通过谈判双方达成某种商业化目标的方式得以实现。一旦这种需要得到满足，谈判者便获得了某种利益。从表面上看，谈判所涉及的可能是一宗地产、一项合同或合作计划，但最终都要归结为谈判者的需要。因此，需要是商务谈判的基础和动力。

要研究需要对行为的支配作用，有必要了解需要的一般特点。

（1）需要具有对象性。这是指需要总是包含具体的内容，如想要购买一批价格适宜、性能良好的多媒体教学设备，以及以市场价出售一批配件等。

（2）需要具有选择性。人们形成的需要是多种多样的，已经获得满足需要的经验，使人们能够对需要的内容进行选择。例如，要购买上述设备，既可以通过函电洽商，也可以通过采购人员面谈洽商；既可以把销售者请到企业来，也可以走出去上门购买。当然要购买哪一家的产品，可供选择的对象就更多了。

（3）需要具有连续性。这是指人的需要不断地出现、满足，再出现、再满足，周而复始，不断上升。例如，交易双方出于合作的需要，坐到谈判桌边，准备洽谈合作的事宜；经过反复磋商，达成了双方都满意的协议；当合同顺利执行后，双方可能还会产生合作的欲望，也许交易的规模就更大了。

（4）需要具有相对满足性。这是指人的需要在某一具体情况下所达到的满足标准。人的行为活动要达到一定的目的，但目标的满足只是相对的。例如，一个企业在一次交易中能签约售出数百件滞销产品是值得庆贺的事，但对于一个产品畅销的企业来讲，很可能是微不足道的。

（5）需要具有发展性。人的需要出现与满足，不是简单的重复，而是在不断发展、不断上升。这一方面表现为标准的不断提高；另一方面表现为需要的内容不断变化。

2. 需要层次理论

从需要的种类上讲，需要是无穷无尽的，因此人的需要是多种多样、不断发展的。这正是推动人类不断进化的根源。人的需要的产生是有层次的，研究需要的层次性，可以从根本上揭示需要对人行为的支配作用。人们的需要按照亚伯拉罕·马斯洛的需要层次理论可划分为以下几个方面。

（1）生理需要。这是人类对维持和发展生命所必需的对外部物质条件的需要。例如，人要维持生存对食物、阳光、住房、空气和水产生的需要，平衡正常的生理过程所需要的吃、穿、住、行等生活必需品。在人类的各种需要中，生理需要是最基本的、第一位的，在人们的生存需求没有得到满足之前，不会去追求其他更高层次的需要。联系到谈判，企业也是个大的生命的存在，人是它的细胞，它也需要新陈代谢，需要投入资金，购买原料，生产产品，销售产品，养活员工，这样循环往复，维持生存。谈判中有关商品的价格、质量、支付条件、就业要求、销售便利等都是企业的生理需要。

（2）安全需要。这是人类希望保护自己的身体和精神不受威胁、伤害及保证安全的要求。例如，防御自然灾害、盗窃掠夺，免受战争动乱、社会解体的危害，摆脱瘟疫和病痛等。当生理需求一旦得到最基本的满足以后，人们接着就要考虑安全和稳定，寻求保障机制。这不仅包括人身安全，还包括物质的稳定供应等其他方面。例如，在激烈的社会竞争中，人们需要就业保障、退休养老保险等。又如，在商务谈判中保护自己商业机密的行为、努力把风险推给对方的行为，都是为了安全的需要。

（3）社会需要。爱和归属感的需要，这是人类渴求与他人建立亲密关系的情感交往的欲求。例如，希望归属于某个团体，给予或接受友谊、关怀和爱护，亲密往来、交流情怀，异性之间的爱慕等。他（她）渴望同人们建立一种充满友情的关系，渴望成为组织群体中的一员。他（她）既要从那里赢得情感上的满足，也希望给予别人友情的温暖。在商务谈判中，希望通过坦诚相见，通过愉快的合作，建立企业之间的密切关系，建立谈判人员之间的友谊，也是社会需要的体现。

（4）尊重需要。这是人类希望实现自己的潜在能力，取得事业成就，对社会有较大贡献，能够得到别人尊重的欲求。其包括自尊、自重、威信和成功，具体表现为希望自己有能力、有成就，能胜任工作，渴望得到别人的赏识和高度评价，得到名誉和荣耀。这种心理需要在谈判活动中最典型的表现就是，有的人喜欢显示自己的身份、地位、权威，有的人特别要面子，有的人喜欢听别人的恭维话，也有的人喜欢排场、阔气与豪华。人们在谈判时可能会为了维护面子与尊严愤而退出谈判，放弃他原打算进行的交易，也可能为了取得令人钦佩的谈判业绩，废寝忘食、夜以继日地工作。

（5）自我实现的需要。当上述种种需要都已得到充分的满足以后，人们最重要的需要就演变成自我实现的需求了，即每个人都处在最适合他的工作岗位，充分发挥自己的能力，都希望从事自己能够做而且乐于做的工作。所以，这一层次的需求有时也被称为创造性的需求。自我实现的需要是人类希望从事与自己的能力相适应的工作，实现自身的价值，成为一个与自己能力相称之人的高层次的愿望与追求。在商务谈判中，对于项目负责人、专业人员、辅助人员，每个人所具备的能力与应发挥的作用是不一样的。领导者不但要能够把谈判团队中的每个成员协调在一起，充分发挥集体的智慧，还要能使谈判团队成员明确各自承担的具体工作，各司其职，使谈判活动取得理想的结果。

一般来说，人们的需要有次序先后，首先要求满足生理需要和安全需要，其次才是满足其他需要，但不意味着一个层次得到百分之百的满足后，才可能产生下一层次的需要。人们的需要可以交叉出现。在同一时刻，大多数人的各种基本需求，都是部分得到满足、部分尚未得到满足，谈判人员不仅要重视己方需要，而且要注意对方的需要。作为一名高明的谈判者，在寻求满足己方需要的同时，也要设法满足对方的需要，并努力使谈判顺利地通过较低层次的需要，达到较高层次的需要。只有在这种情况下，谈判才有成功的希望；否则，必然会使谈判在不和谐的气氛中草草收场。

3. 需要与谈判

需要是谈判行为的基础和动力。谈判的目的就是满足谈判双方的需要。马斯洛的需要层次理论揭示了一般情况下人类的需要情况。掌握需要层次理论能使我们找出与谈判双方都有联系的需要，而且这一理论还能进一步引导我们对驱动双方的各种需要予以重视和分析，使我们懂得如何选择不同的方法去顺应、抵制或改变对方的动机。在商务谈判这种充满竞争性的活动中，谁能更全面、更准确、更清楚地了解谈判对方的需求，谁就可能在竞争和谈判中获得胜利。

马斯洛的需要层次理论与实际的商务谈判业务的密切关系，主要表现在以下几个方面。

（1）为了达到马斯洛提出的最高层次的需要，谈判人员必须注重满足前 4 个层次的需要。例如，在商务谈判的各个阶段，应该让谈判人员之间容易相处，相互间不感到拘束，创造一个良好的使双方都有安全感的谈判环境，如谈判室、饮料、办公用具等，以满足前两个最低层次的需要。

在谈判开始之时，双方应进入良好的沟通气氛之中。在为谈判程序等协商统一意见阶段，更要增强社交活动来满足谈判者个人的需要。比较理想的方式是，在轻松、自然和愉快的气氛下商谈双方容易达成一致意见的话题，如“我希望先和您商量一下议题，您看是否可以？”这些话表面看来无足轻重，但容易取得对方的同意，也显得对对方表示尊重。

在谈判中自我尊严需要的满足，主要取决于一个人长期形成的和固有的价值观念。试图通过某种手段改变对方的价值观念是不容易做到的。这就要求在谈判中要注意态度诚恳，共同协商，求同存异，努力适应彼此的需要。这其中无疑要使用一些策略才能与对方达成协议。在谈判中要经常检查对方需要的满足是否正在成功地由低级阶段向高级阶段攀登。必须保证不能因为未能满足某一个需要层次，而阻断了通向成交的道路。

（2）提供物质利益和给予尊重，以迎合谈判者对自我需要的满足，促成谈判的成功。如果某个谈判者注重开诚布公、坦率、友好，并具有创造性，那么双方都会乐于谋求一致，谈判双方无疑会登上马斯洛需要层次理论的最高一级。然而，在谈判中也会遇到另外一种情况，即尽管对方的生理需要、安全需要和社会需要都得到了满足，仍然难以达成共识，主要是由于谈判对手的价值观念不同寻常。这种谈判对手一心寻求的是能从这笔交易中得到最大的好处，获取最大的商业利益。一般来说，这种谈判对手自我尊重需要的满足主要是从以下 3 个方面实现的。

① 需要从其同事那里得到尊敬。他来到谈判桌前，若带着明确规定下来的目标，则他最大的希望就是能够带着实现了的目标离开谈判桌。因此，追求这些目标的实现，就是他从谈判中得到的最基本的满足。

② 希望得到对方的尊重。当他非常注意自己一方获得物质利益时，他会认为对方对他的尊重程度是由他获得多少物质利益来衡量的。

③ 他极为注重自我尊崇。这又与他取得物质利益的成功息息相关。

上述谈判者，显然其所追求的是想方设法获取自己的利益，为此目的而求得自我尊重需要的满足。这种谈判者在谈判中很讲效率。如果遇到了这种谈判者，就必须从两个方面予以注意：一是在保证自己获得利益的同时，设法满足他，即给予必要的让步、妥协；二是必须提高他对己方让步项目的评价，降低他对己方不能让步项目的评价。采取这种方式，就是为了求得双方在谈判中的“皆大欢喜”。

（3）重视谈判的准备工作和基础工作。一个缺少谈判经验的谈判人员，往往匆匆忙忙地开始谈判，并且要求很快进入实质性阶段。他没有提供基本的生存条件和安全条件，更不注重社会需要，不注重言辞和礼仪、举止。这种咄咄逼人的态势，时常引起对方的反感，甚至一开始就会引起对方不快。这是形成对立性谈判的隐患。

（二）谈判动机

动机是促成人们满足需要的一种驱使和冲动。在商务活动过程中，人们通过谈判达成交易的愿望是由人的需要引起的，它总是指向能够满足需要的某种对象，如商品、货币、劳务。当愿望所指向的对象促使人们通过谈判来达成交易时，反映这种需要对象的形象或现象客体，就构成了谈判动机。动机的形成有赖于需要受到强烈的吸引和刺激。如果对方没有需要的动机，就应该给予某种刺激使之产生需要，并付之以积极的行动，努力使谈判达成协议。因此，谈判双方在谈判过程中要注意寻找彼此需要的共同点，促使预期交易的达成，并扩大合作的领域。

建立在不同心理动机基础上的谈判者的思维活动会有很大差别，表现为以下几种类型。

1. 经济型

这类谈判者以追求交易中最低成交价格为目标，竭尽全力地讨价还价，迫使对方让步。因为在他们看来，只要能以最低价格成交或获取最大利润就是胜利。经济型谈判者对进行交易的经济利益很看重，只有有利可图，他才考虑交易的可能性。为达到这一目的，他们也愿意在其他方面做出让步，如付款条件、购买期限、数量、包装、运输方式、交货时间、地点等，但在价格、利润分配的比例或费用分摊上态度强硬，不轻易让步。

2. 冒险型

这类谈判者的动机类型是追求冒险。喜欢冒险的谈判者，一般自信心较高，期望水平也比较高，自我实现欲望强烈。他们喜欢通过制造别人不敢冒险的事来证明自己的能力，满足自我的成就感心理。因此，这类谈判者比较适合洽商项目风险大、利润高、复杂的、富有挑战性的谈判项目。

3. 疑虑型

这类谈判者的动机特点与冒险型正好相反。疑虑型谈判者考虑事物多看到问题，凡事都往失败、困难处想，他们体验或感知到的风险比一般人要大得多。冒险型谈判者虽然也觉察到谈判的风险，但一般会往成功处想，更多考虑的是怎样克服困难，达到最终目的。受疑虑动机支配的谈判者，在谈判中不大放得开，他们缺乏创造性、灵活性，习惯于按既定计划行事，每当对方提出新问题或新建议，他们总是持怀疑态度，不轻易表达自己的意见，处事谨慎，因此，他们成功的概率高但开拓性差。同时，他们为了减少产品的购买风险，还喜欢选择自己熟悉或习惯的品牌。

4. 速度型

这类谈判者心理动机的特点是注重效率和速度，雷厉风行，不喜欢无效率的谈判方式。他们看问题尖锐，提问题一针见血，分析问题切中要害，解决问题干净利落，不喜欢烦琐的交易方式，讨厌长时间、无结果的磋商。他们追求高效率的洽商，只要双方都认为合理、合适，就是理想的结果。

5. 创造型

创造型动机占主导的谈判者，喜欢标新立异、与众不同。他们思维较活跃，喜欢创造性地解决问题，处理冲突，缓和僵局。对在谈判中出现的问题，按常规方式也能解决，但他们更欣赏与众不同、独出心裁的处理方法。

三、谈判的心理分析

谈判是一个错综复杂的较量过程，涉及的心理过程可以从心理特征、行为举止、情绪波动 3 个方面进行分析。

（一）心理特征分析

心理特征分析在心理学中也称为心理定式分析。它以人为对象，首先要了解谈判对手的背景和心理特征。谈判人员的心理特征主要包括性格、兴趣、脾气、工作风格等，

这是人们在长期的生活、工作中形成的。在谈判中，不同的谈判对手，由于所处的地位、权力不同，其业务能力、谈判知识、个性、风格也往往不同，因此在谈判时就会产生不同的心理活动。例如，公司总裁享有很大的权限，能够不拘细节、敢于“拍板”；销售经理抱着争取到一个好价格的心理，往往会在价格、风险、权利等问题上与对方周旋；律师则出于受聘于人的心理，往往在法律细节上逐字推敲，以显示自己的法律学识。在谈判过程中应该针对不同的谈判对手，认真研究，区别对待。

实践证明，任何一项谈判都可能遇到挫折或出现不同意见，甚至反对意见，还可能被拒绝。当这类客观情形使主观感受处在受挫折状态时，必将自觉或不自觉地产生不同类型的心理反应，即挫折反应，大致可归为以下几类。

（1）产生攻击心理和行动。具体表现在对受挫的起源点直接进行攻击，或转向攻击迁怒于第三者，或产生自责、懊悔等心理。

（2）固执心理。谈判人员明知实现既定的谈判目标会遇挫折，但仍然执意坚持按原动机继续谈判。

（3）无所适从心理。某些谈判人员面对挫折茫然失措，产生无能为力的心理反应。

（4）合理化心理。遇到阻碍后积极调整自己的动机，使之更符合客观实际。

（5）升华心理。受到挫折后将动机和行动引向更高方向，力求冲破障碍、战胜挫折。

我们只要掌握了谈判人员受挫时心理活动的变化规律，就可以判断出对方在受挫时可能产生的心理变化和即将采取的行动。

（二）行为举止分析

在心理学上，外在的行为举止分析称为动态因素分析，也就是分析研究人对于客观事物所引起的心理反应和变化。在谈判过程中，双方都希望按照自己的目标和愿望去成交，一旦遇到分歧就会产生复杂的心理活动，并通过其外在的举止表露出来。我们只要仔细观察对方的一举一动，就可以窥透谈判对手的内心世界及其动向，厘清他们的思路，掌握谈判的主动权。心理学家认为，以下行为举止往往传达谈判人员心理的某种含义和暗示。

1. 眼神

眼睛被称为“心灵的窗户”，它是人与人沟通中最清楚、最正确的信号。在面部表情中，眼睛最能传神。因为，人的瞳孔是根据感情、态度和情绪自动发生变化的，人不能自主控制。在商务谈判中，眼睛的作用不能忽视。在交谈中，只有注视对方的眼睛，彼此的沟通才能建立。如果对方目光东移西移，表示他已经心不在焉；沉默时眼睛时开时合，表示他对你已产生厌倦；斜着眼睛，表示他有了一种消极的思维，并开始藐视你。当人们见到害怕的、厌恶的、不愉快的事物时，就会突然扭转视线不看；要是对方停止谈话，目光凝视他的同伴，这就是已经把话说完了的信号；如果停止谈话以后并不望向同伴，意思是说他尚未讲完；一个人正跟对方讲话，对方没有听完就看旁边的地方，则表示不完全满意己方所说的话；当对方说话时看别的地方，可能表示对自己所说的话并没有什么把握；当对方听到己方的谈话而望向己方，这就是对自己所说的话很有把握；对方不望着己方而看到别的地方，表示他有隐匿的成分；如果他在己方说话时看别的地方，表示不想让己方知道自己的感想。

2. 握手

握手的力量、姿势、时间长短，能够表达出握手人的不同态度和思想感情。初次见面，通过握手能解除防范心理，加强感情交流，很容易反映出心理变化，对人们将来关系的发展有着非常特殊而重要的意义。

（1）支配性握手。通常是对方掌心向下地把手伸给你。这种握手方式是告诉你，他在此时处于高人一等的地位，而且表示在未来的接触中，他希望掌握控制权，支配你。事实证明，这种握手的人很难与被握手者建立平等友好的关系。

（2）顺从性握手。对方手心朝上伸出手，而且大多力量较弱，由此可以看出他是一个懦弱而且缺乏个性的人，通过握手传达出对你的谦恭、顺从。在某些情况下，采取这种握手方式，往往会产生良好的效果。

（3）平等式握手。对方的手掌直向你伸出，整个握手过程中手掌保持垂直，手指微用力，这表达了彼此间的尊重和默契，说明他是一个好动而且信心十足的人，你可以和这类人相处得很好。

（4）抓指尖握手。有些人握手时不是用手亲切地握住你的手掌，而是伸手握住你的指尖。这是一种不标准的握手形式，表示对方想和你保持一定的空间距离。

3. 手势

手势是表情达意的有效方式，它能表达出比表情更复杂的意思。一般情况下，摊开手掌表示真切、诚恳、忠贞和顺从。当某人向你表示真诚时，他会暴露部分或整只手掌在你面前，这种姿势给人一种说实话的感觉。有人习惯十指交错、将两手钳在一起，心理学家认为这是一种“沮丧心情”的手势，表示此人正在压制某种感情。

4. 姿态

（1）双臂交叉于胸前，往往表示防备、疑惑的心理，或表示对对方的意见持否定态度；若同时攥紧拳头，则表示否定程度更加强烈。

（2）两腿经常挪动或不时地来回交叉，表示不耐烦或有抵触，不过有时仅仅是一种习惯，能让人感到舒服一些。

（3）揉眼睛、捏鼻子的动作同时出现，则在更大的程度上表明其防备、抵触或否定的心理活动。

（4）向后仰靠在椅背上，可以看作是不信任、抵触、不需要继续深谈的迹象；如果再伴以两臂叠于胸前的姿势，则上述含义的可能性更大。

（5）摊开手掌，解开衣扣，手和腿都自然放松，不交叠，这些动作和姿态都表明愿意开诚布公，乐于倾听对方的意见。

（6）抚摸下巴、捋胡子等无意识的动作，往往表示正在对所提出的问题和材料进行认真的思索和考虑。此外，坐在座椅的前边缘上，或身体前倾，俯在桌子上也可能有类似的含义，或表示对所讨论的问题感兴趣。

（7）两手的手指顶端对贴在一起，掌心分开，形似尖塔，挺胸前视，这通常表示高傲自信、踌躇满志的心情；有时这种姿势是故意用来显示与谈判对手地位不同，暗示自己是降贵纡尊来同对方谈判的。

（8）两手交叉，托住后脑勺，身体往后仰。当一个人感到自己驾驭着谈判局势，居于支配地位，往往会情不自禁地做出这种姿态。

（9）清清嗓音，变换声调，有可能是不安、紧张、焦虑的征兆。

（10）谈话时不自觉地把手扭来扭去，不时变换坐的姿势和位置，这些都意味着紧张、担心、受挫、束手无策的心理状况。

（11）掐灭香烟或任其自燃。在谈判中，点燃香烟并不意味着情绪紧张，然而神情紧张、焦躁不安或过分拘谨的谈判者往往会无意识地掐灭尚未吸完的香烟，或者忘了继续吸下去，任其自燃。

（12）凑近对方。当问题逐渐接近解决，隔阂或障碍进一步消除时，双方谈判者就会自然地坐得靠拢一点；或者东道主起身离开座位，绕过谈判桌，同坐在客席上的谈判对手凑近面谈。

（13）拍拍对方的肩膀或手臂，这是希望能快点达成协议或解决问题。当然，这时达成协议或解决问题的时机和条件都已成熟。

（三）情绪波动分析

心理学认为，能满足或符合人的需要的事物，必会引起人的积极态度，使人产生一种肯定的情感，如愉快、满意、喜爱等；不能满足人的需要或与人的需要相抵触的事物，就会引起人的消极态度，使人产生一种否定的情感，如厌恶、愤怒、憎恨等。在谈判中，谈判人员的情绪是否积极，对于达到既定谈判目标具有重要的意义。积极的情绪可以提高、增强人的活动能力，促进谈判；消极的情绪则会降低人的活动能力，影响谈判，甚至导致谈判失败。

可以肯定，每个谈判人员都在为实现自己预期的目标而努力工作。但在整个奋斗过程中，有时充满信心，有时信心不足；有时积极主动，有时消极被动。

商务谈判人员情绪上下波动的原因不仅来自个人的内在因素，而且来自一定的外部条件，这些条件可以分为以下 6 个方面。

（1）社会因素，主要包括国家政策法律的颁布、物价的涨落、社会风气的好坏等。

（2）组织的因素，主要包括谈判团队成员之间的关系好坏、谈判团队成员的健康状况、谈判团队的人员变动等。

（3）领导的因素，主要包括上级领导的信任程度、谈判组长（或团长）的能力与水平等。

（4）同事的因素，主要包括全体成员在谈判目标、策略、方法、技巧上的意见同异，工作上的协调配合，经济利益的差异，团结互助的精神等。

（5）遭遇和偶发性的因素，主要包括谈判目标的难易、成功和失败的影响、意外遭遇的影响等。

（6）自身健康的因素，主要是体格的影响，病人和正常人的情绪是大不相同的。在谈判中，通过分析谈判对手在长期生活、工作中形成的心理素质和特点，可以揭示谈判对手的心理发展趋势。

通过分析研究人对于客观事物引起的心理反应和变化，可以判断对方的心理变化和可能采取的下一步行动；通过分析研究谈判人员的情绪变化，可以因势利导，促进谈判的成功。

四、成功谈判者的心理素质

（一）谈判者的信心

信心是谈判者最重要的心理素质。坚定的信念是人们从事一切谈判活动必备的心理要素。只有具备必胜的信念，潜能得到充分的释放，才能使谈判者的能力得到充分的发挥。信心是人的精神支柱，它是人们信仰的具体体现，持有什么样的信念，往往决定了人的行为活动方式。谈判的信心使谈判者相信自己企业的实力和优势，相信集体的智慧和力量，相信谈判双方的合作意愿和光明前景，说服对方及把握谈判的主动，以达到自己拟定的目标。谈判的求胜信念就是为实现自身利益，从而灵活运用谈判策略，以实现预定的谈判目标的心理过程。信念决定了谈判者在谈判活动中所坚持的谈判原则、方针，运用的谈判策略与方法。我们坚持谈判者必须具备必胜的信念，不是仅仅指求胜心理，它有着更广泛的内涵和更深的层次。求胜心理是所有谈判者所具有的必然的心理状态。求胜心理的强弱与自身的能力和谈判环境有关，又与谈判双方参与人员的心理状态有关。在实务谈判活动中，将其区分为强制性求胜心理和依附性求胜心理两种。

1. 强制性求胜心理

所谓强制性求胜心理，是指强迫对方服从自己的求胜心理。例如，假设 A 是经济实力雄厚、技术能力强、市场销路好且具有竞争优势的企业，B 是因产品滞销、技术力量落后、正处于危机阶段的企业。A 企业为扩大规模增强竞争力，B 企业为了生存和求发展，双方进行经济互助谈判。这样就容易出现 A 企业利用 B 企业求生存的心理需要，提出过于苛刻的要求和各种超量的条件，而 B 企业为了生存只好忍痛应诺，以求得喘息的机会。这种乘人之危的强制性求胜心理是谈判中不能提倡的，是一种不道德的行为。

2. 依附性求胜心理

所谓依附性求胜心理，是指一方依附于另一方或互相依赖的求胜心理。这种求胜心理一般表现在弱者对强者进行的谈判。例如，一些因生产技术薄弱、设备简陋的企业，在单靠自己的力量无法获得转机时，通过谈判找到“靠山”。目前许多中小企业与实力雄厚的大型企业之间的联营谈判，就是一方依附于另一方的谈判，这类谈判通常是以扩大自身的利益为基本出发点的。

具有高度理性的自信心，这是每一个谈判人员想要取胜的心理基础。没有自信心，就不可能在极其困难的条件下坚持不懈地努力，为企业争取最佳的谈判成果。只有满怀信心，并在充分调查研究和对谈判双方实力科学分析的基础上，才能达到既定目标，赢得对方信任，取得合作的成功。

（二）谈判者的诚心

诚心是谈判的动力，是谈判的心理准备，更是双方合作的基础。谈判没有诚心是不行的，诚心应贯穿谈判的整个过程。而且受诚心支配的谈判心理是通过体现合作的诚意来保证谈判目标实现的必要条件。因此，诚心不仅能够保证谈判人员有良好的心理准备，而且使谈判人员的心理活动始终处于最佳状态，只有在双方致力于合作的基础上，才会全心全意地考虑双方合作的可能性和必要性，才会合乎情理地提出自己的要求和认真地考虑对方的要求。

诚心是双方面的，而不是单方面的。只有谈判双方都具有诚意时，诚意才能转化为谈判的动力。在谈判开始之前，诚心能促使人们为谈判做大量细致周密的准备工作。在谈判过程中，诚意能保证谈判人员的心理活动始终处于最佳状态，提高谈判效率，加快谈判进程，赢得谈判时间；诚意还能强化谈判双方的心理沟通，保证谈判气氛的融洽稳定。因为在谈判各方都有诚意合作的前提下，他们才不至于为一些细小枝节的事互不让步而延误谈判，在双方基本目标和原则立场不受影响时，双方求大同、存小异，建立彼此之间互相合作、友好往来的关系。

诚心是谈判的心理前提，好比体育比赛，在双方运动员都没有诚意竞技时，是毫无意义和价值的，没有诚心的谈判是无法获得圆满成功的。只有在以诚心为基础的良好心理素质的基础上，谈判者才能在保证共同利益不受损害时，根据谈判的实际情况，灵活应对。

（三）谈判者的耐心

耐心是在心理上战胜谈判对手的一种战术与谋略，也是成功谈判的心理基础。在谈判中，耐心表现为不急于取得谈判结果，能够很好地控制自己的情绪，掌握谈判的主动权。耐心是通过自己有意识的言论和行动，使对方知晓合作的诚意与可能。耐心是提高谈判效率、赢得谈判主动权的一种手段，既可以让对方了解自己，又使自己详细地了解对手。

耐心可以使人们更多地倾听对方，了解掌握更多的信息；耐心也使人们更好地克服自身的弱点，增强自控能力，有效地控制谈判局面。有关统计资料表明：人们说话的速度是每分钟 120～180 个字，而大脑思维的速度是它的 4～5 倍。这就是为什么常常对方还没讲完，人们却早已明白了。但如果这种情况表现在谈判中，就会直接影响谈判者倾听，会使思想溜号的一方错过极有价值的信息，甚至失去谈判的主动权，所以保持耐心是十分重要的。

耐心还可以作为谈判的一种战术与谋略。耐心使谈判者认真地倾听对方的讲话，冷静、客观地谈判，分析谈判的形势，恰当地运用谈判策略与方法；耐心使谈判者避免意气用事，融洽谈判气氛，缓和谈判僵局；耐心使谈判者正确区分人与事的问题，学会采取对人软、对事硬的态度；耐心也是对付脾气暴躁、性格鲁莽、咄咄逼人的谈判对手的有效方法，是实施以软制硬、以柔克刚的最为理想的策略方法。

拥有耐心也是谈判者心理成熟的标志，它有助于谈判者对客观事实现象做出全面的分析和理性的思考，有助于谈判者做出科学的决策。

需要指出的是，耐心不同于拖延。在谈判中，人们常常运用拖延战术打乱对方的战术运用，或借以实施己方的策略。耐心主要是指人的心理素质，从心理上战胜对方。从心理学上看，人是否拥有耐心，与人的气质有直接的联系。黏液质气质类型的人，天生性格稳重、平和，而胆汁质气质类型的人，则脾气暴躁，缺乏耐性。因此，黏液质气质类型的谈判者，运用耐心得心应手，而胆汁质气质类型的谈判者，则需要克服较大的心理障碍。

在谈判活动中，谈判者要自始至终地保持耐心，其动力来源于人对利益目标的追求，但人的意志、对谈判的信心及追求目标的勇气，都是影响耐心的重要因素。耐心既是一种心理战术，也是一种心理素质。

第八节　商务谈判的策略

一、谈判策略的含义

策略原是军事术语，有人称其为计谋、谋略，是相对于战略而言的，一般是指谈判者为解决某一具体问题而采取的对策和行动方案。那么，什么是商务谈判策略呢？目前还没有一个统一的定义。从商务谈判的角度来看，商务谈判策略是谈判者在谈判过程中，为了达到己方某种预期目标所采取的比较具体的行动方案和对策。

根据谈判过程，谈判策略可以分为探盘策略、开局策略、讨价还价策略、让步策略、终局策略等；从策略的特点来看，谈判策略可以分为心理战策略、满足需要策略、时间策略、空间策略、信息策略、客观标准策略等；而运用传统理论来衡量，谈判策略又可以分为缓兵之计、激将法、反间计、反客为主、先发制人等。

策略具有以下一些特点。

（1）超常性。策略往往超越普通的思维方式、行为方式，以与众不同的面貌出现。

（2）合理性。表面上看，策略的表现往往不合常理，其实它往往符合更高层次的理论。

（3）迷惑性。策略往往能掩盖谈判者的真实动机，使对手以假为真，做出错误决策。

（4）高效性。策略和普通的做法相比，能多、快、好、省地解决问题。

策略是随着人类社会的发展而产生与发展的，谈判策略同样也是随着谈判的发展而产生与发展的。社会和人的因素比较单纯，早期的谈判过程、方法比较单纯。在今天复杂的社会条件之下，谈判变得更加复杂，不用策略的谈判已很难见到。在谈判中，某一方报价会自然地用上报价策略，另一方还价也会自然地用上还价策略。即使一方不用策略，也难保另一方不用策略。用策略和不用策略，其效果大不相同。即使你是一个不喜欢使用策略的人，也应该善于识破对方的策略，以应付对方的策略。在应付过程中，你很有可能就自然而然地用上了策略。

二、商务谈判策略的内容

商务谈判策略的内容十分广泛，它体现在商务谈判的不同环节和各个方面。商务谈判目标的确定、程序的安排、方式的采用及面对不同的谈判对手，都需要制定和采用不同的谈判策略。

（一）按对手的态度制定策略

谈判对手对谈判的态度主要有两种类型：不合作型和合作型。

1. 应对不合作型谈判对手的策略

不合作型谈判对手的主要特征：一是不厌其烦地阐述自己的观点和立场，而不注重讨论实质问题；二是不断地抨击对方的建议，而不关心如何使双方的利益都得到维护；三是将谈判本身的问题与谈判者个人联系在一起，将抨击的矛头指向谈判对手本人，进行人身攻击。对待这类对手，只有采取恰当的对策，才能引导其从观点争论转向为双方共同谋利。所采用的具体策略如下。

（1）迂回策略。实施迂回策略，要求避免与谈判对手直接进行正面冲突，要引导对方为双方的共同利益去设想多种选择方案，努力将谈判引向成功。首先，在谈判对手强硬地坚持其立场和观点时，不要抨击对方的观点，而要分析其真正的意图；其次，在对方指责己方谈判人员时，要倾听对方的批评，分析对方的动机，并从中吸取合理的成分，力争将谈判对手由对人员的攻击引向探求更多共同利益上来；再次，在引导对方讨论实质问题的过程中，要采用启发式提问法，不要用发表声明的口气和语调；最后，对不合作型的谈判对手，还可以运用沉默这一武器。

（2）第三方调停策略。在采取迂回策略不能奏效的情况下，可运用第三方调停策略，即请局外人来帮助解决双方的矛盾。在采用第三方调停策略时，关键在于选好调停者。作为调停者，其首要条件是能够得到双方的尊重，理想的调停者还应该是诚挚和有谋略的，能够恰当地处理各种棘手的问题。

2. 应对合作型谈判对手的策略

合作型谈判对手具有强烈的合作意识，很注重谈判双方的共同利益，渴求获得双方满意的结果。对待这类谈判对手，策略思想是因势利导，在互利互惠的基础上尽快达成协议。

（1）满意感策略。针对合作型谈判对手实施满意感策略，通过创造诚挚和友好的氛围，在使对方感到温暖和受尊重的情况下，促使对方为实现双方共同利益尽早成交。

（2）时间期限策略。商务谈判虽然种类繁多，规模不一，但从时间发展进程上分析，却具有某些共同之处。例如，不管谈判怎样曲折和困难，所有的谈判都会有一个结局。又如，谈判双方常常是在谈判临近结束之前才做出实质性的让步。时间期限策略就是要抓住谈判双方在时间上的共性和特点，适时地明确谈判的结束时间，以促使双方在互利互让的前提下，及时而圆满地结束谈判。

（二）按对手的谈判作风制定策略

根据作风，可以将谈判对手划分为两大类：一是法制观念较强、靠正当手段取胜、作风较好的谈判者；二是靠搞阴谋、玩诡计取胜的作风不正当的谈判者。对于前者，可以根据其各方面的特点分别采用上述各种策略；对于后者，则要倍加小心，应及时识破其阴谋，采取恰当的对策。

1. 应对以假乱真的策略

在商务谈判中，为了避免和防止上当受骗，谈判人员应做到以下几点。

（1）事先认真了解和调查对手的资信、经营状况及谈判人员的履历，切忌轻信对方提供的有关信息和资料。

（2）预谋对策，在对手制造假象、施加压力时，要及时揭露其诡计，不使谈判陷入僵局，迫使对方开诚布公地谈判。

（3）加强对商品的验收管理，派有关技术人员监督对方认真执行合同条款，严防发生以次充好的行为。

（4）在订立合同时，文字要严谨，条款要详尽，防止对方钻空子。

2. 应对车轮战的策略

应对车轮战的方法主要包括以下几个方面。

（1）不与对方进行立场和观点上的争论。

（2）划清谈判本身问题与双方人员人际关系的界限，不对对方谈判人员进行抨击。如果对方对己方谈判人员进行攻击，己方不与其论战，坚持将谈判的焦点集中到交易本身。

（3）在对方无故换人的情况下，可用拖延会谈的方法，给对方施加压力，直到原来的谈判人员重新参加谈判为止。

（4）如果对方借换人的机会否认过去的协议，己方也可以借此理由否认过去的承诺，以迫使对方采取较现实的态度。

（5）可采用私下会谈、私下交往的方式与对方有关人员加强联系，旨在了解对方情况和分化对方人员。

（6）在必要时可以考虑退出谈判。

3. 应对出假价的策略

所谓出假价，是指买方先用出高价的手段挤掉其他的竞争对手，成为卖方的唯一客户，然后再与卖方重新开始讨价还价，迫使卖方在买方市场条件下以低价出售商品或服务。为了对付这种不道德的行为，有关谈判人员应采取以下策略。

（1）事先提出截止日期，逾期后果自负。

（2）对于出价过于优惠的买方，要提高警惕，调查其资信情况。

（3）要求买方预付较大金额的定金，以便在其反悔时，己方可以中断交易，而又不至于遭受较大的损失。

（4）在正式成交之前，要与其他买方保持联系，以留有余地。

三、商务谈判的目标与策略

谈判目标是根据利益需求的满足程度来制定的。这就是说，通过谈判需要得到什么样的谈判结果，以及怎样才能达到所追求的那种结果，是为了长远的共同利益而侧重于合作，还是为了谋取己方的最大利益而侧重于竞争？这完全取决于己方的谈判目标。现代谈判学认为：成功的谈判目标，应追求互利互惠的结局，双方都成为胜者，并追求长期合作，谋取长远利益。

（一）谋求一致

谋求一致是谋求双方共同利益，创造最大可能一致性的谈判目标。若把双方的共同利益比喻为蛋糕，那么，只有为双方制作更大的蛋糕，各自分享的蛋糕才会更多、更好。但在谈判过程中，双方存在的种种差异影响着谈判的成功。因此，为寻求双方最大可能的一致性，双方要共同努力，认识差异，消除障碍，为双方有效地相互沟通创造条件。在谈判中，双方在客观上存在着种种差异和分歧，尤其是利益上的分歧难以避免。为了实现一致的目标，双方要求同存异，缩小分歧，寻求互惠互利的最佳结局。

1. 求大同，存小异

所谓求大同，是指谈判双方在总体上、原则上必须一致，即基本利益一致。这是谈判成功的基础，没有这一基础，谈判必然以失败告终。所谓存小异，是指双方在大同的基础上，尽可能将分歧限制在最小的范围内。这就需要将分歧化小，或者采取回避的政策。当不得不面对分歧时，各方需做出适当的让步，能够容忍与自己的利益要求不符的小异存在于协议之中。

2. 欲取先予，互有所得

求同存异的关键是构思互有收获的解决方法，这往往是十分费脑筋的事。双方存在的共同利益是解决分歧的基础，同时注意发现对方利益要求中的合理部分，以此作为自己让步的根据，预先给予对方适当的利益，并借此推动对方做出同等程度甚至更大的让步。这样，只有双方互有所得，才能促使协议达成。

双方走到一起进行谈判，是由共同的利益驱使的。各方都可以从对方那里获得自己利益需求的满足。为了谋求己方的最大利益，首先给予对方利益补偿，以换取对方对自己的利益需求的更大满足。这就是欲取先予、互惠互利的策略。那么，如何才能做到对己无损的让步呢？下面几条原则可供参考。

（1）注意倾听对方讲话。

（2）给对方以满足感。

（3）让步要审时度势。

（4）不要做毫无收获的让步。

（二）共同受益

共同受益是一种使谈判双方保持积极的关系并各得其所的谈判目标。提倡双方平等互利，达到双方满意的谈判结果，与谋求一致相比，不是把蛋糕做得尽可能大，而是根据不同的需要，分割既定的一块“蛋糕”。

1. 各有满足

谈判的目标是取得己方的最大利益。但是，这绝不意味着要去损害他人的利益，相反，还要让对方获得利益上的满足，这一点是十分重要的。

2. 公平对等

在一笔交易中，双方的满足不是绝对的，这要看各自对事物评价的方法。谈判高手常常在争取己方利益时，试图影响对方对事物的评价，以增强对方的满足感。因此，以“共同受益”为目标所应持有的态度，不是设法把“蛋糕”做得尽可能大，而是根据双方的利益需要分割这块“蛋糕”。但是，如果一方得到了半个以上的“蛋糕”，那是不公平的。如果一方得到了“蛋糕”中较多的果料，另一方得到了自己喜欢的糖霜，则双方都觉得吃到了最可口的部分，从中获得了最大的满足。

总之，“共同受益”的谈判目标，不是为了损害别人的利益，而是要在不损害双方利益的前提下，寻找为双方提供最大满足的最好方式。人们常提到的分割挑选法，就是一种能够约束双方且又公平的方法。两个孩子为一个苹果争执不下，家长想出一个调解的方法：一个孩子先分割苹果，另一个孩子则先挑选。

3. 利益均衡

使双方共同受益、皆大欢喜的关键，是实现双方的利益均衡。为了实现这个目标，必须清楚双方利益的所在。为了摸清对方共同利益所在，初始建立合作的气氛十分重要，需要双方友好地交谈，并以平等的地位打交道。

开场陈述是明确双方共同利益的关键阶段。通过开场陈述，就能充分探知双方的意图。因此，在对方做开场陈述时，要认真地倾听，理解意思并加以归纳。

明确了双方共同利益所在之后，为实现共同受益，就要寻求双方的利益均衡点。谈判双方争取各自利益的焦点，往往集中在双方的报价上。报价不单是价格问题，通常还包括交货条件、支付手段、质量标准和其他一系列内容。

4. 皆大欢喜

在谈判中，若使双方各有满足，共同受益，则能达到皆大欢喜的结局。使双方满足的因素有很多，并非只能从价格上得以实现。双方应灵活运用各种谈判方式和策略，实现双方共同受益，最终完美地达成协议。

优惠是一种很有价值的投资。一些小小的优惠，就可以给对方一定程度的满足，并能以此获取对方的让利。这不失为一种令双方都满意的好方法。

（三）长期合作

长期合作是一种与对方友好合作、建立长期合作关系的谈判目标。真正的谈判高手，不会只满足于眼前的一次性利益，更注重长期利益的获得。

1. 淡视眼前，注重长远

有的谈判者不重视双方长期关系的建立，只顾眼前的利益，与对方针锋相对，寸利必争，甚至运用种种手段和诡计来谋求一时的最大利益，这无疑是“杀鸡取卵”的“一锤子”买卖。一个优秀的谈判者，在制定谈判目标时，会把建立长期合作关系列入考虑范围，并综合权衡自己的利益得失，而不会以长期的重大牺牲来换取短期的利益。

2. 尊重情感，“巧结良缘”

人是感情动物，这是无法回避的人类特点。感情好像一把“双刃剑”，它可以使人受益，也可以使人受损。现代市场经济的竞争，使人们自由选择的机会增大。一次谈判的成功，不仅有赖于双方利益的互补和均衡，也有赖于双方情感上的一致和融洽，更何况双方还要建立长期合作关系呢?没有人愿意与自己讨厌的人长期合作，就如同没有人愿意把一个自己不喜欢的人作为永久朋友一样，这都归因于一个因素——情感。人所追求的不仅是利益上的满足，还有情感的需求。谈判者应善于利用人性的这一特点，适时地给对方以情感上的满足，赢得对方的信任和好感，为双方长期合作奠定感情基础。

3. 树立形象，培植信誉

在激烈竞争的市场经济条件下，企业的形象与信誉直接关系着企业的生存与发展。在商务谈判中也一样，双方的形象及信誉也直接影响着谈判的成败，尤其是在谋求长期合作时，往往起着更加关键的作用。

在谈判时，地点的选择、空间的布置及谈判人员的态度，往往体现着东道主的诚意，影响谈判的气氛，并在一定程度上代表了企业的形象，进而在一定程度上决定着谈判的前途。

一个清洁、舒适、优雅的谈判环境，招待人员热情、诚恳、彬彬有礼的服务，会使人心情舒畅，使谈判气氛和谐。而在一个脏乱、嘈杂的环境中，面对毫无表情的接待人员或冷冰冰的谈判对手，就会不自觉地产生一种抵触情绪，让人在心理上加强防范，从而容易形成对峙、冷淡的局面，不利于双方的合作及谈判的成功。不仅如此，在谈判过程中，任何一点小小的无礼行为，都会有损一方的形象，给双方的合作造成不良的影响。

（四）己利为本

己利为本，顾名思义，是指在谈判中以获取己方的最大利益为目的。一切策略和手段的运用，皆是围绕此目的来进行的。在一次谈判中，己方只要得到60%以上的利益，就算取得了胜利。

1. 争取优势，占据上风

这是以己利为本作为目标的谈判者最常见的表现。他们往往热衷于主动权的掌握及优势的取得，力图给对方先造成一种声势与压力，从而得以控制整个谈判局面。

（1）火力侦察。有的人在谈判一开始就要占据主动。走进谈判大厅，与对方握手问候以后，便立即开始摸底，刺探对方的生产情况、感兴趣的产品和劳务及属于对方个人的情况。例如，提出以下一系列问题：“早上好。生意怎么样？”“你们设法改进产品质量了吗？”“你和老板的关系怎样？”如此等等。有的谈判者通过这样的“连番轰炸”，获取对方的情报，对对方有了全面的了解，特别是找出对方的薄弱环节。同时，他还确立了咄咄逼人的强者形象，给对方造成心理上的压力。

（2）欲擒故纵。谈判者谈判开始时不露声色，并竭力创造一个良好的谈判气氛，以取得对方的信任与合作，使之放松警戒。在探知对方的利益需要及薄弱环节后，转而发起攻势，并准备随时离开谈判桌，而且说到做到。之后会再度回到谈判桌上，这时反而谈判形势对他有利。有一位叫吉恩的经销商，就是运用欲擒故纵手段的高手。有一个商人让他帮忙推销一批货物，以 5%的货款作为佣金。吉恩表示很感兴趣。商人看其很有诚意，便将一些具体情况透露给他。当吉恩探知对方急于销出这批货物，而又没有合适的经销商时，立即一反常态，表示无能为力，说罢起身就走。第二天，吉恩接到这位万分着急的商人的电话，提出了 10%的佣金提取率，吉恩获得了胜利。但这种手段未免有些卑劣。

（3）掌握议程。安排议程是掌握谈判主动权的好机会。能够控制议程的人，往往能够明确而系统地陈述问题，并且能够在适宜的时机做出决定。由议程还可以窥见谈判双方的利益和谈判过程中的每个阶段。一般说来，买方要比卖方容易控制议程。但如果买方漫不经心，而且碰上了高明的卖方，则卖方很可能取而代之，驾驭整个议程，取得主动地位。买卖双方都必须警觉，议程是一种能够影响协商决议的力量。一个良好的议程可以阐明或隐藏原来的动机。它可以建立起公平的原则，也可以使形势倾向一方；它能够使会谈步入轨道，也可以使它远离正题；它可以使双方迅速完成交易，也可以使谈判变得冗长而无味。能够控制议程的人，实际上控制了会谈中的一言一行，更重要的是自己掌握了主动权。谋求己利的谈判者，在谈判之前就要记住：掌握议程之后再进行商谈，它将会帮助你站在主动的地位。需要注意的是，议程只是事前的计划，并不代表合同，如果你对它的形式不满意，要尽早提出修改，不要因忽视议程而给自己招致损失。

2. 以战取胜，谋取己利

（1）疲劳战术。当人的身心处于正常状况时，判断力会很正常，能够适时地自我抑制；相反，当人的身体疲劳时，就会波及精神，影响判断力的正常发挥，理性水准会降低，甚至会做出违背心意的事，这是每个人都有过的经验。因此，谋求己利的谈判者在做最后决定时，选择对方身心都很疲倦的时刻最容易成功。有些人经常在傍晚时分令对方做出最后决定，就是这个道理。

（2）期限的力量。期限的力量不能忽视，最后期限的压力能迫使对方快速地做出决定，一些交易常常在最后时刻很快且顺利地达成协议。日本商人很会利用时间的限制来达到自己的目的。他们都是亲切的主人，只要踏上日本国土，他们就会以亲切的态度赢得你的赞赏。经过漫长的飞行，你很疲劳，而他们殷勤地把你送入一家豪华、舒适的宾馆。你很惬意，觉得他们真是体贴人。当一位年轻人彬彬有礼地问你打算在日本待多久时，你随口就告诉了他。之后几天，你的日程被排得很满，你被领着不停息地参观、游览、赴宴。你几次提及谈判的事，他们都说不着急，而你也确实为日本的秀丽风光及主人的热情好客所打动，并暗自庆幸自己确实度过了一段非常美妙的时光，此时，归程的机票送到了你手中。只有半天的时间了，而你一项议题都没有谈。这时，一位口齿伶俐的年轻人坐到了你的对面，开始和你一项一项地讨价还价，你不甘于屈从，可又不想空手回去见上司。就在此时，你才明白上当了。因此，在谈判时，控制对方的期限是非常有利的武器。同时，更要谨防对方左右你的期限。

案例分析

有一位从事粮油贸易的商人，是一个大批发商，他经常从北方购进玉米卖到南方小规模的饲料加工厂。每当他以较低的价格买进后，就分别拜访那些饲料加工厂的负责人，并且开出价格单给对方。他拜访的时间多选择在中午，并且很自然地请对方吃饭，或被对方所请。按习惯，吃饭时喝点儿酒是正常的，而他是有酒必喝，喝酒必醉，酒后失态，神志不清，结果把其他人给他的还价单也忘在了饭桌上的公文包内，恍惚而返，到了晚上才打电话给对方，当然是索要他的公文包了，同时提及成交价格。通常，那些饲料加工厂的负责人以为他真的醉了，常常会以高于他的期望成交价的价格与他达成最终协议。

思考：

1. 在上述谈判中，粮油贸易商运用了什么技巧？
2. 在商务谈判中可使用哪些方法来破解粮油贸易商的技巧？

复习思考题

1. 商务谈判有哪些特点？
2. 试述商务谈判的基本类型。
3. 语言艺术在商务谈判中的主要表现有哪些？
4. 如何运用商务谈判的基本原则？
5. 怎样的谈判是成功的谈判？

实 践 训 练

【实训项目】

撰写商务谈判案例分析报告。

【实训目的】

通过实训，学生应掌握商务谈判案例分析报告的内容，能够编写出正确的商务谈判案例分析报告。

【背景资料】

中国甲公司与美国乙公司谈判投资项目，双方对工厂的财务账目反映的资产总值产生分歧。

美方：贵公司的财务报表有模糊之处。

中方：贵方可以核查。

美方：核查困难，因为调查的依据就不可靠。

中方：你们不应该空口讲话，应有凭据证明查账依据不可靠。

美方：所有财务凭证均系中方工厂所造，我们无法一一核查。

中方：那贵方可以请信得过的中国机构协助核查。

美方：目前我方尚未找到可以信任的中国机构帮助核查。

中方：那贵方的断言只能是主观的，并不能令人信服。

美方：虽然我方没有法律上的证据证明贵方账面数字不合理，但根据我方已有经验分析贵方的现有资产不值账面价值。

中方：尊敬的先生，我承认经验的宝贵，但财务数据不是经验，而是事实。如果贵方诚意合作，我愿意配合贵方查账，到现场一一核对物与账。

美方：不必贵方做这么多工作，请贵方自己纠正后再谈。

中方：贵方不想讲理？我们奉陪!

美方：不是我方不想讲理，而是贵方的账没法说理。

中方：贵方是什么意思，我没听明白，什么“不是……不想……而是……没法”？

美方：请原谅我方的直率，我方感到贵方欲利用账面价值来扩大贵方所占股份。

中方：感谢贵方终于说出了真心话，给我方指明了思考方向。

美方：贵方应理解一个投资者的顾虑，尤其像我公司与贵方诚心合作的情况下，若让我们感到贵方账目有虚占股份之嫌，实在会使我方却步不前，还会产生不愉快的感觉。

中方：我们理解贵方的顾虑，但在贵方心理恐惧面前，我方不能只申辩这不是“老虎账”，来说它“不吃肉”。但愿听贵方有何“安神”的要求。

美方：我方通过与贵方的谈判，深感贵方代表的人品，由于账面价值让人生畏，不能不请贵方考虑修改问题，或许会给贵方带来麻烦。

中方：为了合作，为了让贵方安心，我方可以考虑账面价值的问题。至于怎么做账是我方的事。如果，没理解错的话，我们双方将就中方现有资产的作价进行谈判。

美方：是的。

【实训要求】

学生分组讨论上述案例，并汇报讨论结果，然后编写此次商务谈判案例分析报告（包括谈判类型、谈判要素等）。

第二章
商务谈判的过程

案例导入

欧洲甲公司代理乙工程公司到中国与中国丙公司进行出口工程设备的交易谈判。中方根据其报价提出了批评，建议对方考虑中国市场的竞争性和该公司第一次进入市场的情况，并认真考虑改善价格。该代理商做了一番解释后仍不降价，并说其委托人的价格是合理的。中方对其条件又做了分析，代理人再度做解释。谈了整整一个上午，最终毫无结果。中方认为代理人过于傲慢固执，而代理人则认为中方毫无购买诚意，且没有理解力。双方相互埋怨之后，谈判不欢而散。

上述案例中，构成谈判的因素有4个：一是谈判主体，即当事人，也就是参加谈判的欧洲甲公司、乙工程公司和中国丙公司；二是谈判客体，即标的，也就是工程设备；三是谈判议题，即希望解决的问题，也就是欧洲甲公司作为代理人的代理地位的谈判；四是谈判环境，即背景条件，也就是中国市场竞争和欧洲甲公司第一次进入中国市场，亦即微观经济环境。

对于欧洲甲公司作为代理人的代理地位的谈判，其实是可以不散的，至少可以避免“不欢而散”。但是，欧洲甲公司无视中国市场的竞争性和第一次进入市场的情况，对中方的要求不予理睬，而中方对欧洲甲公司的要求不置可否。可见，双方都没有做到“姿态超脱、态度积极”，最终使谈判以失败而告终。

第一节　商务谈判前的准备工作

商务谈判是一项复杂的综合性的活动，很容易受主观因素与客观因素、可控因素与不可控因素等多方面因素的影响而出现错综复杂的情况。为了有效地进行商务谈判，谈判者必须做充分的准备工作，这是商务谈判的基础，准备不好，商务谈判将难以成功。商务谈判的准备工作包括收集情报信息、确定谈判目标、制订谈判计划、谈判人员的准备、模拟谈判等。

一、收集情报信息

《孙子·谋攻篇》云：“知彼知己者，百战不殆；不知彼而知己，一胜一负；不知彼，不知己，每战必殆。”这句话虽然是针对战争的，但也适用于商务谈判。谈判者只有掌握大量的相关情报信息，才能正确地认识自己，掌握谈判对手的实际情况，确定自己的谈判目标和制订切实可行的谈判计划。

情报信息是谈判者取得成功的基本条件之一，也是科学决策的基础。所谓信息，是指对客观世界中各种事物的变化和特征的反映，是客观事物之间相互作用和联系的表现，是客观事物经过感知或认知后的再现。

（一）谈判情报信息收集的内容

不同内容和形式的商务谈判需要的信息不尽相同，总体来看，商务谈判需要掌握的情报信息主要有以下几个方面。

（1）对有关的政治法律、社会与文化状态、经济发展趋势、自然资源与技术变化等进行了解和分析。因为所有的谈判都是在一定的法律制度及特定的政治、经济、文化和社会环境中进行的。

（2）谈判中要“知己”，就是要了解自己在谈判中的相对位置。例如，本企业的产品及生产经营状况，自己的优势是什么、劣势是什么，竞争能力在什么地方。只有正确地估计自己的力量，才能制定正确的谈判目标。

（3）谈判中要“知彼”，就是调查谈判对手的各种情况。例如，了解谈判对手及所属组织领导人的政治态度，对方的经济实力、市场地位、经营性质、营销渠道、产品质量、资源情况，对方的合作欲望和谈判意图，对方谈判人员的有关情况等，这样才能有针对性地制定己方的谈判策略。

（二）谈判情报信息收集的方法

1. 收集和分析公开情报

公开情报的载体形式很多，主要有文献资料、统计报表、报纸杂志、书籍年鉴、图表画册、广播电视、报告、广告、用户来信、商品目录、企业情况简介、报价单、说明书等。谈判人员应把这些资料进行收集整理，加以分析研究，这样就能获得自己所需要的有关谈判的情报信息。这种办法投资小、效率高、简便易行，信息一般真实可靠。

2. 直接调查法

直接调查法是由谈判人员直接、间接地获取有关情况和资料的方法，如通过企业的往来银行获得谈判对手的财务状况、经营情况等信息。谈判人员可以通过向本企业那些曾和对方有过交往的人员进行了解，也可以通过与谈判对手有业务往来的企业来了解，还可以通过函电的方式直接与对方联系等，来了解谈判对手的经营特点、谈判习惯及有关人员信息等方面的情报。

3. 建立情报站

在收集谈判情报信息的过程中，不要“守株待兔”坐等情报上门，而应积极主动，通过设立情报网、建立驻外办事处、在目标市场设立情报站等办法，及时、有效地收集第一手资料，使谈判信息资料持续不断，做到真实可靠。例如，日本四大综合商社之一的伊藤忠商事株式会社早在20世纪80年代就把“触角”伸到全世界70多个国家的120多个城市，从事经济开发、海外贸易，并专门设有一个调查情报部。调查情报部派遣出

国人员900多人，同时还雇用了当地的2000多名员工。调查情报部每天24小时不停地收到来自世界各地的大量经济情报，以及同经济有关的政治情报。他们对这些情报进行综合分析，使原始的情报资料变成对谈判交易有用的市场信息。

4. 委托购买

在经济发达的国家，人们可以通过信息咨询服务系统十分快捷地查询、调查、收集有关的信息。信息提供者可以是企业，也可以是专门的信息咨询服务机构。目前，我国企业收集处理信息的系统比较落后，社会专门提供信息咨询服务的中介机构也很有限。在涉外谈判中，可以委托或雇用国外咨询机构为自己提供所需的信息，这是十分有益和必要的。

总之，对于已收集到的有关谈判的信息情报，还要进行筛选，加工整理，定性分析、定量分析和定时分析，去粗取精，去伪存真，充分利用信息资料，避免被谈判对手误导，为谈判提供决策依据，更好地服务于谈判工作。

二、确定谈判目标

（一）商务谈判目标的含义及层次

商务谈判目标是指经过谈判在各项交易条件上应达到的结果或标准。商务谈判目标是对谈判要达到结果的设定，是指导谈判的核心。目标制定得正确与否，以及能否达到目标，意味着谈判活动的成败与效率的高低。作为谈判者，在收集到信息资料之后，就要针对谈判双方的形势及信息资料进行分析、综合，充分考虑各方面因素的影响，确定谈判目标。

任何商务谈判都是为了达成一定的目标。但仅制定一个单一的谈判目标是不够的，还应该从总体上综合考虑谈判可能出现的结果，并制定相应的目标，使之具有一定的弹性，经双方在谈判中“讨价还价”，最终实现某一个目标层次。商务谈判目标可分为3个层次：最高期望目标、可接受目标和最低限度目标。

1. 最高期望目标

最高期望目标是指对谈判某方最有利的理想目标，它是在满足某方的基本利益之外，再加上一个增加值。但是，在实际的商务谈判中，最高期望目标实现的可能性很小。因为商务谈判是各方利益重新分配的过程，没有哪个谈判者乐意把利益全部让给他人，也不会轻易地放弃自己的立场。最高期望目标是谈判进程开始的话题，它的主要作用是作为一种报价策略，为报价一方争取优势，为实现可接受目标创造条件。如果一个诚实的谈判者一开始就提出他实际想达到的目标，由于谈判心理作用和对手的实际利益等情况，他最终不可能实现这个目标。

一个优秀的谈判者必须坚持“喊价要狠”的原则，若卖主喊价较高，则往往能以较高的价格成交；若买主出价较低，则往往以较低的价格成交。这里的卖价、买价就是谈判最高期望目标的主要内容。同时，我们还必须注意到，最高期望目标往往是一方在谈判中所追求的最高目标，往往也是对方所能忍受的最高程度，它也是一个临界点。如果超过这个目标，往往要冒谈判破裂的危险，导致谈判的失败。

2. 可接受目标

可接受目标是指谈判各方根据各种主、客观因素，经过科学论证、预测、核算、决策所确定的谈判目标。可接受目标是制定方最基本、最主要的或是全部的经济利益目标，是不可妥协的，并要坚守的主要防线。如果达不到这一目标，商务谈判往往会陷入僵局或暂停。双方在谈判中“讨价还价”的主要目的是保护并实现各自的可接受目标。

可接受目标不像最高期望目标那样带有较多的“水分”，它更为接近实际，谈判者往往利用最高期望目标作为掩护，最终实现可接受目标。著名谈判专家尼尔伯格认为：严格限制谈判目标易于使谈判破裂，在谈判目标具有弹性时，谈判就会畅行无阻，这样一来谈判的期望就会随情境来修正，处理谈判目标应该像利用风力一样，最坚强的树木也要向风势妥协，但风筝利用风力却可以飞得更高。

3. 最低限度目标

最低限度目标是指谈判一方在谈判协议中所要实现的最低限度的要求。若不能实现，宁愿谈判破裂也没有讨价还价、妥协让步的可能。最低限度目标是一个底线目标，只有达到或超过这一底线，谈判才可能走向成功。

在制定谈判目标时，谈判人员既要考虑出现最好的情况，同时还要准备出现最坏的情况。要充分发挥谈判人员的聪明才智，在最低限度目标和最高期望目标之间争取尽可能多的利益。假如在公司的某次谈判中以出售价格为谈判目标，则以上 3 个目标可这样表述：最高期望目标是每吨 2000 元；最低限度目标是每吨 1500 元；可以接受并争取的价格为每吨 1500～2000 元。谈判者既可能实现较为理想的谈判目标，也可能是在最低限度内达成协议。这样，最高期望目标、可接受目标和最低限度目标的制定使谈判目标具有较大的伸缩性，既避免了僵化、死板导致的谈判破裂，也保证了双方最基本的利益，并在此基础上争取更好的利益。

（二）商务谈判目标的内容和注意事项

在商务谈判中，不同的交易条件所需制定的谈判目标的内容不尽相同。就一般商品贸易谈判而言，商务谈判目标的基本内容主要包括以下几个方面。

（1）商品的质量，即对商品品质、规格、等级、标准等的规定。

（2）数量，即对商品数量的规定。

（3）价格，即对商品成交单价的规定。

（4）履行的期限、地点和方式，即对商品交付完成的时间、地点和履行方式的规定。

（5）付款方式，即对商品货款支付方式的规定。

（6）保证，即对商品在质量和数量上的保证、时间变动范围的规定。

（7）商品检验，即对商品的检验标准、检验机构、检验时间和检验方法的规定。

在商务谈判中，谈判者制定谈判目标时应注意：谈判目标要与企业经营目标相一致，对个别的具体谈判目标不能受企业经营目标限制而定得过低或过高。谈判目标的制定既要大胆、合理，又要定性、定量，使谈判目标更加具体、明确、实用与合法。

三、制订谈判计划

谈判计划是指人们在对谈判信息进行全面分析、研究的基础上，根据双方的实力对比，为本次商务谈判确定的总体设想和实施步骤。谈判计划能指导谈判人员的行动安排，有效地组织和控制谈判活动，一般遵循简单、明确、灵活的原则。谈判计划应包括以下内容。

（一）确定谈判的议题

确定谈判的议题是决定什么样的问题应该在谈判桌上加以讨论。整个谈判活动都应该围绕这个议题进行，都要为表现议题服务。

（1）应将与本谈判有关的问题都罗列出来，尽量不要遗漏。

（2）根据对己方是否有利的准则，将所列出的问题进行分类。

（3）尽可能地将对己方有利的问题或对己方不利但危害不大的问题列入谈判的议题，而将对己方不利的问题或将危害大的问题排除在谈判的议题之外，使谈判的议题安排有利于自己。

（二）确定谈判的议程

在商务谈判中，议程的安排要做到统筹兼顾、全盘考虑，因为谈判议程不是由谈判的某一方单方面说了算的，而是要由双方协商决定，它体现了互利性。同时还要注意，在一次谈判中，不要列出太多的问题，议程应简洁明确，以保证谈判的总体效益。

（三）谈判时间、地点的安排

谈判时间选择是影响商务谈判的一个重要的因素。一般是将对己方有利，己方想要得到而对方又有可能做出让步的议题排在前面讨论，而将对己方不利或己方要做出让步的论题放在后面讨论。对前面一种议题安排尽可能多的时间，而对后一种议题则给予较少的时间。从而获得谈判的主动权和控制权，形成对己方较为有利的谈判形势。

对于谈判期限的规定要合理。谈判期限过长，会给企业造成人力、财力、物力的损失；谈判期限过短，谈判人员难以发挥谈判水平。所以，在规定谈判期限时，既要给谈判者留有充分的时间以讨价还价，又不因拖延时间而给企业造成损失。

合适的谈判地点是影响最终结果的一个不可忽视的因素，它能够为谈判的顺利进行创造有利的环境。谈判者应充分利用地点的选择，使其有利因素为自己所用。谈判按地点可分为主场谈判、客场谈判和中立地谈判。

总之，无论是选择在主场谈判、客场谈判或中立地谈判，它们都具有不同的利弊得失，在选择谈判地点时通常要考虑即将进行的谈判双方力量的对比、可选择地点的多少和特色、双方关系等因素。

当双方共同确定谈判地点之后，要对谈判场所进行布置，一般是由东道主负责的，为谈判的顺利进行创造良好的环境。因此，谈判场所的选择与布置应注意以下几点：①谈判场所应宽畅明亮、优雅舒适、宁静和谐。②谈判场所所在地应交通方便，便于有关人员来往。③在谈判室旁边应安排休息场所，以备谈判人员在休会时休息或举行场外会谈。④谈判场景的总体色调以暗色、暖色为主。这种色调既容易使双方建立信任感，又会形成一种适宜心理氛围的距离感。⑤谈判座位的安排。既要考虑桌形，又要考虑座次的安排，还要根据具体情况灵活安排。⑥安排客人的饮食起居。迎来送往、交通方便安全、食宿安排服务周到，接待中应注意谈判人员的文化、风俗和特殊习惯。

随着社会的进步和商务谈判的日益增多，谈判环境并不是一成不变的，现已不再局限于某一固定的空间或在谈判桌前来回讨论了。谈判双方可以选择在高尔夫球场、茶楼、酒会或宴会上，谈着双方关心的问题和共同的利益。这种寓谈判于游玩或交际之中的商务谈判，对谈判环境、安排接待工作要求更高。

四、谈判人员的准备

谈判的主体是人。一个成功的商务谈判必须依靠具体的谈判人员去实现，谈判人员的准备是商务谈判准备的重要环节。一般要根据商务谈判的类型、重要性、复杂程度、时间长短以及对方谈判人员的情况等因素决定己方出席的人员（单人谈判或团队谈判），并确定首席谈判代表。在选择谈判人员时要充分注意他们应具有必要的专业知识和丰富的经验，高尚的德行、情操和修养，独立的见解和坚强的意志，科学的思维能力和快速决断的能力，善于倾听和清晰的表达能力等。谈判人员一经选出，一般应进行一些必要的训练。

五、模拟谈判

模拟谈判是正式谈判前的预演，是商务谈判准备阶段的最后一个步骤。它是从己方人员中选出某些人扮演谈判对手的角色，提出各种假设和臆测，从对手的谈判立场、观点、风格等出发，和己方主谈人员进行谈判的想象练习和实际演习。

（一）模拟谈判的必要性

模拟谈判的必要性有以下几点。

（1）模拟谈判能使谈判者获得实际的谈判经验，提高谈判的能力和技巧。

（2）模拟谈判能检验谈判执行计划是否完善，便于随时修正错误和问题，以及总结

经验教训，使谈判者获得较完善的经验。

(3) 模拟谈判是培养和训练谈判人员的重要方法，可以帮助谈判人员熟悉实际谈判中的各个环节，充分施展聪明才智，能减少失误，提高谈判的成功率。

（二）模拟谈判的方式和总结

模拟谈判的方式主要有以下两种。

(1) 组织人员扮演"对手角色"。从企业有关部门抽调一些工作人员扮演对手的不同角色，组成一个模拟对手的谈判小组，并尽可能地提出各种能够想象出来的问题，与本方的正式谈判小组举行接近实际谈判的模拟谈判。此方式可检查谈判组织工作是否到位。

(2) 组织辩论会。利用具有不同代表性的人扮演对手，尽可能提出各种反对性意见。对本方谈判条件进行"抨击"和质疑，使谈判人员练习回答，并对每个环节和问题都有事先的了解，做好实战的准备工作。

模拟谈判结束后，应及时总结经验教训，发现自己的优劣势，预测谈判的结果，以此可以对最初的预期目标做重新估计，检查时间及议程安排是否合适，发现谈判计划的弊端和漏洞，从而制定相应的对策，不断地修正和完善谈判计划，使谈判目标和计划更加完备。

第二节　商务谈判的各个阶段

一、开局阶段

（一）开局阶段的重要性

好的开端是成功的一半。在商务谈判中，由于谈判开局是双方刚开始接触的阶段，是谈判的开端，开局的好坏在很大程度上决定着整个谈判能否顺利地进行下去。因为从生理上来讲，人在谈判活动的开局阶段，精力总是最充沛的。开局阶段时间虽然不长，但它基本上决定了谈判双方的态度和谈判的气氛，基本上确定了正式谈判的方式和规格。因此，开局阶段在整个谈判过程中具有举足轻重的意义，我们必须给予充分的重视和利用。

（二）营造和谐的谈判开局气氛

谈判开局气氛是由参与谈判的所有谈判者的情绪、态度与行为共同制造的。谈判场所的气氛是紧张还是缓和，是热烈还是冷淡，对谈判结果的影响是举足轻重的。谈判气氛往往在双方开始会谈的一瞬间就形成了，并且影响和贯穿于整个谈判的始终。

如何创造一个良好的谈判气氛，直接涉及给谈判双方留下什么样“先入为主”的印象。如双方见面互致问候，大家围谈判桌就座，会谈就开始。像这样一会面就直接涉及谈判主题，往往不利于谈判的正常进行，会破坏良好谈判气氛的形成。这时应该谈点什么，才能创造和谐的谈判气氛呢？在见面洽谈开始时，应选择合适的中性话题，最好是闲聊的、松弛的、非业务性的。例如，双方可以谈及这样一些内容：①会谈之前各自的经历，曾经到过的一些地方、结交过的人物等；②近期的社会新闻、体育比赛、文娱节目等；③私人问候，表现出你真正关心他人的情况，不带任何胁迫的语调；④个人爱好；⑤回顾以前的合作经历和各自所见所闻所感，制造一种轻松愉快的气氛，给对方留下良好的“第一印象”。这样的开场可以使双方找到共同语言，进行感情沟通，缩短空场的时间，为建立友好的洽谈气氛奠定基础。

在正式谈判开始之前，理想的行为方式应该是：

（1）径直步入会场，以开诚布公、和善友好的态度出现，伸出右手与对方毫不迟疑地相握，肩膀要放松，衣着要整洁。

（2）行动和说话要轻松自如，不要慌慌张张、结结巴巴，尽量做到言简意赅。

（3）在开始时最好站着交谈，如果对方派出的是谈判小组，则以混合的形式进行小范围的交谈，这样可使双方在谈话时感觉轻松、方便，然后从站着交谈到坐下商谈，这样有利于谈判的自然过渡。

开局时还应注意避免过分闲聊，离题太远，要让大家总是围绕主题展开谈判，并以轻松、自然的语言先谈一些双方都感兴趣并易达成一致协议的话题，顺水推舟，从而自然地达到开局的目的。

（三）摸清对手的情况

在谈判开局阶段，谈判双方会把注意力较多地放在摸清对手的情况上，如调查了解对方的可靠程度、经济实力、合作诚意、谈判目标、谈判人员状况等。只有了解对方的这些基本状况，掌握了有价值的信息，才能有针对性地采取措施，调整目标计划，从而掌握优势。

二、报价阶段

报价是商务谈判的一个重要阶段。这里所讲的报价，不仅是指双方在谈判中提出的价格方面的要求，而且泛指谈判中某一方向对方提出自己的所有要求。在这些所有要求中，价格条件是核心，是谈判的重点。

（一）报价的基础

报价标志着双方价格谈判的正式开始，同时也反映了双方对物质性的要求程度。然而，报价水平的高低并不是由报价一方随意决定的。一般应先确定报价目标，报价目标一定要与企业的谈判目标结合起来，明确己方的最低价格标准，根据所收集和掌握的各

种渠道的商业情报和市场信息，对其进行分析、判断，在预测的基础上加以制定，使报价在双方价格谈判的合理范围内。因此，掌握市场行情是报价的基础，其中应着重研究市场供求及价格动态。

（二）报价的原则

报价有以下一些原则。

（1）综合分析和比较，设法找出报价者所得利益与该报价能被接受的成功概率之间的最佳组合点。由于商务谈判的复杂性，很难找到一个最佳的理想报价。谈判者应因势利导，灵活运用报价策略，力争使报价接近理想的报价。

（2）对于卖方，开盘价必须“最高”；对于买方，开盘价必须“最低”。卖方的开盘价等于为自己设置了上限，买方的开盘价等于给自己设置了最低限。这为双方充分地做好了讨价还价的余地，使双方谈判更有弹性。实践证明，开盘价对成交价具有实质性影响，卖方开盘价高，成交价也比较高；买方的开盘价低，成交价也比较低。卖方报价要高，只要理由充分，可尽量高，它必须合情合理，如报价过高又讲不出具体原因，往往会导致谈判失败。买方报价要低，也必须合情合理。总之，不能漫天要价，而是在合理的价格范围内。

（3）报价时态度要果断、坚定，充分显示报价者的自信和从容。

（4）报价应准确、清楚而完整。

（5）不要对己方的报价进行解释或评论。报价合理，自己无须辩解，否则，只能是画蛇添足，让对方看出破绽或找到突破口。因为对方不管我方报价的水分有多少，都会提出质疑，在对报价进行解释时，应遵循的原则是不问不答、有问必答、避虚就实、能言不书。

（三）报价的形式

一般来讲，报价有书面报价和口头报价两种形式。

1. 书面报价

书面报价是谈判者事先为谈判准备了较详尽的文字材料、数据图表等，将本企业愿意承担的义务表达清楚，让对方有时间针对报价做充分的准备，从而节省时间，使谈判过程更为紧凑。但书面报价作为企业承担责任的客观记录和证据，制约和限制了企业在谈判后期的让步与调整。另外，书面报价在通信、翻译上容易产生信息缺失。书面报价对实力强大的谈判者是有利的，至少双方实力相当时可使用书面报价，而对实力较弱者就不宜采用书面报价的方法，而应尽量安排一些非正规的谈判，以充分发挥谈判人员个人关系的作用。

2. 口头报价

口头报价具有较大的灵活性，谈判者可根据谈判的进程随时来调整自己的谈判战术。口头报价先磋商，后承担义务，没有书面报价那种义务感约束。口头报价可充分利用个人沟通技巧，利用情感因素，促成交易达成。察言观色，见机行事，建立某种个人关系，营造缓和谈判气氛是这种方式的最大长处。如果谈判人员没有较高的综合素质和沟通技巧，就会出现一些误会和麻烦，如统计数字、计划图表难以阐述清楚。此外，由于对方事先对情况一无所知，在谈判中需要时间准备，因而会影响谈判进度。为了克服口头报价的不足，在谈判之前可以准备一份印有本企业交易条件要点、某些特殊要求及各种具体数据的简目表，以供急需之用。

（四）报价的先后

在商务谈判中谁先报价，这个问题比较微妙。报价先后在某种程度上会影响谈判的结果，谈判人员必须加以注意和研究。一般来讲，先报价比后报价更有影响力。因为先报价的一方实际上为谈判规定了一个框架，最终协议可能将在这个框架内达成。同时，先报价不仅能够为谈判规定一个难以逾越的上限（卖方的报价）或下限（买方的报价），而且会直接影响谈判对方的期望水平，起到争取主动的作用。因此，先报价比后报价的影响要大得多。但是，先报价也有不利之处，这主要表现在以下几个方面。

（1）当对方得到报价后，对报价方条件、起点有了了解，可以调整自己的策略和报价方式，获得他们未料到的好处。例如，卖方报价 25 000 元，而买方拟定的报价为 27 000 元，在卖方报价后，买方会修改交易条件，最后可能以 23 000 元成交。显然，买方从卖方的报价中获得了 4000 元的好处。

（2）当对方得到报价后，并不急于马上还价，而是集中力量攻击原报价，进行各种挑剔指责，逼迫报价者让步，却不肯泄露他们的定价。

总之，谁先报价应视具体情况而定。如在预期谈判将会出现激烈竞争的情况或是双方可能出现矛盾冲突的情况下，先报价可以使自己占据主动地位。如果对手是老客户，双方有长期的业务往来关系，彼此都十分了解、熟悉，先报价与后报价并没有什么实质性的差异。要正确对待对方报价，认真听取并准确地把握对方报价的内容，不要干扰和影响对方的报价，也不要中途打断对方的报价。在对方报价结束后，比较理想的做法是不急于还价，而是要求对方对价格的构成、依据、计算基础及方式等进行解释，然后对报价的理解进行归纳和总结并进行复述，让对手确认自己的理解是正确的。在掌握了对方报价的实质、意图及诚意后，寻找突破口，从而动摇对方报价的基础，使以后的还价有说服力。

三、磋商阶段

磋商阶段是谈判双方讨价还价的阶段，因为当谈判一方报价之后，多数谈判对手不会立即做出接受初始报价的决定，而是力争使报价方提供更优惠的价格，于是双方就开

始一系列的讨价还价，进行实质磋商。这是一个信息逐渐公开、筹码不断调整、障碍不断清除，从而走向成交的过程。

（一）找出分歧的原因

谈判双方各自提出的交易条件，必然会存在某些分歧，双方就此进行磋商，这时应从认清双方分歧所在和洞悉其原因开始。这种分歧一般可分为3种：想象的分歧、人为的分歧和真正的分歧。

1. 想象的分歧

这是由于一方没有较好地理解对方的要求而产生的，或者是由于不愿接受这样的事实，即对方的陈述准确真实地反映了他们的要求。这种分歧的产生主要在于相互之间的沟通不完善。解决的办法是，谈判人员更好地做好相互沟通工作，更好地掌握相互沟通的技巧。

2. 人为的分歧

这是由于一方有意制造的“旋涡”引起的。解决的办法是，认真分析对方报价中不合理的成分，灵活运用讨价还价的方法和技巧；多花一些时间用于磋商，在多轮谈判中逐步降低对方的要求。同时，也需对本方的报价做相应的调整，互谅互让，互利互惠。

3. 真正的分歧

这是由双方的利益引起的。解决的办法是，双方就此磋商，讨价还价，或者自己放弃某些利益，或者要求对方放弃某些利益，或者彼此进行利益交换，使彼此的立场趋于一致，否则谈判只能破裂。

（二）讨价

讨价是谈判中的一方报价之后，另一方认为离自己的期望目标太远，而要求报价方重新报价或改善报价的行为。讨价一般分为以下3个阶段。

（1）讨价开始阶段，采用全面讨价方法，即要求对方从总体上改善报价。

（2）讨价进入具体内容阶段，采用针对性的讨价方法，即在对方报价的基础上，针对一些不合理的部分要求改善报价。

（3）讨价的最后阶段，仍采用全面讨价方法，即从总体上要求对方改善价格。

讨价的这3个阶段是可以不断重复、连续进行的过程。讨价次数的多少应根据心中保留价格与对方价格改善的情况而定。谈判中应抓住主要矛盾，对关键条款进行讨价，要求改善，也可以同时针对若干项，形成攻势强大的多方位讨价，争取得到对方的让步，获得较大的收效。

（三）还价

还价是指谈判对手首次报价后，己方与对方将进行一次或几次的讨价，然后根据对方最后的报价进行斟酌，提出自己可接受的价格。还价的目的是使自己的交易条件得到对方的承认，争取期望目标的实现。还价关系到商务谈判的前景，影响商务谈判的结局。在还价过程中，谈判者要确保自己的利益要求，就必须采用不同的还价方式。根据对价格评论的依据出发，还价可分为按分析比价还价和按分析成本还价两种。

（1）按分析比价还价，是指己方不了解所谈商品的价值，而是以收集相同或基本相近的同类产品的价格作为参考进行还价。这种方式操作简便，若选用科学，将令对方信服。

（2）按分析成本还价，是指己方能计算出所谈商品的成本，然后以此为基础再加上一定百分比的利润作为依据进行还价。使用这种方式，还价有力、准确，说服力较强。

根据谈判中每次还价项目的多少，谈判还价可分为单项还价、分组还价和总体还价3种。单项还价是以所报价格的最小项目还价。分组还价是指把谈判对象划分成项目，然后划分若干档次，分别还价。总体还价不分细项，从总体上还一个价。

在多次讨价并选定了还价的方式之后，应根据对方价格调整的幅度和计算分析来确定还价的起点。还价的起点要低，一般以己方的临界价格为基点，但其高度必须接近对方的目标，使对方有接受的可能性。要确立一个好的谈判起点，还应注意3个参考因素：报价中的含水量、与自己目标价格的差距和准备还价的次数。总之，要使还价起点合理，并逐步接近谈判的成交目标。

（四）让步

让步是指在商务谈判中双方向对手妥协，退让己方的理想目标，降低己方的利益要求，向双方期望目标靠拢的谈判过程。因为谈判双方在讨价还价阶段，会根据各自的利益和对共同利益的理解，各抒己见，竭力使谈判朝着有利于自己的方向发展。当双方互不相让，争议不下时，便会出现僵局，而让步就是解决僵局的好办法。一个成功的谈判者是善于取舍的，除了知道何时该抓住利益外，还知道何时放弃利益。让步的基本规则是以小换大。为达到这一目的，谈判人员应事先充分准备在哪些问题上与对方讨价还价，在哪些方面可以做出让步，让步的幅度有多大等。在谈判中做出让步没有一成不变的固定模式，应因人而异，无论对任何人做出让步，最好的办法是，让他认为经过一番奋斗争取来的东西是有价值、最珍贵的。商务谈判磋商阶段的让步原则包括以下几个方面。

（1）每一次让步都应得到某种相应的利益作为回报，不要做无谓的让步，有失应该也要有所得。

（2）让步应事先做周密的计划、安排，谨慎行事，不能临场随便退让，自乱阵脚，克服盲目被动性。

（3）以让步换让步，决不能做单方面的让步，要以己方的让步换取对方的让步。

（4）不要承诺做同等程度的让步。

（5）促使对方在主要问题上先做出让步，己方在较为次要的问题上做出让步，目的是让对方在重要问题上先让步，己方可以根据对方的态度争取主动。

（6）让步要恰到好处，以己方较小的让步，换取对方较大的满意，但要使其明白赢得是不容易的。

（7）一次让步的幅度不应过大，次数不宜过多，但必须让对方知道，我方每次做出的让步都是重大的、经过努力的。

（8）如果做出的让步欠妥，应及早收回，不要犹豫。

（9）在准备让步时，应尽量让对方开口提条件，表明其要求。

（10）以适当的速度向着预定的成交点推进，不要太快或者做过多的让步。

经过双方一系列的磋商，谈判双方的立场将趋于一致，整个谈判磋商阶段的工作基本结束，进而转入商务谈判的成交阶段。

四、成交阶段

谈判双方经过艰苦努力，克服了各种障碍和分歧之后，就共同关心的问题取得了一致意见，双方即可成交，并用文字以合同的形式将全部交易内容和交易条件记录下来，标志着谈判的结束。成交阶段是谈判的最后阶段，但也存在最后的一些障碍，谈判人员应善于掌握谈判结束的时机，趁热打铁促成交易。如果放松警惕，急于求成，则可能功亏一篑，前功尽弃。

（一）向对方发出信号

一场谈判虽然旷日持久却进展甚微，但会由于某种原因，大量的问题会迅速得到解决，双方互做一些让步，最后的细节在几分钟内即可拍板。在交易即将达成时，谈判双方都会处于一种准备完成时的激奋状态。这种激奋状态的出现，往往是由于一方发出成交信号所致。谈判者使用的常见成交信号主要有以下几种。

（1）谈判者用最少的言辞阐明自己的立场。谈话中表达出一定的承诺意愿，但不包含讹诈成分。

（2）谈判者提出的建议是完整的，绝对没有不明确之处。如果他的建议未被接受，除非中断谈判，再没有别的出路。

（3）谈判者在阐明自己的立场时，完全是一种最后决定的语调，坐直身体，双臂交叉，文件放在一边，两眼紧盯着对方，不卑不亢，没有任何紧张的表示。

（4）回答对方的任何问题尽可简单，常常只回答“是”或“否”。使用短词，很少谈论据，表明确实没有折中的余地。

（5）一再向对方保证，现在结束对他最有利，并告诉他一些好的理由。

发出这些信号，目的在于推动对方脱离勉强或惰性十足的状态，设法使对方行动起来，从而达成一个承诺。这时应注意的是：如果过分使用高压政策，有些谈判对手就会选择退出；如果过分表示希望成交的意愿，对方就有可能会不让步并进一步地向你进攻。

（二）最后的总结

在交易协议达成之前，谈判人员有必要进行最后的回顾和总结。

（1）明确是否所有的内容都已谈妥，是否还有一些未能解决的问题，以及这些问题的最后处理。

（2）搞清所有交易条件的谈判结果是否已达己方期望的交易结果或谈判目标。

（3）最后的让步项目和幅度。

（4）决定采用何种特殊的结尾技巧。

（5）着手安排交易记录事宜。

这种回顾的时间和形式取决于谈判的规模，如它可以安排在一个正式的会议上，也可以安排在一天谈判结束后的 20 分钟休息时间里。

（三）最后一次报价

在签约之前，谈判双方都需要做最后一次报价。对最后一次报价应注意以下几点。

（1）不要过于匆忙报价，注意选择好报价时机，否则会被认为是另一个让步，对方会希望再得到其他的让步。如果报价过晚，对局面已不起作用或影响很小，也是不妥的。为了选好时机，最好把最后的让步分成两步，主要部分应在最后期限之前提出，给对方留下一定时间考虑，次要部分应安排在最后时刻提出。

（2）最后让步幅度的大小，必须足以成为预示最后成交的标志。在决定最后让步幅度时，一个主要因素是看对方接受这一让步的人在对方组织中的地位。大幅度的让步应刚好满足较高职位的人维持其地位和尊重的需要。一般的让步以使对方职位较低的人在签约后其上司不至于指责他未能坚持原则为度。

（3）让步与要求同时并提。除非己方的让步是全面接受对方现时的要求，否则必须让对方知道，不管在己方做出最后让步之前还是做出让步的过程中都希望对方予以响应，做出相应的让步。例如，在己方作让步时，可示意对方这是谈判者个人的主张，很可能会受到上级的批评，所以要求对方予以同样的回报。

（四）起草和签订书面协议

当谈判双方就交易的主要条款达成一致意见后，一般要起草协议，签订书面合同，明确各自的权利和义务。这涉及合同文本由哪一方来起草的问题。一般来讲，文本由谁起草，谁就掌握主动。因此，在商务谈判中，我方应重视合同文本的起草，尽量争取起草合同文本，即使做不到这一点，也要与对方共同起草合同文本。合同的内容是合同当事人之间的权利和义务，它具体体现为合同的条款。为了保证合同的履行，双方当事人必须严格审查合同的条款，如当事人的名称或姓名和住所、标的、数量和质量、价款或酬金、履行期限、地点和方式、违约责任和解决争议的方法等，以及根据法律规定的或协议性质必须具备的条款和当事人要求必须规定的条款。总之，务必使协议条款订得具体、确切、详尽。签订合同的双方都必须具有签约资格，对涉外合同应要求当事人提供有关的法律文件，证明其合法资格，避免上当受骗。对于比较重要的商务谈判，特别是国际商务谈判，当双方达成协议后，应尽量争取在我方所在地举行合同的缔约或签字仪式，因为签约地点往往决定采取哪国法律解决合同中的纠纷问题。根据国际法的一般原则，如果合同中对出现的纠纷采用哪国法律未做具体规定，一旦发生争执，法院或仲裁庭就可以根据合同缔结地国家的法律来做出判决或仲裁。

第三节　商务谈判模拟案例

谈判议题：买方向卖方求购家用电器。

谈判方：

甲方：卖方，代表海尔电器有限公司。

乙方：买方，代表苏宁电器有限公司。

角色介绍：

甲方：甲首（彭英明）、甲项（甲方项目经理）、甲财（甲方财务总监）、甲法（甲方法律顾问）。

乙方：乙首（鲁记昌）、乙项（乙方项目经理）、乙财（乙方财务总监）、乙法（乙方法律顾问）。

谈判过程：

经过人员介绍谈判开始……

甲首：早上好，鲁总，很高兴见到你！

乙首：好啊，彭总，真心希望我们合作愉快！

甲首：今天我们能坐在这里，说明我们双方都是很有合作诚意的，所以我希望我们的这次合作能够愉快并且能够达到我们真正的双赢，相信贵公司来这里之前也对我们公司有了相当的了解。海尔集团是世界白色家电第一品牌，1984 年创立于中国青岛，截至 2018 年，海尔集团在全球建立了 29 个制造基地，8 个综合研发中心，19 个海外贸易公司，全球员工超过 6 万人。2018 年，海尔集团全球营业额实现 1243 亿元（182 亿美元），品牌价值 812 亿元。相信这样的成绩贵公司也是看到的，不然也不会选中我们公司作为贵公司的供货商。

乙首：是，我们也是看到贵公司有这样的成绩才会很有诚意地来寻求合作，而且我们也相信贵公司也了解我们苏宁电器，所以也同样希望我们可以合作愉快，最好是可以达到双方的长期合作。

甲首：既然我们双方都有这样一个目标，那现在就我们合作中的一个项目——海尔空调的价格进行一次详谈，现在请我们的项目经理介绍一下详细的情况。

甲项：您好，现在由我介绍一下我们这次合作的项目。我们合作的项目是关于海尔空调的销售，这个是我们这次合作项目的详细介绍。（递上项目合作单，乙方接过）就像大家看到的，这次合作的项目是海尔空调的合作，贵公司要求按季度进货，而且进货数目根据季度也有调整，最高期就是夏季的进货，数目巨大，所以我们给出了这样的项目合作方案，就是根据贵方的销售情况进行供货。

乙项：贵公司给出的供货条件我们也看了，从贵公司给出的项目合作方案上可以看出来，贵公司给出了相当大的优惠，某种程度上使我们减少了库存量。对于贵公司给予我们的这个优惠，我们表示感谢，只是在这个数目上我们还能不能再有更大的优惠？在夏季供货量上再增加一成？

甲项：既然贵公司要求加货，我们当然表示感谢，不知道贵公司在其他方面有什么要求？

乙项：我们只是想在运输和包装上想请贵公司给我们一些优惠，也就是都由贵公司负责，不知道怎么样？

甲项：包装优惠没有问题，这个本来就是我们应该做的，但是在运输方面，我们希望还是由贵方负责比较好，因为在这方面，我们在以往的交易过程中是没有涉及的。

乙项：您也看到了，我们这次进货的数目相当大，这么庞大的数量我们不可能完全承担运输啊！面对我们这样一个强大的进货商，相信贵公司也不想失去这样的一次合作机会吧！

甲项：我们也考虑到了我们这次合作，而且一开始我们就本着长期合作的目标进行的，所以请给我们一些时间商讨一下好吗？

乙首：好！希望给我们一个满意的解决方案！

（经过 5 分钟的讨论）

甲首：经过我们的紧急讨论，我们同意贵公司的要求，运输我们来负责，只是运输方式的选择上要由我们决定。而且在我们把货物运送到贵公司的仓库之后，如果出了相关的事故，将由贵公司负责，我方将没有任何责任，这是由我们法律顾问草拟的责任书，请看一下！（甲法递上责任书）

乙法：（接过责任书，相互传阅）这个按照法律程序没有问题，可以实施。

甲首：很高兴你能接受我们的建议，接下来我们就谈谈这次购货的价格。我们也看了贵公司的购货清单，贵公司要求进货空调 3000 台、冰箱 1500 台、洗衣机 1000 台、液晶电视 500 台，鉴于贵公司这么大的购货量，我们也会相对地给你们一个合理的价格，这个是我们的报价单。（递上报价单，乙首接过报价单）

乙首：我们看了贵公司的报价单，我觉得其中还是有相当大的空间，所以您看能不能在价格上再给我们一些优惠，尤其是在空调的价格上，这个是我们最大的购货量，相信您也看到了，市场上 KFR-26GW/02S（R2DBPXF）-S1 空调的价格是 5999 元；还有冰箱的价格，我们也调查过，尤其是我们订货的型号 BCD-215KCF 现在市场上的价格是 3599 元。所以，希望贵公司在这两种商品上可以给我们更合理的价格。您看怎么样？

甲首：我们首先感谢贵公司这么大的订货量，但是您也看到了我们是很有诚意的，我们刚才已经在运输方面做出了很大的让步，所以在这两种商品的价格上我们真的很难再做出更大的让步了。很抱歉！

乙首：您也知道我们这次要谈判的供应商不是只有您一家，我们发现您的价格比其他供应商高太多。这么高的价格我们真的无法接受！而且我们这次如果谈判成功了，贵公司以后将成为我方长期合作商。

甲首：您要知道，近年来生产成本不断上升，而我们的价格却基本不变。坦率地说，我们的商品都是按照出口标准来设计包装的，所以我们的价格真的已经是很低了。

乙首：恐怕我不能同意您在这方面的报价，我想指出的是，您提供的报价比其他供货商要高很多。

甲首：既然这样，就让我们讨论一下再回复好吗？

（经过10分钟的讨论）

甲首：刚才我们和财务讨论了一下，我们很珍惜这次合作机会，所以我们也愿意在这个上面做出一个大的让步。您看这样，我们愿意在空调上面做出让步，以每台4899元的价格卖给你们；还有冰箱，我们也愿意再降低1000元。这样做，相信你们也看出我们的诚意啦！只是希望能不能在液晶电视的订货量上能不能再加一些？你们也看到了，你们液晶电视的进货量真的很少，我们希望你们也能拿出诚意来给我们看看！

乙首：真的很高兴您能给我们这样的价格，我们也愿意接受这样的价格。为了表达我们的诚意，我们愿意接受贵公司的建议，液晶电视的订货量再追加500台，相信这样你们也看到我们的诚意了吧！

甲首：真的很高兴我们能有这样良好的谈判氛围，但是不知道贵公司的货款何时能打过来？

乙首：恐怕我们不能一次性付清货款，因为购进商品的价格加起来是一笔很大的数目，不如先让我们的财务介绍一下我们的财务状况吧！

乙财：刚才我仔细地合算了一下，就我们的购货量还有贵公司给我们的优惠价格，这笔费用加起来共有上千万的金额，这么大一笔数额，我们不可能一次付清！所以，我们提出分期付款的方式，您看怎么样？

甲财：我们也核算过了，这确实是一笔不小的数目，不知道贵公司怎样分期付款？

乙财：我们提出的分期付款方式是在贵公司第一批货物到达后的一个星期内，检验合格以后，我们会在3天内付款，尾款我们将在年底付清，不知道贵公司有什么意见？

甲财：通过您的介绍我们了解了贵公司所说的分期付款方式，只是尾款在年底付清是不是有点晚了？您也知道我们的供货商也要进行生产，而且需要供货的不止您一家，如果其他购货商都这样，我们真的很难做，所以希望尾款在最后一批货物到达之后就付清。

乙财：您也知道，我们只是销售商，我们销售货物也要有回款期，我们也需要时间，真的很难那么快付清。

甲首：您看这样吧！我们愿意给您这样一个承诺：凡是购买我们海尔的产品，我们都会两年内免费为其维修。您也知道我们海尔是世界500强企业，我们在一线、二线城市都有专职的售后服务点，在其他县市也都有代理服务点，我们都提供上门维修服务，这样不知道贵公司感觉怎么样？

乙首：既然贵公司给了我们这么大的优惠，看来我们也要做出相应的让步了，那我们也接受贵公司的建议，尾款会在接到最后一批货物后的第一时间付给贵公司，您看怎么样？您也知道我们的供货商也不止一家，也希望我们的合作关系能够一直延续下去，不知道这样的解决方法怎么样？

甲首：好！为了我们将来的合作，我们也愿意接受贵公司的意见，接下来就让我们的秘书去起草相关的合同。希望我们合作愉快，下次见面的时候就是我们签合同的时候了。感谢贵公司的到来！

乙首：很高兴我们的合作能够这么愉快，也感谢贵公司的接待，谢谢！

（双方谈判人员起身握手，甲方目送乙方离开）

案例分析

在商务谈判中，必须十分重视情报信息的收集和掌握，及时、准确地了解与标的对象有关的市场行情，预测分析其变化动态，以掌握谈判的主动权。例如，在20世纪60年代，中国与日本进行的石油设备交易谈判就是一个有代表性的例子。

早在20世纪60年代初期，当时我国对于大庆油田的情况在国内外尚未公开，日本人只是有所耳闻，但始终不明底细。后来，日本人在1964年的《人民日报》上看到“大庆精神大庆人”的字句，于是日本人判断：中国的大庆确有其事，但他们仍然不清楚大庆究竟在什么地方。1966年7月的一期《中国画报》上，日本人看到一张大庆工人艰苦创业的照片，根据照片上人的服装衣着，他们断定大庆油田是在冬季为-30℃的中国东北地区，大致在哈尔滨与齐齐哈尔之间。1966年10月，他们又从《人民中国》杂志上看到了石油工人王进喜的事迹，从分析中知道：最早钻井是在北安附近着手的，而且从报道的钻井设备运输情况看，离火车站不会太远。在事迹中有这样一句话“王进喜一到马家窑看到……”于是日本人立即找来旧地图：马家窑位于黑龙江省海伦县（今海伦市）东南的一个村子，在北安铁路上一个小车站东边 10 多公里处，这样，他们就把大庆石油的位置彻底搞清楚了。搞清了位置，日本人又对王进喜的报道进行了分析。王进喜是玉门油矿的工人，是 1959 年 9 月到北京参加国庆之后自愿去大庆的，由此断定，大庆油田在 1959 年以前就进行了勘探，并且大体知道了大庆油田的规模。后来，他们又从《中国画报》上发现了一张大庆炼油厂反应塔的照片，根据反应塔上的扶手栏杆的粗细与反应塔的直径相比，得知反应塔的内径长为5米。因此，他们进一步推算出大庆的炼油能力和规模、年产油量等内容。日本人在此基础上设计出了适应大庆油田操作的石油设备，当我国宣布在国际上征求石油设备设计方案时，日本人一举中标。

思考：

1. 日本人是利用什么方法收集到大庆油田情报信息的？
2. 通过本案例，试说明在商务谈判中收集情报信息的重要作用。

复习思考题

1．谈判信息资料收集的内容有哪些？
2．什么是谈判目标？谈判目标可以分为几个层次？
3．谈判计划包括哪些内容？
4．什么是模拟谈判？模拟谈判的必要性有哪些？

实践训练

（一）

【实训项目】

制订商务谈判计划书。

【实训目的】

通过实训，学生应掌握商务谈判计划书的内容和基本的谈判理论，能够编写出正确的谈判计划书。

【背景资料】

一条龙花生厂家：属新生产经营型外资企业，地处某市市郊，主要生产以花生为主的小吃食品，加工生产花生、薯片、蚕豆、瓜子等 20 多个品种，面临四川、广东等地 14 个品牌的竞争，需要通过广告、促销、市场开发等手段占据市场，价格属中下水平，目前仅限于某市范围内销售，销售返利为 1%。

吉祥培训基地（公司）：一所以进行短期培训为主的技术学校，每年培训学生 10 000 人左右，通过与厂家合作为学生提供实践机会，但是资金紧缺，没有商店、仓库，计划通过谈判免费代销该企业的产品。

【实训要求】

根据以上资料制订一份商务谈判计划书。（提示：商务谈判计划书包括谈判主题、谈判目标、信任计划、人员组织、费用预算、谈判地点、模拟谈判。）

（二）

【实训项目】

营造良好的谈判气氛。

【实训目的】

通过实训，学生应根据谈判的礼仪礼节要求，学会在谈判的开局阶段营造轻松良好的谈判气氛，为谈判的顺利进行打下良好的基础。

【背景资料】

通过你的努力工作，到目前为止，你已经收集了与前述一条龙厂家相关的各种情报，制订了商务谈判的预案和商务谈判计划，选定了第一次谈判的地点，并完成了场地布置工作。第一次谈判就要开始了。秦主任决定请一条龙厂家代表到学校来谈判。

你现在面临的任务：如何了解谈判对手，如何营造良好的谈判开局气氛，如何制定开局策略，使谈判顺利进行。

【实训要求】

根据以上任务写出一份营造良好的谈判气氛的实训报告。

（三）

【实训项目】

操作谈判终局。

【实训目的】

通过实训，学生应能运用结束谈判的理论，使用适当的方法和技巧判断并结束谈判，进行合同文本的编写。

【背景资料】

讨论并经过谈判后，一条龙厂家与吉祥培训基地取得了以下合作共识：

（1）免费为吉祥培训基地制作广告牌。

（2）基地为一条龙厂家培训业务员，费用由基地负责。

（3）免收订金及预付货款，一个月结算一次，货款两清。

（4）厂家负责送货，运费由基地负责。

随后杨副厂长笑着问：“你们还有什么要求吗？”秦主任爽快地邀请对方共进晚餐。

【实训要求】

根据以上资料写出一份操作谈判终局的实训报告。

（四）

【实训项目】

组织一场模拟谈判。

【实训目的】

通过实训，学生能够综合利用前面的实训内容进行一次谈判练习，系统地复习并熟识谈判的基本流程并能熟练操作谈判过程。

【背景资料】

A公司是国有企业，公司激励机制尚不够完备，甲作为营销主管干得很出色，深得领导的信任，有望升职加薪。

B公司是民营企业，刚运作不久，企业效益较差，但机制灵活，老总乙和A公司的营销主管甲是好朋友。

在甲的努力下，A公司与客户C公司建立了良好的关系，就在准备与客户C公司签合同时，甲的朋友B公司老总乙得知此事，要求他将与C公司的业务私下让给B公司，告知甲将得到比A公司给他更多的利益，并请求他看在大家是朋友、B公司刚起步需要帮助的份儿上，同意乙的请求。乙暗示如果不帮忙，可能朋友的关系就不好维持了。

作为甲，应该怎样做才能既不伤害乙又能保全本公司的生意、实现加薪升职？

作为乙，应该怎样做才能达到自己的目的？

【实训要求】

学生分组，运用所学谈判理论，结合给定案例进行一场模拟谈判。

第三章
商务谈判的沟通技巧

案例导入

中国公司谈判小组赴中东某国进行一项工程承包谈判。在闲聊中，中方负责商务条款的成员无意中评论了该国的宗教问题，引起对方的不悦。当谈及实质性问题时，对方的谈判人员丝毫不让步，并一再流露撤出谈判的意图。

案例中出现的沟通障碍在于中方负责商务条款的成员无意中评论了该国的宗教问题。这种障碍导致对方的不悦，不愿意与中方合作，可能会使谈判陷入僵局。中方人员应该为无意中的评论向对方道歉。另外，中方谈判人员在谈判前应该了解对方的习俗及喜好，避免类似不愉快的情况发生，正所谓知己知彼，百战百胜。

第一节　商务谈判沟通概述

一、商务谈判沟通的意义

沟通是两个或两个以上的人之间的一种分享信息的过程。商务谈判就是一种沟通，它是谈判双方之间为达成使双方均获得局部利益的一致协议，而进行的信息交换与信息共享过程。商务谈判沟通是一种说服性沟通，即谈判一方有意识地传播有说服力的信息，以期让对方唤起自己预期的意念（观点、期望、心理或行为倾向），从而试图有效地影响对方的行为与态度。一般地，商务谈判沟通采用交涉式的说服方式，谈判双方通过以利益为中心的观点进行交涉、磋商来改变彼此之间的相互关系，最终达成观点一致的协议。

成功的谈判，主要取决于谈判的诚意。而诚意又来自彼此的了解和信赖，这其中又以了解为源。如果双方都不了解，甚至没有任何沟通，那么不管产品多么吸引人，对方都会产生怀疑。如果出现这种情况，不仅质次产品的推销谈判要失败，就是符合质量标准产品的推销谈判也难获得成功。因此，要使对方信赖你，首先得让对方了解你，这就需要沟通。谈判前沟通的方式很多，如对客户进行私人访问，不定期地请客户游览名山大川、参加体育活动等。这些不同形式的交流是在双方没有任何戒备的情况下进行的，具有很强的感染力，容易使双方找到共同语言，进而转化成对双方经济行为的信赖。

（一）良好氛围，成功一半

良好的氛围，主要是指良好的环境所形成的气氛，它是一种非语言形式的沟通。实践表明，谈判的场所、环境、内部的陈设及其颜色，都会影响谈判的气氛，继而影响双方的谈判心理。下面举两个例子进行说明。

1. 颜色影响人的情绪

心理学家曾做过一次有趣的试验，邀请 4 个人在一个较长的时间内参加 4 次晚宴。同样的场合，同样的菜单，只是周围的色彩不同。在绿色环境里，客人们慢慢悠悠地吃着菜肴，谈话也懒洋洋的；在红色的环境里，客人们碰坏了酒杯，吃喝鲁莽；在白色的环境里，席间交谈彬彬有礼，大家无聊地打起了呵欠；在黄色的环境里，客人们分手时彼此答应以后再见。可见，颜色是一种不出声的信息交流，对人的情绪产生着不可言状的影响。

2. 合理布置谈判的场所

谈判桌以圆形为好，因为圆桌素有“八面为上”之说，充分体现谈判双方无等级上下之分，符合谈判双方地位平等、互惠互利的原则。同时，谈判场所可设休息室，将其作为缓冲场所，尤其是紧张的谈判，遇到僵持局面时，使谈判人员可以有退身之处。

（二）排除障碍，赢得胜利

谈判中的障碍是客观存在的，语言障碍、心理障碍、双方利益满足的障碍等都会直接或间接地影响谈判效果，而沟通便是排除这些障碍的有效手段之一。当谈判双方遇到僵局，在利益上彼此互不相让时，或是双方意见差距很大，潜伏着出现僵局的可能性时，文体活动这种沟通方式就显得更加重要，因为它既可以缓解谈判中的紧张气氛，也可以增进彼此的信赖和友谊。实践表明，这种方式能够取得事半功倍的效果。

（三）长期合作，沟通伴行

一个企业如果打算与某些客户进行长期的合作，就要与这些客户保持长期、持久的友好关系，而沟通就起着加深这种关系的作用。

1. 交流信息，增进了解

企业可以定期或不定期地寄送产品说明书；邀请客户参加本企业举办的新产品新闻发布会，了解外界对本企业产品的评价；谋求客户、公众对本企业声誉、产品的了解等。所有这些，可为谈判打下良好的基础。

2. 广交朋友，增加客源

企业可以采取各种沟通形式增加新闻媒介对本企业的销售会议及其他营销事务的注意力。例如，请新闻媒介人士参加本企业举办的各种销售会议，利用他们的力量使已进入市场的产品家喻户晓；或者当企业的产品在社会上出现问题而造成不良影响时，使公众了解本企业为解决这些问题而做的努力，以重新赢得公众的信任。企业一旦在社会上树立起良好的形象，就会争取到更多的客户和订单。

3. 获得知识，灵活应变

在商务活动中，谈判双方进行经常性的沟通可形成一种良性的循环，即双方都可以从言谈话语中获得诸如社会科学、自然科学、文化艺术、体育比赛等方面的知识；在交际过程中，还可以提高每位谈判者的交际能力，以及在特殊场合下选择应急方式的能力。这些能力的提高又会转化成谈判桌上的唇枪舌剑、步步为营，令对手心悦诚服。

二、商务谈判沟通的特点

（一）沟通的外向性

商务谈判中的沟通，不同于一般意义的人与人、上下级之间、不同辈分之间的沟通。它是站在企业的角度，或者一个独立核算单位的角度，为达成双方贸易往来的协议而进行的必要的交际。因此，商务谈判沟通的全部工作都是和外部打交道，外向性是营销商务谈判的本质特征。

（二）沟通的预谋性

商务谈判沟通的预谋性是指这种沟通不是盲目的，而是经过精心策划，并带有明显针对性和时效性的。一般来说，沟通的产生过程，即沟通的形式、时间、地点、预期目的的确定，就是沟通的预谋过程。例如，为了促进产品销售，争取与更多的客户洽谈生意，就要做好新产品介绍会、展览会、展销会、表演会等的筹划，以加深谈判对象对本企业产品的了解；或者为提高谈判对手对本企业的信誉度，可采取组织谈判对手参观本企业设施和工作现场，举行新设施奠基典礼、新设施落成典礼、开业典礼、签字仪式、就职仪式等，以树立企业在客户心目中的良好形象。这些形式都反映了沟通的预谋性。

（三）沟通的协同性

商务谈判沟通的协同性是指这种沟通不单是企业营销谈判人员个人的事，需要企业各部门与之配合，协同作战。因为任何谈判的成功都不完全取决于谈判的周密策划，它会受很多因素的影响，如非正当渠道的传闻、企业的管理状况、财务管理状况、领导者的远见卓识等，最终都会直接或间接地影响谈判的效果。因此，与谈判对手真正达到相互了解、彼此沟通，绝非仅是营销部门所能完成的。

（四）沟通的灵活性

商务沟通的灵活性是指为了应付谈判中突如其来的情况而采取的沟通对策。也就是说，任何一种沟通虽然都是有目的、有计划的行为，但并不是僵化的。为了适应复杂多变的客观形势，沟通必须具有随机应用的灵活特征。因此，沟通的产生与应用，是一个动态的并依赖时空变化而随机应变的过程。在洽谈生意的谈判中，一方为了赚钱要进货，另一方为了赚钱要将货物脱手。当双方的利益互不让步、出现僵局的时候，聪明的办法是利用休息这种沟通形式来转移话题，松弛一下过度紧张的状态。因为双方人员休息时不会分开而是融合在一起，双方辅助的谈判人员会自由结合成小群体聊天，这就有利于寻找解决双方在洽谈中所谈问题的方法。

三、商务谈判沟通的障碍

在商务谈判中，面对的既有国内不同企业制度、营销人员的竞争与合作，也有与世界各地商人的贸易与洽谈。不同的企业制度、不同的经营机制、不同的观念、不同的人种，以及不同的语言和风俗习惯，决定了营销商务谈判沟通在客观上存在着一定的障碍。

（一）习俗障碍

我国已与世界上大多数国家建立了外交关系，每个国家都有自己的习俗和禁忌，这是与外商沟通的一个最大的障碍，它将阻碍着人们正常的信息交流。例如，中国人吃饭用筷子，西方人用刀叉等。这些日常生活中的习惯，也会影响谈判的沟通。又如，西方人一般认为“13”这个数字不吉利，在任何场合都要尽力避开它，如果你将很在意这个数字的西方人约在有“13”数字的日期、时间、楼层或房间见面，就会使对方不快，即使再周密的沟通策划也会失败。因此，要想使沟通达到预期的目的，就必须很好地了解国外的各种习惯和风俗，学会在双方交际往来的场合下迁就对方，以排除商务谈判沟通中的习俗障碍。

（二）语言障碍

成功的谈判沟通是靠保持畅通无阻的信息交流来完成的，而语言正是人类互通信息的重要工具。如果谈判者彼此语言不通，又没有其他沟通渠道，彼此就无法沟通。因此，语言也是影响沟通的一个很重要的因素。语言障碍主要来自以下 4 个方面。

（1）语种不同，如汉语、英语、日语等。

（2）同一语种的“南腔北调”，如南方人与北方人发音、语句结构有很大的不同，影响信息传递。

（3）同一语言中的词语含义不同，如在天津，不管年龄多大的男人都称女子为“姐姐”；在山东，男性如称少女为“姑娘”会挨耳光，因为那里的“姑娘”是妻子的谦称。可见，不同的称谓在不同的地区代表不同的含义，如果在沟通中使用不当，必然会造成一定的误会或引起麻烦，这就需要注意使用标准语，尽量保持词语概念的同一性。

（4）语言能力，特别是口语能力，是一种非常重要的社会交际能力，重视口语能力的培养，将为沟通扫除信息交流的许多障碍。

（三）主观障碍

在现实经济生活中，存在着许许多多阻止人们信息交流、阻碍沟通的主观因素，主要表现如下。

1. 认识上的障碍

认识上的障碍一般指对事物认识的不同而导致一些人为的分歧，从而影响信息的交流，阻碍彼此的合作与谈判。最典型的认识上的分歧是，无论采取何种沟通形式，沟通对象都会感到一种压抑，以致怀疑你在向他施展招数而随时提高警惕。为排除这些障碍，应该诚心诚意地与客户交朋友，应让他们感觉到，是否购买你的产品或服务完全无所谓，比起做生意，你更愿意与他做朋友，绝无不择手段之意。

2. 理解上的障碍

有时，人们在认识上虽然一致，但由于对同一事物理解的不同，也会阻碍人们正常的信息交流。例如，中国人和美国人对“不”字的理解是不同的：中国人爱面子，也非常注意他人的面子，在与客人交流时，很少使用令人难堪的断然否定语“不”；美国人则不理会这一点，他们在得不到明确答复时，绝不认为你对讨论的问题已经否定了。谈判者如果不清楚和不能有效克服这种障碍，同样会影响彼此的信息交流。

（四）心理障碍

商务谈判中的沟通，是一种建立在心理接触基础上的社会关系，所以在影响沟通的因素中，心理障碍产生的影响最大，也最直接。心理障碍主要表现在以下两个方面。

1. 社会知觉与归因层次上的障碍

这种障碍表现为第一印象、刻板印象和晕轮效应。第一印象是指企业在商务谈判沟通中第一次给人留下的印象。第一印象特别深刻，如果第一印象欠佳，以后要改变这种印象往往不太容易。这种现象显然不利于企业之间的交往。对某些企业的了解，不是通过一次或两次交往就能完成的，而第一印象先入为主，容易限制彼此之间的进一步了解。刻板印象是指谈判双方在沟通中对某一类人或事物进行的比较固定、简单的概括归类而形成的不正确印象。晕轮效应也称光环效应，它是指人们在认识逻辑上常出现的一种认识上的偏差。其突出的表现是，如果一个企业或某人被标明是好的，他就被一种肯定的光环所笼罩而掩盖了在他身上表现出的消极的真相。相反，我们应该结识的一些客户却因为没有耀眼的光环而被忽略，失掉了交往的机会。

2. 自我意识障碍

自我意识障碍主要是指沟通人员的心理品质所形成的障碍。例如，素不相识的甲、乙两人在公园里相遇，通过沟通，甲得知乙是大学教授，乙知道甲是工厂工人。通过细致的沟通，甲相信乙确实是大学教授，因而肃然起敬；乙也认为甲确实是工厂工人，也有爱惜之意。二者初交之后本可进一步深谈，但此时由于职业的不同和层次的差距，出现自我意识障碍。甲可能觉得自己与大学教授相比显得渺小，难与乙产生共鸣；而乙可能自命不凡而拒绝与甲深谈。因此，甲、乙虽然进行了接触，但未能产生深交。同样，参与商务谈判沟通的对象层次、水平不一，客观上也会存在交往的自我意识障碍。

克服上述心理障碍，从个人方面要树立正确的自我形象，加强个人修养，培养宽阔的胸怀，学会调整情绪，增强交往中的信任感。

第二节　与不同类型企业沟通的技巧

一、与公司制企业的沟通技巧

公司制企业具有产权关系明晰、融资能力较强、经营状况公开、工作效率高、决策较迅速及职工队伍素质较高等特点。与公司制企业交往，不仅要具备良好的沟通艺术，还要有强烈的沟通意识、较高的沟通水平和灵活运用沟通技巧的能力，只有这样，才能推动和实现商务谈判的进程及目标。

（一）建立档案

建立谈判对手档案，既是交流的一种重要形式，又是谈判准备的一个成功招数。建立谈判对手档案包括以下几个方面的内容。

1. 产品销售情报

（1）产品的销售状况。如果对手是卖方，需掌握卖方单位产品及其他企业的同类产品销售情况；如果对手是买方，需搞清对方所购产品的销售情况，包括该类产品过去几年的销售量、销售总值及价格变动情况，该类产品在当地生产与输入的发展趋势，拥有该类产品的家庭所占比例，消费者对该类产品的需求程度及潜在销售量、潜在的消费团体（即未来的谈判对象）、购买决策者、购买频率，消费者对本企业新老产品的评价及要求，最能影响顾客购买该产品的广告媒介等。

（2）价格资料。取得充分准确的价格资料，是谈判前准备工作的核心部分。作为买方，要通过不同渠道取得多方面的价格资料，特别是要获取多方的报价单，然后才能"价比三家"；作为卖方，需要掌握所销售商品的市场状况，结合销售意图和产品成本，测算出一个随行就市的价格水平，以便在谈判中做到心中有数，同时这也有助于确定未来的谈判对手及产品销售（或购进）的数量。

2. 产品竞争情报

产品竞争情报主要是指买卖同类产品竞争者的数目、规模与该类产品的种类，各种重要品牌的市场占有率及未来变动趋势；消费者偏爱的品牌与价格水平；各品牌推出的形式与售价水平；竞争者产品的品质、性能与设计；各主要竞争对手所提供的售后服务方式、顾客及中间商对此类产品服务的满意程度；当地经销该类产品批发商和零售商的毛利率与各种回扣、优待价格的行情；当地制造商与中间商的关系；各主要竞争者所使用的销售促进方式、规模与力量，竞争对手所使用的广告类型及其预算等。

3. 科技情报

科技情报主要包括技术情报、技术条件资料和技术寿命资料。技术情报是指在技术市场上交换的技术商品情况；技术条件资料是指产品的品种、规格、产品等所提供的技术资料范围；技术寿命资料是指某项技术从投入市场至退出市场的时间。

4. 政策法规情报

政策法规情报主要指影响社会组织和个人行为的法令、条例、规章、章程等的制定、修改和废除，以及政党、公众团体在国家生活和国际关系方面的政策和活动。这些情况为企业营销活动设置了红灯和绿灯，所发出的信号有的对企业有利，有的对企业则是限制。例如，国家颁布并施行的《中华人民共和国合同法》《中华人民共和国广告法》《中华人民共和国商标法》《中华人民共和国消费者权益保护法》《中华人民共和国专利法》《中华人民共和国反不正当竞争法》等，均是企业营销商务谈判的准绳，不可疏忽。

上述 4 种情报档案，前两种为企业之间的沟通，后两种为企业与社会、企业与政府之间的沟通。获取上述情报资料的方式较多，可以有意识地索取，诸如阅读有关专业杂志、参加博览会和专业展览会；向国内有关协作关系的情报网、信息咨询机构了解情况；查阅专利，了解技术发展现状及其趋势；积累有关政府文件等。

（二）私人交往

在人们的私人交往中，可以利用的关系很多。为了叙述方便，我们概括为血缘关系、志缘关系、业缘关系、地缘关系和趣缘关系。

1. 血缘关系

血缘关系是指因血缘而结成的人际关系。以血缘为纽带建立起来的人际关系，是一种非常亲密、非常牢固、非常持久的人际关系。我国特别重视血缘关系。

2. 志缘关系

志缘关系是指人与人之间因有共同的志向、信仰而结成的交往关系。志缘关系具有强大的感召力，它是一种高级精神生活关系，存在于人的头脑中并对人们的言行产生潜移默化的影响。这种关系一经建立就会激化人们共同为之努力奋斗。

3. 业缘关系

业缘关系是指由工作和事业的联系而结成的人际关系。随着社会分工的日益发展，社会生产部门及行业的日益增多，业缘关系日趋多样化，范围日趋广泛。它大致包括职业关系、学业关系和行业关系。这种关系状态相对稳定，交往时间相对集中。当一个人变动专业工作时，业缘关系虽然也发生变动，但它们仍有利用的相对连续性。

4. 地缘关系

地缘关系是指由于居住在共同地区的人们之间进行交往的一种人际关系，主要表现为邻里关系、同乡关系。自古道：远亲不如近邻；老乡见老乡，两眼泪汪汪；亲不亲，故乡人等。由此可见地缘关系对沟通的影响之大。

5. 趣缘关系

趣缘关系是指由于共同的兴趣而结成的交往关系。一些年龄相仿、地位大体相同的人，由于家庭背景、兴趣爱好、文化程度、道德修养等方面比较接近，认识比较一致，交往的频率也就较高。他们的活动主要靠兴趣来调节。趣缘关系是社会发展的产物，随着社会生产力的发展、人们物质财富的增加，人们对精神生活的追求也越来越高，人们的趣缘关系也就越来越丰富。

上述种种关系是营销商务谈判沟通的重要纽带，充分利用这些关系，可以获得事半功倍的效果。例如，在《三国演义》中，曹操派蒋干做说客前去江东劝说周瑜降曹，利用的是同窗学友的关系；周瑜派诸葛瑾说服诸葛亮归吴，利用的是血缘关系。改革开放以后，外商来华投资很少是孤身而来的，都是利用了一定的人际关系。可见，古今中外凡事都离不开一定的人际关系。

（三）酒席宴请

如今，请客户吃饭已经成为商务沟通中不可缺少的一种形式。中国是一个多民族、多信仰的国家，口味和饮食习惯差异很大，因此，要实现预期效果，需要注意以下几点。

1. 看人下单

要了解客户的饮食习惯，喜欢喝酒还是吃菜；喜欢咸还是淡，甜还是辣；客户是南方口味还是北方口味等。一般来讲，南方人，像福建人、广东人爱吃甜味饭菜；北方人口味较重；四川人则偏爱辣味。因此，应根据客户的籍贯大体推测出他们的口味，或者采取直接询问的方式由客户自报或自己来点菜。

2. 酒量自便

在宴席上，不可强迫酒量小的人过量饮酒。中国人请人吃饭总要喝酒，劝酒、敬酒是酒席不可少的。但要注意的是，商务交往中不要以灌醉对方为目的，要因人而异。如果对方是很有地位、较注重礼节的人，切记不要强迫对方喝酒，因为请客吃饭本来就是为了联络感情、增进了解，如果强迫对方喝酒，会使他自觉难堪，这样非但不能达到目的，还会引起对方的反感。同时，招待客户也要注意控制自己的酒量，切勿豪饮过量，以免先醉倒在客户面前出丑误事。

3. 巧选店堂

在何种档次的饭店宴请，也是很值得斟酌的。请客不在于花钱多少，而是要很好地揣摩对方心理，只要吃出特点，照样能使客户满意。例如，一位南方企业的总裁到天津谈生意，好几家企业都是在大饭店里宴请招待，几天下来，这位总裁吃腻了。后来，一家规模不大的公司的经理没有请他到大饭店、大酒店去喝酒，而是很有心意地找了当地一家很有名气的担担面馆吃了一碗担担面，还有几样精致的小菜，这位总裁吃后赞不绝口，称赞这位经理想得周到。

4. 礼貌待客

在进餐时，要照顾好每一位客人，不能有主次之分，冷落了某些人。以宴会作为交往的方式，不要过多地谈有关商务方面的事情，以免引起对方的不满或猜测。明智的做法是，在进餐中多谈谈家常、社会见闻和彼此工作情况等。如果是接风宴请，可谈论一些旅途劳累的问候语，对客人来此表示欢迎的寒暄等，以增进彼此的了解和信赖，在进餐快要结束时再把话题引向日程的安排。饭后一定要注意送客户回家（住宿地），即使对方客气，也一定要坚持送他们回去，在交通不太便利的地方更要如此。

（四）旅游观光

目前，越来越多的商务活动都会安排游览名山大川的日程，认为这是增进友谊的一种较好的形式。其依据是：它使双方接触的时间延长，白天游览、就餐、晚间休息都在一起，是深交的极好时机；从心理学角度来讲，到异地欣赏大自然的景色、名胜古迹、历史文物，既可以增长见识，又可以陶冶情操，可让人们忘记烦恼，使人心旷神怡，这时比较容易交往，容易接收信息。

观光旅游需要注意：了解谈判对手是经常出门还是很少出门，以便决定去何处游览；了解客户的工作日程安排，以决定游览的时间，否则会事与愿违；了解参加旅游人员的级别、年龄、身体状况及嗜好，以便做好旅游前的食、宿、游、娱的安排；安排好游览的陪同人员，最好安排对游览地点熟悉的人，以便随时讲解和介绍，若条件不具备，可聘请导游讲解，这样客户会更满意。

（五）家庭拜访

家庭拜访包括到客户家访问和参加客户中主要成员家庭的重要活动，如婚礼、丧事、过生日等，把沟通活动渗透到家庭。这种形式已被越来越多的企业所采用，可收到较好的效果。但是，家庭拜访不是简单的串门，必须掌握一定的技巧。

(1) 要事先约好再去，突然登门拜访是不礼貌的；约好之后就一定要按时赴约（最好提前一两分钟到达目的地）；若估计不能按时赴约，必须事先用电话通知对方，说明原因并表示歉意。

（2）初次拜访或尚未达到深交时的拜访，要注意穿着整洁，给人以整洁感，并且带上一份礼物（如一盒点心、一束鲜花、一件纪念品等）以表心意；如果是参加婚礼、吊唁或庆祝生日，要遵照地方习俗，礼品要适当，语言要得体。

（3）初次拜访，言语不要过多，只要说明来由并简单寒暄一阵即可，不要给人一种飘浮甚至油腔滑调的感觉。人们往往非常重视第一印象，而且对第一印象也很深刻。

（4）访问辞别时，寒暄几句需马上离开，再三答谢、拖拖拉拉反而失礼。

二、与合作制企业的沟通技巧

合作制企业是劳动者自愿、自助、自治的经济组织，乡镇企业是这一企业制度的典型形式。合作制企业具有比公司制企业更灵活的机制，即产权分属于企业职工或合作社社员所有；企业职工既是劳动者又是所有者，是企业主人和老板；大多数企业在市场竞争中“自生自灭”。因此，职工参与企业经营管理意识较强、决策迅速、善于竞争，但合作制企业存在着大多职工文化素质不高、缺乏管理经验、信息不灵、技术设备比较落后等缺点。

合作制企业实为合伙制企业，它有不同于公司制企业的特点。与合作制企业沟通，除运用与公司制企业沟通的技巧外，还要针对其特点采用不同的沟通技巧。

（一）虚怀若谷

商品意识与市场观念使许多乡镇企业家成为一代新型的农民企业家，但是并没有因此改变农民直爽、朴实、真诚的性格及重情意、讲义气的处世哲学。你让他一寸，他会敬你一尺。一旦使他感到你“得寸进尺”，他就会针锋相对、寸利不让。上海某箱包公司是由香港某公司、上海某公司和清浦县凤溪乡共同出资250万元创办的，产品远销欧美、亚洲等十多个国家和地区。在对外买卖的洽谈中，该公司朱总经理遇到了许多困难和磨难，但他始终保持着自信而诚信、精明而友好的姿态，坚信平等互利方可携手并进。在一次与日本客商的谈判陷入了难堪的僵持中，日本客商主动邀请朱总经理到上海大厦就餐，想以此缓解一下紧张的气氛，借此迫使对方就范。在就餐之时，日本客商说了一番客套话之后，便进入正题：“总经理，我们商量一下，从明天起，我每天请你吃中饭，你每只箱包减一分好吗？”朱总经理当时没有回答，他明白在这种场合该怎样显示中国乡镇企业家的风度和气质。每只箱包减去1美分，75万只箱包是7500美分，折合人民币就是近7万元。沉思了片刻，朱总经理放下筷子，站起来微笑地回答：“好啊！从明天起，我也每天请你吃饭，你增加1分好吗？”落落大方、不卑不亢的有力回答，使日本客商无言以对，只好无可奈何地摇了摇头。

（二）热情待客

中国农民具有忠厚、老实、勤劳、坚韧的美德，凡事讲究实在。因此，热情待客的重要形式就是摆上一桌丰盛的酒宴，其档次可在海鲜全席与家常便饭之间，酒水档次要高些。饭菜要实惠，绝不能好看不好吃，饮酒是大多数农民的习惯，而且有“无酒不成宴”之说。一般情况下，宴席上的气氛是友好协调的，尤其当酒过三巡时，感情难以控制，相互倾吐真言，彼此感情拉近，这时就是我们发布信息，要求对方了解、同情、许诺的最好时机。任何人都不愿平白无故地接受别人的东西，接受了总会有报答，所以，这时最容易做出许诺。但是有心计的乡镇企业家或商人往往在被对方请吃饭后，一定要回请、招待，这是出于谁也不欠谁的心理，谈判桌上仍然据理力争、寸利不让。

（三）察言观色

大多数乡镇企业家性格开朗、言语豪爽，受教育程度相对较低，喜欢直来直去，常表现出动于内而行于外，因此，通过面目表情的观察，就能获得沟通对象对所谈及问题的反映。

（1）若沟通对象姿势上缺乏反馈，则是对我们缺乏关注的表示；过分的动作则表示厌烦、焦虑、嘲讽。这时，需要很好地把握对方的情绪，要多谈论对方关心的一些问题，诸如乡镇企业的发展远景、目前的困境、从哪些方面来改进等。这样可以引起对方的兴趣、好感，使他感到他在我们心中的重要性与价值，会更耐心地听取我们提供的各种信息。

（2）身子向前倾斜并微微倾向说话人，说明他对我们的谈话极感兴趣，此时需要更仔细地观察对方提供的非言语暗示，以便调整后面的沟通内容。事实上，在交往中被沟通一方作为听众学会倾听，是沟通中获取重要信息、取得沟通方好感以及信任的重要手段。

（3）如果身子向后微倾，而且和我们面对面，表明他的注意力都集中在我们身上，没有走神；如果坐的时候手抱胸前却叠着双脚不看我们，说明他的精神状态和身体姿势一样，对我们是关闭的，信息的接收效果较差。这时需中止所谈及的内容，改换话题，采取提问、询问的方式。例如，询问贵公司情况如何、该地区是否也有类似的情况等问题，让对方的思绪转入我们的谈话之中。

（4）使用积极的有反应的面部表情和头部动作时，微笑表示热情和接受；点头表示注意和赞成；打呵欠表明无精打采、漠不关心；对视对方表明重视所谈的信息，并且随时寻找机会对未听清的问题进行询问。这时，需仔细观察对方的表情，了解信息发布的效果，为制定谈判策略奠定基础。

（5）当对方坐或站的时候靠近说话的人，表明他的热情和理解都增强了。在我们谈兴越浓时，对方又重新寻找站或坐的位置，以便于更充分地倾听或观察，这时说明我们发布的信息有的放矢，接收效果较好，需乘胜追击。

三、与个人业主制企业的沟通技巧

个人业主制企业又称个体企业，是指业主个人出资兴办，业主自己直接经营，业主享有全部经营所得，同时对企业债务负有完全责任的民营企业。在我国，个人业主制企业虽不占支配地位，但企业数量庞大、历史悠久，其经济行为已渗透到公司制企业和合作制企业，是一股不可忽视的力量，与这种企业沟通不仅必要，而且沟通技巧要有独到之处。

个人业主制企业与公司制企业和合作制企业相比，具有机制更加灵活的特点。个人业主制企业一般规模较小，数量多且分散，内部管理机构简单，自己做决策；经营方式灵活，决策迅速、灵敏；经营者与所有者合一，产权能够自由转让。个体经营者多数性格豪爽、大度、粗而不俗、易于接近。但是，他们的贷款能力较差，难于从事需要大量投资的工商贸易活动，而且文化素质相对较低，不易接受较高技术层次的沟通形式。因此，在与个人业主制企业的沟通中，除可适当地运用与公司制、合作制企业沟通技巧外，还可针对其特点采取以下策略。

（一）投其所好

在我国，城市个体企业的经营者主要由三部分人构成：①返城知青；②企业不景气或办停薪留职的工人、干部；③由于某种原因离职的职工、干部。这些人中很多人性格直爽，喜欢直来直去，肯于助人，愿为某些事打抱不平，又很容易接近。因此，与这些人交往无须温文尔雅、拘于小节。要接近这些人，应根据人都需要尊重的心理，选择对方关心、开心的话题作为开场白。例如，共叙当年上山下乡的辉煌，返城后就业之困难，创业之艰苦，今天的成果来之不易等；赞叹并羡慕他们在事业上做出的选择；畅谈国家对个体企业的宽松政策，以及个体企业发展的广阔前景等。这些谈话会使他们切实感受到自己在社会上的重要地位及对社会的价值，增强自信感，同时感受到你对他们的理解和同情，能够拉近彼此的距离，使感情融洽。

（二）攻心制胜

个体经营者性格豪爽，与这些人沟通无须拖泥带水，过于讲求场合。但是，由于他们是小本经营，相对于大企业来讲，账算得比较细，从不大手大脚，一旦他感到“够朋友”，就会做出购买决策。

（三）因人而异

与个体企业的谈判者进行沟通多为语言沟通，这也是由个体经营者的特点所决定的。个体经营者由于年龄、性别、性格、文化层次的不同，沟通的语言方式、语言内容也就不同。与年长的个体经营者沟通，尊敬是最重要的。他们经验丰富，因此谈话要谦虚，切不可说“老生常谈”“老掉牙了”等类似语言，即使认为其所谈观点并不正确，也要认真听完，然后再提出自己的意见。对于年长的个体经营者不要轻易问他的年龄，有些人很忌讳这一点；要多称赞他老当益壮，所做贡献不减当年，这样会使他感到自己还很年轻、很健康，从而愿意与你合作。与年纪相仿的个体经营者沟通，态度可以稍微随便些，谈些共同的处境、嗜好，不同的境遇，对美好未来的憧憬等。但也应该注意分寸，不可出言不逊，伤人自尊，尤其与自己年龄相仿的异性经营者交谈时更应注意，不可乱开玩笑，以免引起不必要的猜疑。与年纪较小的个体经营者沟通，由于对方年纪小、涉世不深，有些思想可能太激进，或知识面不广。与他们进行语言交流，注意不要对其

随声附和，以免降低自己的身份，但也不要执意坚持自己的意见，以免形成不必要的隔阂。只需让他们知道，希望他们对你有适当的尊重，他们就会因此和你保持适当的态度和礼仪。但是，千万注意不要夸夸其谈、卖弄经验，特别不要在自己的知识范围外信口开河，一旦他们发觉不对，就会降低对你的信任与尊重。总之，与年纪较轻的个体经营者沟通，应采取尊重与有礼的态度，同时注意自己的身份、年龄，不要忘乎所以。

男女之间的交往，性格不同是谈话的背景。一般来说，男性比较理智，女性侧重直觉；男性精于讽刺与幽默，女性则更富机智。因此，在商务谈判中进行语言沟通，态度要庄重大方、温和自重，切勿太唠叨，声音太大。如果所谈内容令你过于厌烦和难以忍受，那么可巧妙地打断他（她）的话或直截了当地告诉他（她）：“对不起，我还有事。”另外，与女性经营者沟通，男性要先开头，询问一些女性感兴趣的话题，如穿着、家庭、小孩等，她就会接下话茬，然后很自然地转入正题，达到预期的目的。

（四）入乡随俗

我国个体企业最显著的特点是多而分散。因此，方言习俗各不相同，处理不好就会大伤感情而使合作失败。例如，西北地区某家公司的业务员与北京一位个体企业主谈生意。两个人认识后聊起天来，谈得正起劲，该家公司的业务员突然发现北京的这位个体企业主头发有点长了，随口就说：“你头上毛长了，该理一理了。”对这句话，该家公司的业务员觉得非常正常，无可挑剔，不料，北京的这位个体企业主听了勃然大怒，说：“你的毛才长了呢！”该公司的业务员很诧异，自己的“毛”并不长，昨天刚剪的，他怎么这么讲话呢？又见北京的这位个体企业主气冲冲的样子，觉得自己的好心当成了“驴肝肺”，也生气了，结果两个人不欢而散。这里的症结就在于一个“毛”字。西北地区的人把头发叫做“头毛”，而北京却把“毛”看成是一种侮辱性的语言。因此，在与个体经营者的商务谈判沟通中，必须留心对方的忌讳语言，以免伤害彼此之间的感情而使交往中断。

第三节　与外商沟通的技巧

现在，人们在交往中面对的已经不仅是国内商人，还要与世界各地商人进行竞争与合作。不同的人种、不同的语言、不同的民族和风俗习惯，都加大了沟通的难度。因此，与外国商人沟通必须研究形形色色的习俗和特点，讲究沟通技巧，使商务谈判顺利进行，并取得圆满成功。

一、与美国商人沟通的技巧

美国在国际贸易中的地位及美国的文化背景给商务沟通带来的特点，在世界上有很大的影响。美国，从历史角度来讲，是一个年轻的国家；从民族来讲，是一个多民族的国家；从国民来讲，是一个移民国家。白种人大部分是欧洲各国移民的后裔，分布在全国各地。由于移民的社会等级变化无常，专制君主无法生存，也就没有世袭贵族。因此，在这块土地上生存的人比较自由，不受权威与传统观念的支配。这种社会文化历史背景，培养了美国人强烈的创新意识、竞争意识和进取精神。

与美国商人交往，"是"与"否"必须表示清楚。装作有意接受而含糊作答，或者口头随意答应以后又迟迟不作正式回答，都会导致纠纷。一旦发生纠纷，需注意解决纠纷的态度，切记不要笑，因为在美国人看来，出现纠纷，双方心情都较恶劣，笑容必定是装出来的，这就使对方更为生气，甚至认为你自觉理亏了。

美国商人的商业文化特点：性格外露、坦率、真挚、热情、自信；办事比较干净利落，喜欢很快进入交谈的主题；谈锋甚健，不断发表自己的见解，注重实际，追求物质上的实际利益；自信而不善于施展策略；欣赏精于讨价还价、为取得经济利益而施展手段的人；工作节奏快，决策迅速、果断。

在谈判中，如果充分利用美国商人性格豪爽的特点，诚挚、热情地与他们交往，很容易创造和谐的气氛，加速谈判的进程，创造成功的机会；否则，会增加误会或导致失败。

利用美国商人自信、滔滔不绝的个性来了解情况。在其滔滔不绝的陈词中找到有价值的信息，搞清目标内容，探听对方虚实，谋划对策。另外，借"自信"可激将对方，诸如"既然决策如此高明，何不让我们尝试一下"，促其向自己靠拢。但要注意美国商人的自尊心，在掌握火候上可破其自信，挫其锐气，避免让对方生气。

利用美国商人喜欢与"高手"交往的特点，即喜欢"棋逢对手"，他们对以计谋获得追求中的利益，感到有兴致。因此，与美国人交往就要针锋相对，这样不仅不会遭到对方的反感，反而会博得对方的赏识。

但是，并非所有美国人都有性格直爽、容易接近、好做生意的特点，由于民族不同，在性格和习惯上存在着很大差异。例如，在美国以纽约为中心的东部商业团体中，犹太人很多，除此之外就是盎格鲁-撒克逊人等。犹太人做生意一般头脑灵活，具有商人意识，精于讨价还价，精通国际贸易业务知识，故在与其进行的商务交往中要特别慎重。盎格鲁-撒克逊人则较保守，在谈判中喜欢设关卡，重视合同的签订，一旦签约，废约、改约的现象较少。

二、与英国商人沟通的技巧

英国是世界资本主义发展较早的国家之一，其经济实力、军事实力曾显赫一时，殖民地遍及世界各大洲。英国的国情和在世界中的地位，决定了英国商人有自己独特的习惯和特点。英国商人高傲、保守，与人接触时，开始总保持一段距离，然后才慢慢地接近；偶尔有纠纷时，英国商人会毫不留情地进行争辩，即使是他们的错误，也不会轻易认错和道歉；他们除了讲英语之外很少讲其他语言；英国的一些旧习惯并不那么容易改变；英国人显得有些保守，对新鲜事物不积极接受。英国人善于交往、讲究礼仪、对人友善，除受人之托外，一般不干涉他人私事或介入他人的生活。

英国是一个具有悠久历史的资本主义国家。首先，要牢记联合王国由四部分（英格兰、苏格兰、北爱尔兰、威尔士）组成。与英国人交谈，涉及女王时，正规的说法是“大不列颠及北爱尔兰联合王国女王”；交谈时比较安全保险的话题是天气、旅游；涉足英国国土，必须熟知英国历史及禁忌。其次，要善于和傲慢的人打交道。在选择与英国商人谈判的人员时，要在形象、修养、气质、风度方面进行严格的筛选，在级别上注意对等。这样，一方面表示尊重对方，另一方面也会削弱对方的傲慢，树立自己的形象，争取他们的信任，以增加成功的机会。

根据英国商人善于争辩、不轻易改变自己观点的特点，与英国商人进行商务谈判时，首先不能急躁，在对每一细节没有认可之前，他们是不会签字的，如果将你的意思强加于他，不仅不能成功，反而会增加对方的反感，因此这时可耐心说服，并摆出有说服力的证明材料，促使他们快速决策。另外，中国企业与英国商人签订的进口合同上，应加上延期交货的罚款条例，订立索赔条款，这样不但可靠，而且可逐步改变对方不遵守交货时间的习惯。

根据英国人很讲究绅士风度的特点，中国企业可选派高级管理人员出访英国，这样可以满足他们的自尊自傲心理，增进与客户之间的关系。中国企业高级管理人员若用流利的英语直接与英国商人谈话，更能博得对方的赏识，从而增进双方的情感。

三、与法国商人沟通的技巧

法国是一个工业发达的国家，生产和资本的集中程度很高。在世界近代史上，法国在社会科学、文学、科学技术等方面都有卓越的成就，因此法国人有很强的民族自豪感。在大多数的商务谈判中，法国人往往坚持使用法语，即使法方的谈判人员英语讲得很好，也不会用英语谈判，除非他们迫切需要和你成交，否则很少让步，在他们看来，法语是世界上最高贵的语言。

法国商人以爱国热情高昂而著称，尤其是法国政府代表着法国的最高利益，他们的商业机构也是如此。因此，同法国人进行贸易洽谈，不要指望法国官方会照顾你的利益。

法国商人有同人握手的习惯，而且握手次数较多。有些法国商人的时间观念不是很强，他们迟到了常有理由；反之，如果对方迟到了，就要受到冷遇。在社交中，如参加正式的宴会，有一个不成文的惯例，即主要客人的身份越重要，他来得就越晚。因此，如果有人请你和公司人员一起参加宴会，可以预料吃饭时间要比规定的晚 30 分钟；如果主要客人是内阁总理，至少要晚 50 分钟。

在商务交往中，法国商人很注重信誉和人际关系，在未成为朋友之前，是不会同你进行大宗贸易的，一旦有了深交，才进行大宗贸易。法国商人谈生意不习惯开始就进入正题，往往先聊一些社会新闻或文化生活的话题（切忌涉及法国商人家庭私事和生意秘密），以此来培养感情。只有当他们认为感情培养起来后，才逐渐转入正式话题，一旦到了决策阶段，就会精神高度集中，运用他们特有的才智来应对各种情形。

法国商人个人办事的权力很大，担任要职的人可以果断地做出决策；法国商人能通好几个专业，每个人所涉及的工作范围很广。法国商人很注意劳逸结合，早起早睡，工作强度高，工作态度极为认真。他们很珍惜假期，会毫不吝惜地把一年辛辛苦苦赚来的钱全部花光。他们很注重穿着，在他们看来，衣着代表一个人的修养和身份。

针对法国商人自尊、自强这一特点，在商务谈判中首先要尊重该国礼仪，派去的商务活动人员要注重服装、外表，以体现我方人员的修养、身份和地位；见面礼仪是握手而不是拥抱；必须派懂法语的工作人员前往，或者配备法语翻译而不是英语翻译；去法国进行商务活动，除避开节假日外，还要避开每年的8月份，这个时期法国人都放下手中的工作去旅游度假；要特别注意宴请时间、场合的选择，并且切忌谈生意。

根据法国商人谈生意注重友情胜于一切的特点，要利用各种场合、机会与法国人交朋友，有计划地安排出访、邀请。在这些社会活动中，切记不要将自己的时间观念强加于对方，如在宴请中可依据主要客人的级别，打出后移的时间，做好充分的思想准备和物质准备。一旦和法国商人交上朋友，建立起融洽的业务关系，就会在交易上一帆风顺。

四、与加拿大商人沟通的技巧

加拿大居民大多数是英国和法国移民的后裔。加拿大80%以上的工业集中在安大略省和魁北克省，尤以蒙特利尔和多伦多两个城市的工商业最为发达。除此之外，温哥华的运输和贸易业也很发达，它不仅是加拿大距亚洲最近的海港，而且加拿大的国际贸易博览会每年定期在此举行，特别是该地华侨多，能为中国商品在加拿大进一步扩大市场起桥梁作用。

英国裔商人和法国裔商人在性格与商业习惯上有较大的差别。英国裔商人较保守，重信用，谈判时较为严谨，在尚未了解每一个细节之前，绝对不会答应要求；而且英国裔商人在谈判时好设关卡，所以从谈判开始到价格确定这段过程是颇费脑筋的，对此要有耐心，急于求成往往办不好事情。但是，一旦签约，废约的事情很少出现。

法国裔商人则是，开始接触时非常和蔼可亲，平易近人，款待也很客气大方，但坐下来谈到实际问题时就判若两人，讲话慢慢吞吞，难以捉摸。因此，要谈出结果来，颇需耐心，即使签约日后也会发生变动。因为法国裔商人对签约比较马虎，往往是主要条款谈妥后，就要求签字，他们认为次要的条款可以待签字后再谈，然而往往是当时不被重视的次要条款导致了日后的纠纷。

根据英国裔商人重信用、处事较为严谨的特点，必须做好沟通前的准备工作，即设计出理想的沟通方案，包括确定主题、搜集各种信息资料，并提供足够的论据，以增强其信赖感。另外，无论采取何种沟通形式，都要让对方感到你的诚意，这对谈判的顺利进行将起到事半功倍的效果。

根据法国裔商人容易接触、不拘小节等特点，沟通中应该先谈大的主要问题，一旦谈妥后，绝不忽视对小的一般问题的商讨，而且随时注意会场的气氛，防止离题甚远，使次要问题得不到妥善解决，以致成为毁约的隐患。

五、与德国商人沟通的技巧

德国是工业高度发达的国家。德国商人思维很有系统性和逻辑性。他们在谈判中往往准备得很充分、周到、具体，如果谈判对手事先准备不足或谈判中思维混乱，就会引起德国人的反感和不满。

有些德国商人性格倔强、自负，缺乏灵活性和妥协性。他们在交易中不喜欢漫无边际地闲聊，一开始就一本正经地进行谈判，并且把合同条款的每一个细节都搞清楚，才肯在合同上签字。合同一旦生效，他们则要求双方绝对遵守，容不得半点变更，也毫无通融可言。在价格上，德国人很善于讨价，一旦他们决定购买，就要压你让价。他们强调交货期，要求对方必须严格遵守交货期以便和他们的生产计划相适应。为了保护自己，他们甚至还会提出按照他们的要求确定交货期的优惠条件，如果对方不能满足这一点，就要加上索赔条款。

德国商人比较注重形式，商务交往中特别强调个人才能，很喜欢显示自己的身份，重视以职衔相称。他们见面很讲究礼节，重视握手礼，特别是告别时，总喜欢多次握手，以示谢意。

德国商人工作效率之高是世人共知的，他们有极强的技术创造力，有坚定不移必达目的的毅力，他们对产品质量要求很高。因此，要想与德国商人做生意，就必须让他们相信你的公司条件符合各项标准，同时他们也会通过各种途径观察你在谈判中的表现，以确定你是否言而有信。

德国商人不喜欢请客吃饭，但喜欢赠送礼品，以表示友谊。德国商人喜欢赠送礼品给个人而不是公司，故给德国商人送礼时，应直接送给个人而不是公司，若送给一个团体，礼物就等于白送了。

德国商人的个性突出，个人权力大，因此在与他们交往时，一定要突出其个人身份，见面要称呼职衔，尽量避免用“××先生”通称；谈判时要特别重视负责人的意见和行动；送礼时必须要关照某些权威人士或核心人物。由于德国商人的谈判风格，这就要注意所选拔的谈判人员不但是精兵，而且是强将，做到应付自如；要具有清醒的头脑，包括谈判前的准备、谈判中的利益之争、各种条款的商定及最后的签约、违约条款的认可等，都要谨慎严格，不失礼、不失信，应避免事后更改条款而出现不快。有些德国商人缺乏灵活性和妥协性，因此在与他们打交道时，除了要准备充分，还可在交谈中开门见山、先入为主，阐明自己的观点，在洽谈中争取主动，快速地把谈话内容直击要害，让对方无意见可坚持，也就不能不妥协了。

德国的经济实力决定了德国商人不会轻信任何贸易伙伴，不管你在中国的信誉有多好。为了取得对方的信赖，应经常向德国有关业务公司提供各种产品的信息资料，提供企业的业务咨询证明。为了说明产品质量和本公司的实力，可邀请对方来中国考察，对出口产品做生产操作示范，有条件的话，最好在生产工厂进行展示，还可派我方技术人员亲自接待，详细介绍产品的性能、特点，必要时可请已有买主现身说法。这些都会大大提高中国企业的信誉度，从而加速谈判的进程。

六、与俄罗斯商人沟通的技巧

由于受长期计划经济体制的影响，俄罗斯商人在谈判时，喜欢按计划行事，决策迟缓，商务交往需要经过有关部门安排，谈判进展可能相当缓慢。在俄罗斯，建立一家合资企业或做成一笔大生意，往往需要几年的时间。

俄罗斯商人的地位意识很强，谈判人员通常只具有有限的权力，经常要向上级汇报谈判进程。对谈判对手的建议要间隔相当一段时间后才能有回音，拖延战术是常见策略。俄罗斯商人善于寻找新的合作伙伴，善于讨价还价，如果要引进一个项目，他们首先会对外招标，引来几家竞争者，然后从容不迫地加以选择，并采取各种手段，让争取合作的竞争者相互压价，自己坐收渔翁之利。俄罗斯人常用的压价策略，是强调谈判对手面临的激烈竞争，有时还会提出其他竞争者的看法，并从最好的竞争者那里得到让步后，再迫使其他竞争者做出相应的让步。要求俄罗斯商人让步时，则往往进展缓慢。

俄罗斯商人在引进项目时，为了保证技术的先进性和实用性，通常会挤掉对方报价的水分，并索要许多技术资料，重视技术的具体细节，在产品和技术问题上与谈判对手进行大量的反复磋商。俄罗斯缺乏外汇储备，贸易支付会面临困难。如果采用易货贸易，则可采用转手贸易安排，以及补偿贸易、清算账户贸易等多种形式，从而使贸易活动变得非常复杂。

七、与日本商人沟通的技巧

日本商人是东亚民族经商的代表，其谈判、交谈风格具有典型的东亚特色：注重礼节和身份；重视集体智慧，强调集体决策；说话态度婉转；时间观念强，生活节奏快；注重和谐的人际关系；精于讨价还价，寸利必争；勇于进取，刻苦耐劳；决策在公司内部与所有有关人员进行彻底磋商后做出；获取情报，毫不吝啬。

与日本商人交往时，要注意服饰、言谈、姿态及举止风度的端庄和谦逊。日本商人非常重视对方的身份、地位、年龄及性别。利用这一特点，中方商务活动人员与日方交往时必须彬彬有礼、举止有度；在交往之前，要搞清日方人员的身份，选派与对方年龄、性别、身份相适应的人员，以示对日方的尊重或对本次商务活动的重视。

日本商人很注意商务活动中的人际关系。在商谈过程中，有相当一部分精力和时间是花在人际关系中，他们不赞成也不习惯直接的、纯粹的商务活动。所以有人认为，参加日本人的交易谈判就像参加文化交流活动，如果有人想开门见山直接进入商务问题而不愿展开人际交往，那就会处处碰壁，欲速则不达。针对日本商人的这一特点，应该投其所好，付出相当一部分精力和时间，与日本商人搞好人际关系，在谈判开始时先不直接涉及谈判内容。

日本商人精于讨价还价，并且笑容可掬，有地位的日本商人，如部长、会长、社长等人员十分注重这种谈话方式，以显示其文化修养，这种笑脸式的讨价还价往往会掩盖其寸利必争的真实面目。实际上，日本商人报价很高，一般是在成交价格的基础上加20%～30%，甚至有时高达50%，还价时压价较狠，有时甚至会令人目瞪口呆。另外，日本商人在讨价还价时对数字较为敏感。日本人认为奇数表示吉祥，但也忌用“9”，不太喜欢偶数，尤其是偶数中的“4”更是忌用。利用这一特点，在与日商谈判中，报价及商谈事宜时要留有较大的余地，以防日本商人压价或讨价过狠。“打折扣吃小亏，拉高价占大便宜”是日本商人在商务谈判中的典型特征之一。为了迎合买方心理，日本出口商善用“折扣”吸引对方，中方谈判人员绝不可以“折扣率”为谈判标准，应坚持“看货论价”，要善于比价，善于解析成本，绝不可形成“习惯性折扣率”；对于双方共同磋商所达成的协议，中方谈判人员应保持审慎态度，警惕协议条款中的某些微小变化，以免使己方吃亏。

日本商社认为，准确的情报能趋利避害，扩大业务；相反，情报不准确，就会坐失良机。因此，日本商社的工作人员都受过搜集情报的专门训练，每个驻外人员和临时出国人员都负有搜集情报的任务。对外办事人员每天上班后，首先要阅读总部发来的各项指示和各种资料，了解总部的要求和意图；接着便详细查阅当地的报纸、杂志、书籍，从中寻找有价值的情报和线索；然后与当地公司、企业和有关单位联系。针对这一特点，中方商务活动人员应持既积极又慎重的态度。积极是指应主动地向日本商人介绍本企业生产经营及我国经济发展前景等情况，增进日本商人对中国经济、企业状况的了解；慎重是指介绍相关情况时要适度，否则无法在国际贸易中争取主动。

日本人的生活充满竞争，这就造成了其时间观念强、生活节奏快的特点。日本商人大多性格急躁，办事讲究时效，走路匆匆忙忙，目不斜视，乘电梯时若遇人多，宁愿步行直接上楼也不愿等待，约定的时间一般会严格遵守，不会无故失约和延误。针对日本商人时间观念强而决策慢的特点，可将谈判地点选在中国，可避免等候时间过长而影响工作。若谈判在日本进行，首先，不要有期限的压力，否则会使日本商人产生怀疑，猜测协议中有尚未注意到的事项，使决策更为缓慢；其次，可利用日本商人较长决策期间，进行参观、学习、访问等，待他们有了成熟的意见后再回到谈判桌上来。

八、与阿拉伯商人沟通的技巧

阿拉伯国家位处西亚和北非，主要有叙利亚、科威特、伊拉克、卡塔尔、约旦、黎巴嫩、埃及、利比亚、苏丹、突尼斯、巴勒斯坦、阿尔及利亚和摩洛哥等国家。这些国家的共同特点：居民多为阿拉伯人，通用阿拉伯语，信仰伊斯兰教，经济形态较单一。绝大多数国家盛产石油，靠石油及其制品出口维持国民经济，进口多为粮食、运输工具、机器、肉类和纺织品等。其主要贸易对象是欧美和日本等发达国家。

阿拉伯商人好客、重信誉、种族观念强。针对这一特点，中国企业可派回族或懂伊斯兰教教义又会说阿拉伯语的谈判人员前去商谈，这样做会增强彼此的信任感，也易于创造沟通气氛，了解对方的意图，摸清对方的底细。对阿拉伯人来说，大家庭是贸易的主导因素。在阿拉伯地区，一个人对其家庭和朋友的义务是不可等闲视之的，这些义务不但使人们寄希望于彼此的依赖和支援，而且本身也是这种希望的实际产物。密切的血缘关系即使不能主宰着人们的生活，至少也会发挥重要的作用。在阿拉伯国家，一个外来者，并对其风土人情一无所知，很难与他们交往，更谈不上做生意了。

阿拉伯商人好客，典型的表现就是，当有来访者时，不管自己在干什么，都要一律停下来热情接待客人。不喜欢一见面就谈生意，在访问客户时，第一次、第二次会面绝不可以谈生意，他们认为这样做会有失身份；与其打交道，必须先取得他们的信任与好感。

各阿拉伯国家政府都坚持要通过本地代理商进行国际贸易。没有一个得力的阿拉伯中间商，中国企业就做不成长久的生意。尤其是大宗交易时，中间商不但可以帮中国企业从本国政府争来盈利项目，还可以为实施项目铺平道路；此外，中间商还会为中国企业疏通关节，加快进度，解决劳工、材料、运输、储存及贷款等一系列问题。

阿拉伯商人做生意精于讨价还价，并且尊重、赏识精明的对手。这一特点本身就是把自己看作强者，事实上也是如此。阿拉伯语是阿拉伯各国通用语，许多阿拉伯人不但会讲英语、法语，而且相当一部分商人持有西方高等学府的毕业文凭和学位证书。因此，与他们交谈时，不要持轻视态度，而要有针对性地采取各种沟通形式，和他们做知心朋友，这样就能为谈判扫除障碍，因为他们非常珍惜友谊。

针对阿拉伯商人的特点，首先，要选择好约会的场所，如果约会的地点是在国内，无论是在本公司还是在公共场所，都要叮嘱自己的部下，勿在沟通过程中进行不必要的干扰，以影响沟通气氛的情绪；如果约会的地点在对方国家，可主动要求到公共场所，以防亲朋好友的突然拜访而中断谈话。其次，即便遇到中途有客人来访，无论你觉得自己是何等重要，也无论你的时间安排得如何紧凑，对此你应该毫无怨言，因为对他们来讲，不停下来招待客人，这是没有礼貌的行为。这时，如果在主人面前表示出急躁情绪，你就会前功尽弃。积极的办法是，要事前采取相应的对策，或善于在短期内恢复中断的会谈气氛，把握住会谈的主题，以弥补逝去的时间。

九、与韩国商人沟通的技巧

韩国人同日本人一样，受到了中国儒家文化的影响。但是，由于受到美国的影响，韩国人的商业习惯多少有点西方文化的味道。因此，同韩国人谈判，既要考虑他们的传统文化，又要考虑西方文化的一面。另外，韩国曾受到日本文化较长时期的影响，因此又打上了日本文化的印记，但是在研究其谈判风格时，应避免把两国做比较，因为在很多方面两国是不同的。

与韩国商人谈判取得成功的关键在于与他们建立牢固的联系，高度重视建立起来的相互信赖的关系和彼此间的尊重。

韩国商人既爱面子，独立性又强，讲话比较直率。韩国商人极不愿意说“不”来拒绝你。一个习惯于同外国人打交道的有礼貌的韩国商人，他会一直听你讲话而不打断你。在他看来，是他正在“操纵”你，也就是说，他正在控制局面，占据上风。可是当他急于进入更深一层的会谈或者他忍不住要以自己的理解来阐述某个观点时，他也会打断你

的话，这个时候就不太注意面子，也不在意谁处于上风了。打断谈话时，你不要感到不快，因为这通常是一个好迹象，表明其心急，心急意味着真心希望谈判成功，达成交易。

韩国商人不喜欢高声大笑和做过分的姿态，也不喜欢喧闹的行为。虽然他们直言不讳，但也不喜欢太鲁莽。他们珍视一种“内在”的气质。因此，派到韩国去的谈判人员应当是一些有修养、说话温和的人，以利于谈判的成功。韩国商人比较谦和，恭维话会被友好地拒绝。韩国商人以韩国文化和国家的经济成就为荣，谈论这些，他们会感到高兴。

十、与非洲商人沟通的技巧

非洲商人的特点是性格倔强，自尊心强，热情好客，十分看重友情，任何交易都必须以深厚友谊为基础，否则无从入手。

非洲的许多国家等级森严，从商者多为上层人士，所以十分讲究礼节，稍有失礼，就可能导致洽谈失败。

非洲人生活节奏缓慢，文化素质普遍不高，很少从事商务活动的人对有关业务知识并不熟悉。

坦桑尼亚、肯尼亚和乌干达三国位于非洲东部，形成经济共同市场，期望通过合作提高各国的经济实力，但除了铁路和通信的步调一致外，其他方面进行得并不顺利。尽管当地资本有所发展，但由于缺乏经验，商业网络也不可靠。因此，在与当地商人洽谈时，不能草率从事，否则会谈判失败。

尼日利亚位于非洲西部，该国上层人士大多在欧美国家接受过高等教育。他们巧妙地运用关税政策，低价进口外国产品，提供给国民使用。尼日利亚的大部分人口是农民，石油储量丰富，主要输出花生和棕榈油，工业发展很快。尼日利亚商人热情直率，与他们相处应当多进行富有建设性的对话，始终给对方热情有礼的感觉。在商务活动中不能急于求成，要尊重对方的意愿。

在处理国际贸易问题时，南非企业一般派出有决定权的负责人担任谈判任务，一般不会拖延谈判时间，他们也希望对方出面谈判的人拥有决定权。南非商人比较讲信誉，付款也很规矩。

案例分析

以下是我国一家石油公司经理在与石油输出国组织的一位阿拉伯国家代表谈判后的自述：“我会见石油输出国组织的一位阿拉伯国家代表，和他商谈协议书上的一些细节问题。谈话时，他渐渐地朝我靠拢过来，直到离我大约只有15厘米才停下来。当时我并没有意识到什么，因为我对中东地区的风俗习惯不太熟悉，我往后退了退。在我们两人之间保持着一个我认为适当的距离，大约60厘米。这时，只见他略略迟疑了一下，皱了皱眉头，随即又向我靠过来，我不安地又退了一步。突然，我发现我的助手正焦急地盯着我，并摇头向我示意。我终于明白了他的意思，我站住不动了，在一个我觉得最别扭、最不舒服的位置上竟然谈妥了这笔交易。”

思考：

结合以上案例谈一谈与阿拉伯商人进行商务谈判的主要特点及应采取的对策。

复习思考题

1. 商务谈判沟通的意义是什么？
2. 商务谈判沟通的障碍有哪些？
3. 如何与公司制企业沟通？
4. 如何与合作制企业沟通？
5. 如何与个人业主制企业沟通？
6. 如何与美国、英国、加拿大商人沟通？

实践训练

【实训项目】

进行有效的商务谈判沟通。

【实训目的】

通过实训，学生应掌握沟通与拒绝的技巧，将谈判的策略与筹码结合起来使用，做到既不同意对方的条件，又能把对方留在谈判桌上。

【背景资料】

一条龙厂家经过调查和分析后决定利用吉祥培训基地铺货。吉祥培训基地提出了以下条件：免费做店面招牌广告，免费培训业务员，货款待销售完毕后结算，随时送货，增加店庆费、节庆费、单品费、年结费、特价扣点费、终端堆码陈列费和场外促销费等一系列超出杨副厂长的职权范围的条件，甚至要求，如果不答应就终止谈判。

杨副厂长的答复如下：贵方提出的条件很有创造性，对你们的要求也能理解，但是，第一，货款在销售结束后结账，这在我厂没有这个先例，待我们研究后再答复你们；第二，培训业务员方面，请问你们打算培训多少人？第三，各种费用与折扣问题已经超出我厂允许的政策范围，希望秦主任不要让我丢了饭碗。

【实训要求】

根据以上资料写出一份进行有效商务谈判沟通的实训报告。

第四章
商务谈判的语言技巧

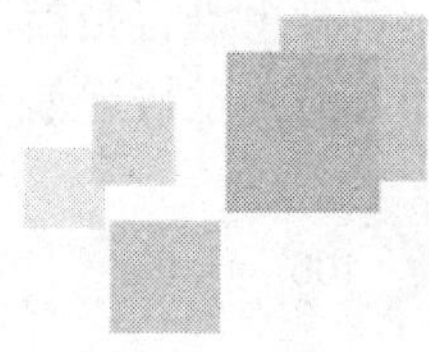

案例导入

有一天，一个农夫在集市上卖玉米，吸引了一大堆买主，其中一个买主在挑选的过程中发现很多玉米上有虫子，故意大惊小怪地说："伙计，你的玉米倒是不小，只是虫子太多了，你想卖玉米虫呀？可谁爱吃虫肉呢？你还是把玉米挑回家吧，我们到别的地方去买好了。"买主一边说着，一边做着夸张而滑稽的动作，把众人都逗乐了。农夫见状，一把从他手中夺过玉米，面带微笑却又一本正经地说："朋友，你从来没有吃过玉米吗？我看你连玉米质量的好坏都分不清。玉米上有虫，说明我的玉米是天然植物，因为我没有施用农药，连虫子都爱吃我的玉米，可见你这人不识货！"接着，他又转过脸对其他人说："各位都是有见识的人，你们评评理，连虫子都不愿意吃的玉米就好吗？比这小的玉米就好吗？价钱比这高的玉米就好吗？你们再仔细瞧瞧，我这些虫子都很懂道理，只是在玉米上打了一个洞而已，玉米可还是好玉米呀！我可从来没有见过像它们这么听话的虫子呢！"农夫说完这番话，又把嘴凑在那位故意刁难的买主耳边，故作神秘状，说道："这么大、这么好吃的玉米还真舍不得这么便宜地就卖了呢！"

农夫的一席话，真是耐人寻味！他把他的玉米个大、好吃、虽然有虫但售价低等特点都讲出来了，众人被他说得心服口服，纷纷购买他的玉米，不到一会儿，他的玉米就销售一空了。

说话要讲究艺术，这似乎是一个非常简单的道理，因为生活中，语言是人与人之间交流的一种最基本的手段。但同样一句话，不同的人说出来，效果会不同，反过来说和正过来说效果也会不同。在本案例中，农夫充分运用语言的艺术，利用不同的表述方式，反映了问题的不同方面，从而使问题由不利转向有利。

第一节　商务谈判语言概述

一、商务谈判语言的类型

商务谈判的语言多种多样，从不同的角度或依照不同的标准，可以把它分成不同的类型。同时，每种类型的语言都有各自运用的条件，在商务谈判中必须相机而行。

（一）根据语言的表达形式分类

根据语言的表达形式，商务谈判语言可以分为有声语言和无声语言。

1. 有声语言

有声语言是指通过人的发音器官来表达的语言，一般理解为口头语言。这种语言借助人的听觉传递信息、交流思想。

2. 无声语言

无声语言又称为行为语言或体态语言，是指通过人的形体、姿态等非发音器官来表达的语言，一般理解为身体语言。这种语言借助人的视觉传递信息、表示态度、交流思想等。

（二）根据语言的表达特征分类

根据语言的表达特征，商务谈判语言可分为专业语言、法律语言、外交语言、文学语言、军事语言等。

1. 专业语言

专业语言是指在商务谈判过程中使用的与业务内容有关的一些专用或专门术语。谈判业务不同，专业语言也有所不同。例如，在国际商务谈判中，有到岸价、离岸价等专业用语；在产品购销谈判中有供求市场价格、品质、包装、装运、保险等专业用语；在工程建筑谈判中有造价、工期、开工、竣工及交付使用等专业用语。这些专业语言的特征是简练、明确、专一。

2. 法律语言

法律语言是指商务谈判业务所涉及的有关法律规定的用语。商务谈判业务内容不同，要运用的法律语言也不同。每种法律语言及其术语都有特定的内涵，不能随意解释和使用。通过运用法律语言，可以明确谈判双方各自的权利与义务，权限与责任等。

3. 外交语言

外交语言是一种具有模糊性、缓冲性和圆滑性特征的弹性语言。在商务谈判中使用外交语言，既可以满足对方自尊的需要，又可以避免己方失礼；既可以说明问题，又可以为谈判决策进退留有余地。例如，在商务谈判中常说“双方互惠”“互利互惠”“可以考虑”“深表遗憾”“有待研究”“双赢”等语言，都属外交性语言。外交语言要运用得当，如果过分使用外交语言，容易让对方感到无合作诚意。

4. 文学语言

文学语言是具有明显的文学特征的语言。这种语言的特征是生动、活泼、优雅、诙谐、富于想象、有情调、范围广。在商务谈判中运用文学性语言，既可以生动、明快地说明问题，又可以调节谈判气氛。

5. 军事语言

军事语言是指带有命令性特征的用语。这种语言的特征是干脆、利落、简洁、坚定、自信、铿锵有力。在商务谈判中，适时运用军事性语言可以起到提高信心、稳定情绪、稳住阵脚、加速谈判进程的作用。

（三）体语

体语是一种无声语言，是指通过人的形体、表情和姿态等形式来表达情感、传递信息的语言形式。在谈判活动中，体语是一种广泛运用的重要沟通方式。体语主要有首语、手势语、目光语、微笑语、界域语、姿势语 6 种表现形式。

1. 首语

首语是通过头部活动所传递的信息，分为点头语和摇头语。一般情况下，点头表示肯定，摇头表示否定。有人曾专门探讨过点头语的语义，认为有以下含义：表示歉意、表示同意、表示肯定、表示承认、表示感谢、表示应允、表示满意、表示理解、表示顺从。首语因文化习俗的差异在表义上也有所区别，在保加利亚和印度的某些地方，则与一般情况恰好相反，即“点头不算摇头算”。

2. 手势语

手势语包括握手、招手、摇手和手指动作。手势语在谈判活动中的使用范围较广，使用频率很高。握手的次序、握手的方式都有一定的规范。握手的习俗为多数民族所具有，也有的民族用其他的方式来代替手语，如日本人就以鞠躬作为迎宾送客的礼节。手指动作受文化差异的影响，表义较为复杂。中国人之间在比较简单的个人交易中，常用手指表示数量，如将食指伸出向下弯曲表示的是数字“9”，可日本则用这种手势表示“偷窃”；用拇指和食指合成圆形，在美国表示“OK”，是赞许和承诺之意，但在法国一些地方，有时却解释为“毫无价值”。由此看来，在谈判过程中，使用手指动作，必须首先掌握其在不同民族中所表示的特定含义，这样才能有效地发挥手势语的交际作用。

3. 目光语

目光语也称为眼神。常言道：“眼睛是心灵的窗户。”人的内心情感，如喜、怒、哀、乐都可以通过目光的微妙变化中反映出来。目光语可分为许多种，如逼视、窥视、凝视、注视等，每一种目光语都具有与其他目光语相区别的特征，但这种区别是细微的，因此只有在具体的语言环境中，才能正确理解某一个目光的完整含义。视线接触的停留时间长短一般与感兴趣的程度呈正比。除中东一些地区以相互凝视为正常的交往形式外，在许多民族中，往往把长时间的凝视、直视或上下打量，看成无礼的行为，会让对方产生心理上的防御感，从而影响谈判的效果。在谈判过程中，注意观察对方的目光，可以洞悉其心理，有针对性地表达自己的意愿，促使谈判成功。

4. 微笑语

微笑所表达的含义在各民族中基本是一致的。微笑具有神奇的魅力，会使人感到亲切、可信、有诚意。微笑能使强硬的态度变得温柔，能使困难的议题变得容易，能使被

动局势变为主动，能使敌对情绪变为友好。所以，微笑是谈判人员可以采用的一种绝妙的策略和技巧。

5. 界域语

在谈判过程中，界域语的媒介作用体现在位置和距离两个方面。谈判人员就座的位置不同，可表示出不同的含义。例如，甲、乙两人谈判，甲已坐定，那么乙座位的选择很有讲究。乙坐在甲的旁边，这是友好位置，体现了双方兴趣相投、亲切友好、彼此信赖的关系；乙坐在甲正对面，这是竞争位置，表示乙对甲有防范心理。距离远近的选择，因民族文化的影响而有所差异，与不同民族成员一起谈判，应事先了解对方的习惯。

6. 姿势语

在谈判过程中，姿势语中的坐式比较重要，每一种坐式都毫不掩饰地反映谈判者的心理状态。例如，交叠双足而坐是防范心理的一种表示；男性张开双腿而坐，表示自信、豁达；女性双膝并拢，表示庄重、矜持。在谈判的实践活动中，这种事例比比皆是。

二、商务谈判语言运用的原则

商务谈判中要懂得利用表情、手势和抑扬顿挫的语调等各种技巧来表达和强调自己的思想和见解。那么，什么样的语言是成功的谈判语言呢？在商务谈判中运用语言艺术时需要遵循以下一些基本的原则。

（一）客观性原则

谈判语言的客观性是指在商务谈判中运用语言艺术交流思想、传递信息时，应该以客观事实为依据，并且运用恰当的语言向对方提供令其信服的证据。这一原则是其他原则的基础。无论一个有多高水平的语言艺术的谈判者，离开这一原则，他所讲的只能是谎言，商务谈判也就失去了进行的意义。以产品购销谈判为例。作为产品销售方要遵循的客观原则就是，要对产品的情况做介绍，即对自己的产品性能、规格、质量等做客观介绍。为了使对方相信，必要时还可通过现场试用或演示的方式。如果采取华而不实的做法，一次可能侥幸取得成功，但长此以往，产品信誉下降，用户会越来越少，长远的利益将受到损失。作为产品的购买方，也要实事求是地评价对方产品的性能、质量等。讨论价格问题时，提出压价要有充分的根据。只有双方都能这样遵循客观性原则，才能使商务谈判顺利地进行下去，并为以后长期合作打下良好的基础。

（二）针对性原则

谈判语言的针对性是指在商务谈判中运用语言艺术要有的放矢，对症下药。谈判要看对象，每一场谈判都有其特定的目标、谈判对手，谈判时间和地点等也不同。在谈判中必须针对这些特殊性来考虑语言的运用。不同谈判议题与不同的谈判场合都有不同的谈判对手，需要不同的谈判语言。即使是同一谈判议题，考虑到不同的谈判对手的接受能力、性格、知识水平以及需求的侧重不同，也要求应用不同的谈判语言。即使对同一谈判对手来说，随着时间、场合的不同，其需要、价值观等也会有所不同，在谈判中都要有针对性地使用语言。在商务谈判中，商品种类不同，谈判内容也会截然不同，这就要求运用语言要有针对性。谈判的内容五花八门，仅以贸易谈判而言，就包括商品买卖谈判、劳务合同谈判、租赁谈判等。在每次谈判内容确定后，除了要认真准备有关资料，还要考虑谈判时使用的语言，反映出以上提到的这些差异。从使用语言的角度看，如果能把这些差异分析得越细微，就越能在谈判中有针对性地使用语言，以保证每次洽谈的效果和整个谈判的顺利进行。

（三）逻辑性原则

逻辑性原则要求在商务谈判过程中运用语言艺术要概念明确、判断恰当、证据确凿、推理符合逻辑规律、具有较强的说服力。要想提高谈判语言的逻辑性，既要求谈判人员具备一定的逻辑学知识，又要求在谈判前做充分的准备，拥有大量详细的相关资料，并加以认真整理，然后在谈判席上以富有逻辑的语言表达出来，为对方所认识和理解。在商务谈判中，逻辑性原则反映在问题的陈述、提问、回答、辩证、说服等各个语言运用方面。陈述问题时，要注意术语概念的同一性，问题或事件及其前因后果的衔接性、全面性、本质性和具体性。提问时要注意察言观色、有的放矢，要和谈判议题紧密结合。回答时要切题，除特殊策略的使用外，一般不要答非所问。说服对方时，语言、声调、表情等要恰如其分地反映自己的逻辑思维过程。此外，还要善于利用对手在语言逻辑上的混乱和漏洞，及时驳击对手，增强自己语言的说服力。

（四）说服性原则

说服性原则要求谈判人员在谈判沟通过程中无论语言表现形式如何，都应该具有令人信服的力量和力度。这是谈判语言的独特标志。谈判语言的说服力，不仅是语言客观性、针对性、逻辑性的辩证统一，它还包括更广泛的内容。它要求声调、语气恰如其分，声调的抑扬顿挫，语气的轻重缓急，都要适时、适地、适人。谈判人员还要将丰富的面部表情和适当的手势，期待与询问的目光等无声语言，也作为语言说服力的重要组成部分。当然，谈判语言是否具有说服力，最终要用实际效果来检验。例如，语言是否引起对方共鸣，是否达成了协议，是否建立了谈判各方的长期友好合作关系等。

三、商务谈判语言的运用

谈判语言要根据谈判的目标、对象、时间、环境、内容等具体情况进行正确的选择。例如，根据谈判的不同阶段、不同任务可分别进行以下选择。

（1）在谈判准备阶段，以商业语言、法律语言和军事语言为主，主要是用最短的时间和最低的代价选择、试探合作伙伴，没有必要加强关系。

（2）在谈判开局阶段，以文学语言、外交语言为宜，旨在创造良好的气氛、拉近距离、培养感情、消除陌生感等。

（3）在谈判讨价还价阶段，以商业语言、法律语言为主，文学语言、军事语言为辅，以明确谈判立场、方案，并适时调节谈判气氛和局面。

（4）在谈判结束阶段，因为该讲的都讲了，只需要敦促对方做最后的让步了，所以往往选择军事性语言。例如，"不行，必须再降 2%"、"某条件必须满足才可成交"、"我方已无退路，也无新的意见好讲，贵方做决定吧"、"这是最后的机会，希望拿出最终价"等。由于处在谈判即将结束的时候，如果用别的语言，很容易造成误会。

第二节　商务谈判语言策略

一、陈述的技巧

陈述是双方基于自己的立场、观点等，通过述说来表达对各种问题的具体看法，或对客观事物的具体阐述，以便让对方有所了解。不受对方提出问题的方向和范围限制的主动性阐述，是商务谈判中传达大量信息、沟通感情及控制谈判进程的一种方法。谈判者能否正确、有效地运用述说的功能，把握陈述的要领，将会直接影响到谈判的效果。

（一）陈述的原则

从谈判的角度考虑，叙述问题、表达意见应当态度诚恳、观点明确、层次清楚、语言通俗。谈判人员在陈述中应该遵循以下原则。

1. 用语准确、明白

谈判人员无论提供书面资料，还是回答询问，都要力求表述准确、明白。倘若不甚清楚，应推迟答复或者实事求是地讲明，切莫信口开河。在运用专业术语时，应因人而异、适当采用。

2. 主题应明确，语言要婉转

在陈述过程中，不要随意发表与主题无关的意见，最好能就所谈问题进行表述，不要东拉西扯，不着边际。此外，遣词造句要审慎斟酌、措辞得当。在谈话中，语言所带有的感情色彩将直接影响到陈述的效果，也不能太突兀而使对方难以接受。

3. 提出的数据要准确

谈判人员应避免使用含混的数字。一旦涉及诸如价格、赔偿额、日期和利率等的具体数字时，应提出一个确切的具体值，或者不要急于表态。

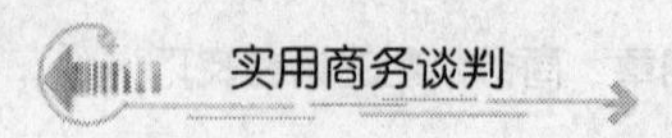

4. 重视会议结束时的发言

谈判人员应注意，不要以否定性话语结束谈判。因为这些话语将可能成为对方印象最为深刻的一件事，即使双方已在会谈中达成协议，但因不愉快的否定语也有可能会使对方以后反悔甚至推翻原协议，因此在谈判终了时，要给对手正面的评价。因为无论结果如何，对参与谈判的人来说，每一种谈判都有某种程度的益处，对对方表示谢意和感激是极有必要的。

5. 必要时可重复

在叙述过程中，有时会遇到对方不理解、没听清或有疑问的情况，细心的谈判者会从对方的眼神、表情中觉察到，这就需要叙述者放慢速度、重复叙述。谈判者必须慎重对待任何可能引起对方误解的情况，否则，可能因此酿成谈判破裂的后果。

（二）注意的问题

在陈述的过程中，谈判者要注意以下几个方面的问题。

1. 不要拐弯抹角回不到主题

谈判语言一定要简明扼要。模糊、啰唆的语言，会使对方疑惑、反感，降低己方的威信，就会成为谈判的障碍。

2. 第一次就要说对

当谈判对方要你提供资料，而你对资料的正确性不甚了解时，你应延迟答复，切莫冲口而出。一项本来对己方有利的资料，由于第一次没说对，可能反而导致对己方不利，因为事后修正的资料可能越描越黑，大大削弱了谈判力量。

3. 以肯定性措辞表示不同意

在谈判中，良好谈判气氛的建立是非常重要的。欠缺谈判经验的人往往直截了当地指出对手的错误，使对方尴尬，导致谈判气氛紧张；而富于谈判经验的人则通过强调对手所轻视或忽视的好处，委婉地表示自己的不同意，创造出一种和谐的谈判气氛。

4. 切莫以否定性话语结束会谈

谈判专家这样告诫我们：假如你以否定性话语结束会谈，则该否定性话语将可能给谈判对手留下最深刻的印象，可能会令他在一段时间之后反悔或推翻已达成的协议。

5. 避免使用含上限、下限的数值

在谈判过程中，一旦涉及数值，如价格、兑换率、赔偿额、增长率、日期等，则应提出一个确切的具体数值，避免提出介乎某一上限或某一下限之间的数值，因为谈判对

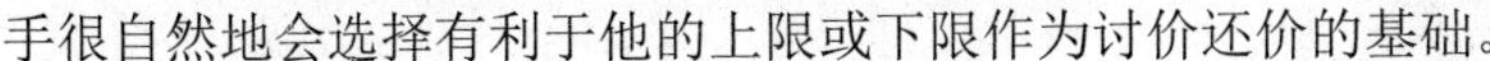

手很自然地会选择有利于他的上限或下限作为讨价还价的基础。

（三）陈述的具体方法

在谈判过程中，陈述的方法多种多样，概括起来有以下几种。

1. 情理法

情理法是一种有情有理、情理融合的陈述方法，能增加感情色彩，并伴之以理服人，从而达到以情感人，使倾听者深受感染并在内心产生共鸣。运用这种方式，常常会收到奇特的效果。

例如，正当“引滦入津”工程进入关键阶段，隧洞施工部队需要的炸药不够了。没有炸药，整个工程就要延期，部队派一位连长到某化工厂去买炸药。他喝了一口厂长秘书递过来的热水，说：“厂长啊！你们这儿的水可真甜啊！你去过天津吗？天津人可没有这种口福啊！他们喝的是从海河槽和洼淀里收集起来的苦水，不用放茶叶就是黄的。可他们就是喝着这苦水搞生产，贡献多大啊！噢，你戴的表是海鸥表吗？这是天津生产的，天津有名的产品可不少，听说全国每十块手表中就有一块是天津的，每十台拖拉机里就有一台是天津的，每四个人里就有一个人用的是天津生产的碱。你是生产行家，比我懂得多。你说生产能离开水吗？天津人喝水都紧张，生产用水就更甭提了，‘引滦入津’可是解燃眉之急啊！”厂长听了这些话，很受感动，便问了一句：“你是哪里人哪？”连长接过话头继续说：“我是河南人。厂长，说句心里话吧，我和你一样，都喝不上滦河水！我是10年的老兵了，等滦河水进了天津，我可能已经脱了军装回老家去了。”这位连长的陈述是以理为纬，以情为经，情理交织感人，顺利地实现了谈判目的。

2. 实物法

实物法是指谈判者在陈述过程中辅以实物（包括图表、模型等），以增强直观效果，从而增强陈述的真实感和说服力，以收到良好的效果。

例如，春秋时期，晋灵公花重金征用无数民夫建造9层高台，供自己享乐。他下令，如有敢于进谏之人，一律处死不赦。大夫荀息前去求见他，他命令左右张开了弓，只要荀息说半句劝谏的话，就把他射死。荀息上殿说道：“我来表演一套小把戏给您看，我可以把12个模子一个一个摞好，然后再往上堆鸡蛋。”晋灵公不觉大叫：“太危险了！”荀息说：“还有比这更危险的呢！九层之台，造了三年还未完成，男不耕，女不织，国家资财用光了，邻国马上要来侵犯，这样下去，国家就要亡了，你还有什么希望呀？”晋灵公听了，便下令停止了建9层高台的工程。这就是历史上的“荀息累卵”的故事。荀息用实物向晋灵公说明了他所处的危险境地，促使晋灵公迅速醒悟。

实物陈述在商业谈判中经常运用到，谈判双方以陈列的商品为据，阐述各自的看法；还可以边述说边操作，演示给对方看。这样，说服力和真实感大大增强，自然能收到很好的效果。

3. 对比法

对比法是指把两种互相对立的事物放在一起，使二者相映相衬。在正与反的对比中使己方的观点更加鲜明、突出，从而引起对方的注意，造成强烈的印象。这种述说方法是谈判中经常用到的，有很强的说服力。

例如，东汉末年，曹操占据兖州。袁绍正北攻公孙瓒，吕布占据徐州。曹操见袁绍地广兵多，势力强大，深感忧虑。他想讨伐袁绍，又担心力量不足，因此犹豫不决，举棋不定。他的谋士郭嘉为敦促曹操采取行动，便向他详述了战胜袁绍的有利条件，他对曹操说："过去刘邦、项羽力量之悬殊，想必你是知道的，但是最终汉高祖刘邦以智取胜，项羽虽然强大，却终于败北。据我看，袁绍有十败，您有十胜，即使他兵强马壮，也无济于事。袁绍为人繁礼多仪，而您体任自然，这是必胜的原因之一；袁绍以叛逆举事，而你奉天子以率天下，这是必胜的原因之二；汉末失政于宽，袁绍以宽济宽，而您好纠之以猛，上下知制，这是必胜的原因之三；袁绍外宽内忌，用人多疑，所信任的只有亲戚子弟，而你外简内明，用人无疑，唯才是举，不分远近，这是必胜的原因之四；袁绍多谋少决，失在后事，而你一旦决断，立即实行，应变无穷，这是必胜的原因之五；袁绍凭借前人的资望，高议揖让以收名誉，那些好言饰外的士人都归附于他，而您以至心待人，推诚而行，不事虚美，以俭率下，那些忠直之士都愿为您所用，这是必胜的原因之六；袁绍看见饥寒的人，十分体恤，并常常表露出来，而他看不见的就想不到该怎样做，这就是人们说的妇人之仁，而您对于小事虽然常常忽略，但大事却考虑得十分周到，这是必胜的原因之七；袁绍手下大臣争权，谗言惑乱，而您驾驭群臣有方，上下团结一心，这是必胜的原因之八；袁绍不明是非曲直，而您对于正确的事情进之以礼，不正确的事情正之以法，这是必胜的原因之九；袁绍好虚张声势，不知用兵的关键，而您能以少克多，用兵如神，这是必胜的原因之十。现在袁绍如果不先取吕布，袁绍以后来犯，吕布为援，将后患无穷。"曹操听从了郭嘉的劝说，下令东征吕布。郭嘉运用对比法，从 10 个方面比较了袁绍和曹操的不同，条分缕析，无懈可击，曹操听得心服口服，自然采纳了他的意见，最终取得了胜利。

4. 提炼法

提炼法是指把述说内容进行加工提炼后，总结成言简意赅的字句，以强化听者的记忆。走街串巷的小贩很善于用这种方式来推销自己的产品。例如，卖老鼠药的小贩会这样唱："咬了箱，咬了柜，咬了你家大花被。你包饺子要过年，它把饺子偷吃完，你舍得花上两角钱，家里的老鼠全玩完。"卖调料的小贩会这样唱："胡椒面，小茴香，花椒、八角和生姜，不用香油不用酱，包的饺子喷喷香，两角钱一大两，买回家里尝一尝。鲜倒新女婿，乐坏丈母娘。"每当那些唱着这些顺口溜的小商贩出现，就立刻会招来大批的顾客解囊购买。

提炼法使人感到新鲜，增加可听性和清晰度，增强人们的好奇心和注意力，好记难忘，重点突出，是一种颇有效果的方式。

5. 细节法

细节法是指在陈述过程中对人物、景物、事件、场面的某些细节做出具体描绘的述说。运用细节法，可以让对方如临其境，感受深切。例如，某单位职工代表在深入走访了一些住房困难户以后，向单位领导提出求尽快解决这些困难户的住房问题。在介绍情况时，他采用了细节法描述方式："我发现那间小屋的墙边还有一个低低的小门。我拉开门一看，里面是一间又低又矮的小房子，大约有一米宽、两米长，一张床板把屋子挤得死死的，在床头的墙上，有一个脸盆大小的墙洞，我很奇怪，便问他们那是做什么用的，原来是屋子太小，床不够长，睡觉伸不直脚，没有办法，只好在墙上开个洞，好把脚伸出去。"虽然领导早就掌握了住房困难户的情况，也了解人均居住面积等具体数字，但是，墙上挖洞这个细节深深地触动了他们，让他们深深感受到了住房困难户的困窘状态，于是立即着手解决困难户的住房问题。

察微知著，细节描述能帮助谈判者真切、具体地表达思想感情，使听者深切理解谈判者的观点、立场。但采用这种形式时必须注意细节真实，如果任意夸大或编造，露出破绽，就会产生恶劣的后果。

6. 递进法

递进法是指先提出问题，然后逐层分析问题最后得出结论。这种方式通过摆事实、讲道理，逐层深入，具有脉络层次清晰、逻辑严密、说服力强的优点。例如，日本日铁公司按协议给上海宝山钢铁总厂寄来一箱资料。原来定好寄 6 份，随寄来的清单上也写明为 6 份，但上海方面打开箱子后，却发现只有 5 份，于是双方再度谈判。日方声称："我方提供给贵方的资料，装箱时要经过几关检查，绝不会漏装。"上海方面则表示了他们的看法："我方收到资料，开箱时有很多人在场，开箱后当众清点，发现少了 1 份。经过多次核实，我方才向贵方提出交涉。现在有 3 种可能：第一，日方漏装；第二，途中散失；第三，我方开箱后丢失。如果途中散失，则外面的木箱应当受到损坏，现在木箱完好无损，这一可能可以排除。如果我方丢失，那木箱上印净重应当大于现有资料净重，而事实是现有 5 份资料的净重与木箱所印净重正好相等，因此，我方丢失的可能性也应排除，剩下只有一个可能性，即日方漏装。"上海方面采用递进法的方式，提出 3 种可能性，再逐层分析，一一排除，日方最后承认是自己漏装。

二、发问的技巧

发问也称提问，是商务谈判中经常运用的语言表达方法。问话要有一定的目的，然后通过一定的方式表达出来。谈判者若想组织一次讨论会，他邀请别人参加，谈话中很自然要问对方对某类问题有没有兴趣、愿不愿意参加等。有人想开办一个股份公司，需要征募股东，谈话中自然要问对方是否乐意参加某种联营、可否投放一定资金等，这都是和一定的目的联系在一起的。通过巧妙、适当的提问，可以摸清对方的需要，把握对方的心理状态。同时，发问还能准确地表达自己的思想。

（一）发问的类型

1. 澄清式提问

澄清式提问是发问人要求对方就某一观点和先前所做的答复做出更具体、更明确的解释和阐述的一种问句。当谈判一方希望证实或要求对方补充原先所说的答复时，可采用此种问句形式。例如，“你说完成这项谈判任务有困难，现在有没有勇气承担这项任务？”这种问句不但可以确保谈判双方能在述说“同一语言”的基础上进行沟通，而且使对方对自己说的话进一步阐明态度。

2. 探索式提问

探索式提问是针对对方的答复，要求对方进行引申或举例说明的一种问句。当谈判的一方为了获得更深一层的信息时可采用此种问句形式。例如，“你谈到谈判上存在困难，你能不能告诉我主要存在哪些困难？”“你刚才讲不适合做这项工作，你能不能做进一步的说明？”“你说小李有才华，可以重用，你能不能进一步谈谈理由？”探索式问句不但可以发掘比较充分的信息，而且可以引起回答者对所谈问题的重视。

3. 间接式提问

间接式提问是借助第三者的意见以影响对手意见的一种问句。当谈判一方为了影响对手的意见，使其赞同己方观点时，可采用这种问句形式。例如，“经理说，今年把营业额提高 10%，大伙认为怎么样？”第三者意见的问句中的第三者，如果是对手所熟悉并且是他所尊重的人，则该问句对对手将产生较大的影响；反之，该问句可能引起对方的反感。所以，在使用该问句之前，必须提前做好调查。

4. 选择式提问

选择式提问是一种以自己的意志强加给对手，并迫使对手在限制的范围内进行选择的问句。当谈判一方有某些特定的需要，希望对方在表达时做出适当的考虑或让步时，可采用此种问句形式。这种咄咄逼人的方式如果运用不当，则很易造成谈判僵局。例如，“你方是愿意按现有价格实行分期付款，还是愿意一次性支付，享受优惠价格？”

5. 诱导式提问

诱导式提问是指对答案具有强烈暗示性的问句，问句本身已包含己方观点，且问句所暗含的判断常是双方都认同的道理，使对方毫无选择余地地按发问者所设计的问句作答。例如，“经销这种商品，我方利润很少，如果不给 5%的折扣，我方难以成交。你方

的意见呢？”这一类问题几乎令对手毫无选择余地，只能按发问者所设计的答案作答。

6. 延伸式提问

延伸式提问是针对对方某些表态，通过发问进一步深入探索，以求获得更多信息，巩固并扩大谈判成果的提问方式。例如，“贵方已表示如果我方承销3000吨货物，可按定价20%的折扣批货；如果我方答应承销5000吨货物，是否可以按更大的折扣价批货？”

7. 证实式提问

证实式提问是要求对对方问题与观点做出进一步具体的说明与解释的提问方式。例如，“你刚才说这宗交易可以尽快交货，这是不是说可以在6月1日以前交货？”这种发问方式一般用于己方需要对方就某一意见或先前所述的事实做出更加明确、具体的证实与确认，以使谈判在某方面获得可靠的结论。

8. 多种式提问

多种式提问或称多层次提问，是在一个问句中包含了多种主题的提问方式。例如，“那里的水质、电力、运输和资源的情况怎么样？”“请您把这个协议产生的背景、履约情况、违约责任以及双方的态度谈一谈。好吗？”这类问句由于包含多个主题而使对方难以全部把握。心理学家指出，一个问题最好只含有一个主题，最多不超过两个主题，这样才能使对方有效地掌握。

（二）发问的具体技巧

为了获得良好的提问效果，需掌握以下发问技巧。

（1）引起对方的注意，为其思考提供既定的方向。提问是为了要从对方那里得到有用的信息，因而提出的问题必须能引起对方注意，使对方认真思考。应该预先准备好问题，最好是一些对方不能够迅速想出适当答案的问题，以期收到意想不到的效果。同时，预先有所准备也可预防对方的发问。

（2）为了取得有利的商务谈判条件，提问的时机必须把握好，既不能太早，也不能太晚。太早容易过早地将谈判意图暴露给对方，太晚又影响商务谈判的进程。在对方发言时，如果我们脑中闪现出疑问，千万不要停止倾听对方的谈话而急于提问题。这时我们可先把问题记录下来，等待对方说完后，有合适的时机再提出问题。通过总结对方的发言，可以了解对方的心态，掌握对方的背景，这样发问才有针对性。此外，不要在对某一话题的讨论兴致正浓时提出新的问题，而要先转移话题的方向，然后提出新的问题，这样做有利于对方集中精力构思答案。

（3）因人而异，抓住关键。由于商务谈判对手的年龄、职务、职业、性格、文化程度、商务谈判经验等的差异，要想取得理想的提问效果，提问时就必须因人而异。对于文化水平低的商务谈判对手，提问时不能使用过多的专业名词；对于年龄大、职位高的商务谈判对手，提问的问题要婉转，不能过于直接。

（4）如果对方的答案不够完整，甚至回避不答，这时不要强迫地问，而是要有耐心和毅力等待时机的到来时再继续追问，以示对对方的尊重。同时，在追问时就要注意变换角度，以激发对方回答问题的兴趣。只要转换的角度合适，时机也合适，对方一般总会给出一个回答。

（5）适当的时候，我们可以将一个已经发生，并且答案也是我们知道的问题提出来，验证一下对方的诚实程度及其处理事物的态度。同时，这样做也可给对方一个暗示，即我们对整个交易的行情是了解的，对方的相关情况我们掌握得也很充分。这样做可以帮助我们做出下一步的合作决策。

（6）避免提出那些可能会阻止对方让步的问题，这些问题会明显影响谈判效果。

（7）不要以法官的态度来询问对方，也不要问起问题来接连不断。

（8）要以诚恳的态度来提出问题。这有利于谈判者彼此感情上的沟通，有利于谈判的顺利进行。

（9）注意提出问题的句式应尽量简短。

（10）提出问题后应保持沉默，专心致志地等待对方做出回答。

（三）发问的要领

在谈判过程中，除了要对发问类型进行选择，还要注意以下发问要领。

（1）发问时机。注意谈判对手的心境，要在对方最适宜答复问题的时机发问。在谈判刚开始或者是初次接触谈判对手时，要先取得对方的同意再提问。在提出一些敏感性问题时，应说明提问的理由，以免造成麻烦和使对方陷入窘境。

（2）发问速度。按平常说话的速度发问。太急速的发问易令谈判对手认为你不耐烦或抱有审问的态度；太缓慢的发问易令谈判对手感到沉闷。

（3）发问准备。注意事先对主题、范围及可能的答复进行构思，不要问得漫无边际，引起谈判对手的误解。

（4）发问次序。发问的先后次序要有逻辑性，不要跳跃。有时变换一下问题的顺序，会有意想不到的效果。

（5）发问主题。所有的问题都必须围绕一个中心主题。如果事先考虑直接涉及中心主题会遇到抵制，可以由广至专，不妨先打外围战，逐步缩小包围圈，这有助于缩短沟通的时间。

（四）发问的障碍

1. 缺乏充分准备

有些人对于在谈判中应了解的问题、应怎样表达、有哪些关键问题，事先没有充分的准备，尤其是在激烈辩论时，往往把重要问题遗忘了，使谈判中没有主次，难以抓住

解决问题的关键，令谈判出现尴尬的局面，有时会给对方以可乘之机，使己方在谈判中失去主动地位。

2. 目的性不强

有的人提问常常与谈判的目的缺少联系，或漫天提问，或纠缠细节，对于不够完整的答案缺乏继续追问的毅力。

3. 自卑心理

怕被人认为提出的问题可笑、怕被人认为观察力太差、怕提出的问题令人窘迫而影响关系和友谊、怕显露自己的无知等，于是往往会觉得少问为佳甚至不问。实际上，在谈判中这种情况往往令人扫兴。没有信息反馈的谈话是难以持续的。对方在陈述完后，你却没有反应，或面无表情，或低头不语，或面红出汗，对方很可能自觉冒失、幼稚或不投机，严重时甚至使谈判冷场、中止。

4. 强烈的表现欲

有些人为了在谈判中获得别人的尊重，喜欢显露自己的各种优势。他们对于对方的问题不想关心，自己只想说而不愿意听，故而谈话的主题总是以“自我表现”为中心，这样往往会使对方产生反感，出现敌对情绪。

5. 不善于将问题与人恰当分开

低水平的谈判者常常把问题与对方个人纠缠在一起，当遇到困难时，他提出的问题往往偏离讨论的轨道，而带有强烈的对对方人格的攻击色彩。

6. 未理解问题的实质

在未理解问题的实质的情况下，谈判者提出的问题由于与原问题相去甚远，往往令对方无从回答，甚至显得滑稽可笑。这在谈判者注意力分散或调换人员的时候最易出现。

7. 面子观念的影响

因双方现存关系或自身的面子观念的作用而难以提出好问题。人格心理学家的研究表明，人们对待某一事物的面子观念越重，提问就越偏离事物的核心，而提问的暗示性就越强。拿最简单的例子来说，有个人借给他的好朋友一笔钱，他这位好朋友恰巧又忘记了还钱，这时这个人（作为谈判者）若要向其好朋友谈及还钱的问题，他就很可能陷入面子的苦恼之中。有时则因为第三方在场调停未果，谈判者会看在第三方的面子上而不再提问刁难对方。

8. 外行

谈判者在对非本专业问题进行讨论时，往往提不出好问题。

三、说服的技巧

说服就是指设法使他人改变初衷并接受谈判人员的意见。说服是谈判中最艰巨、最复杂，也是最富有技巧性的工作。当你试图说服谈判对手时，你会遇到种种有形或无形的障碍。一个老练的谈判者很懂得如何去化解这些障碍，使谈判的道路平坦，从而获得谈判的成功。化解障碍的方法很多，诸如直接指出对方的错误，用提问的方式引导对方说服自己或重复其异议以削弱异议等。为了使说服的效果更理想，你可以借助逻辑和情感的力量来进行。逻辑使人思考，情感使人感动。例如，你可以提出一些具体数字（运用逻辑），向对方描绘一幅美妙的前景和图画（借助情感），并显示你对整个交易的估价来进行说服，打动对方的心，使谈判走向成功。借助于情感时要注意分寸，若过于夸张，对方在冷静下来以后会感到后悔，甚至推翻原来已达成的协议。

（一）说服的原则

运用说服技巧，应遵循以下原则。

1. 先易后难原则

先把对方容易接受的、分歧较小的内容放在前面，把困难较重、分歧较大的内容放在后面。

2. 难易结合原则

将容易的、一致性大的内容同困难的、分歧较大的内容以某种方式联系起来进行说服，要比单纯进行说服困难较重、分歧较大的内容容易些。

3. 重复性原则

一再地重复自己的信息、观点，引起对方的注意，从而增进对这些信息和观点的了解和接纳。

4. 先好后坏原则

说服时先谈些好的消息、事情，然后再谈坏的方面，效果通常比较好。

5. 一致性原则

强调一致性比强调差异性更容易提高对方接受说服的程度。

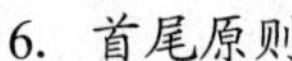

6. 首尾原则

通常情况下，听者对听到内容的前、后两部分记得比较牢，对中间部分记忆一般。因此，说服对方时要精心准备开头和结尾。

7. 证据原则

提供能满足对方需要的资料、信息，可增强说服性。

8. 结论原则

结论要由你明确地提出，不宜让对方去揣摩或自行下结论，否则可能会背离你说服的目标。

9. 对方性原则

充分了解对方，以对方习惯的、能够接受的思维方式和逻辑去展开说服工作。

（二）说服的具体技巧

实际生活中往往会遇到这样的情况：同样的问题，让不同的人去做说服工作，会收到不同的效果，可见说服工作是一种艺术。在谈判中间，说服工作十分重要，往往贯穿谈判的始终。那么，谈判者应当如何说服对方呢？下面介绍一些比较普遍、常用的说服技巧。

1. 取得他人的信任

信任是人际沟通的基石，也是成功谈判所必备的基本要素。一般来说，当一个人考虑是否接受他人的说法前，总先要衡量一下他与说话人之间的熟悉程度和亲密程度，如果双方很熟又很信任，就很容易接受对方的意见。因此，要想在谈判中说服对方，首先必须与对方建立互相信任的人际关系。谈判者应该学会利用谈判桌外的时间来增进人际关系，与对方建立友好、熟悉、相互尊重的关系，积极进行公关活动取得对方信任，无形中化解对方的心理警戒，从而在谈判中掌握主动权。

2. 先易后难，步步为营

谈判中需要讨论的问题应该按照先易后难的原则去安排，先谈容易达成协议的问题，这样，由于双方利害冲突不大而比较容易取得初步的成果，双方从一开始就显示了合作的诚意和彼此的信任、理解，从而为谈判的进展创造了更加热情友好的气氛，减少了双方的戒备心理，增强了双方对交易成功的愿望与信心。这样，在谈判深入发展中要说服对方理解我方的意见与方案，就比较容易获得成功。对于双方意向差距较大的问题，可以放在较后的位置和安排较多的时间去讨论。这时由于前面的谈判成果已增强了双方的合作意向，谈判的困难会相对减少。

3. 先直言利，后婉言弊

一般来说，被劝说者接受你的意见都会有利有弊，你应从这两个方面来进行分析和说明。要动之以情，晓之以理，更应言之以利。一方面，你要向对方指出，倘若他接受了你的意见会得到什么利益，并可指出他看法的荒谬性、片面性或错误性。另一方面，还应将不利的方面讲出，把坏的信息传递给对方，因为什么事情都不可能全是好的一面。陈述的原则一般是先讲利，后言弊，并在陈述过程中进行得失比较，指出你的意见利大于弊，从而说服别人接受你的意见。通过这样的阐述分析，不但会赢得对方的信任，给对方留下真诚坦率的印象，而且会激发起对方的兴趣和热情，使谈判顺利地进行下去。

4. 强调互利，激发认同

谈判中既有合作，又有冲突。没有合作，就无法圆满结束谈判；没有冲突，就没有谈判的必要。谈判是在双方互利的基础上达成协议的，所以也有人用法国的一句关于爱情的定义来形容谈判为“合作的利己主义”。在谈判中，不要掩饰所提意见对自己有利的一面，因为谈判中强调利益的一致性比强调利益的差异性更容易提高对方的认知程度和接纳的可能性。

5. 抓住时机，实例举证

谈判成功的一个重要方面在于把握时机，抓住有利的时机会给谈判者的说服工作增加成功的可能性。这里所讲的时机包括两个主要含义：一是己方要把握说服工作的关键时刻，要趁热打铁、重点突破；二是向对方说明，这正是表达意见的最佳时机。人们往往由于未能很好地听取别人的意见而失去了机会，把道理讲透，对方就会做出抉择。在抓住时机的同时运用实例举证，对实例的具体情节进行讲述以帮助己方证明自己观点的正确。例如，在证明自己是否能够如期履约的问题时，只靠下保证或表决心是不能说明问题的，对方也不会信服。这时可在适当的时候，列举己方过去与某客商如期履约的实例，特别是如果能够举出自己在比较艰难的情况下仍如期履约的实例，这对说服对方相信自己是非常有效果的。

6. 尽量简化接纳提议的手续

为使对手接纳你的提议，避免中途变卦，应设法使接纳提议的手续成为一件轻而易举的事情。例如，在需要订立书面协议的场合中，你可以先准备一份原则性的初步协议书，并且这样告诉对方：“您只需在这份原则性的协议草案上签名即可，至于正式协议书，我会在一周之内准备妥当，到时再送你斟酌。”这样就可以当即取得对方的承诺，免除细节方面的周折。精干的谈判人员经常对有意接纳他的提议的人做追踪式的服务，经常说的话是：“如果您有空，请给我打电话，我立即派车来接您，让您亲自考察。”或者说："我们明天早上八点来接您去实地考察，您看如何？"运用这种方式，常常有助于说服效果的发挥。

7. 耐心说理，变换角度

说服必须耐心，不厌其烦地动之以情，晓之以理，把对方接受你的建议的好处和不接受建议的害处讲深讲透，不怕挫折，一直坚持到对方能够接受你的建议为止。在谈判实践中，往往会遇到对方的工作已经做通，但对方基于面子或其他原因，一时还下不了台。这时谈判者不能心急，要给对方时间，直到瓜熟蒂落。说服工作要耐心，但耐心不等于谈判者反复唠叨已经陈旧和令人厌烦的问题，这样只能增加对方的抵触情绪，而不会收到什么好的效果。当说服的角度不对路时，谈判者应及时变换新的角度，寻找新的方法，把说服工作有效地进行下去。

8. 多言事实，少说空话

事实是人们可以凭借感官和经验予以验证的东西，"事实胜于雄辩"。研究证明，人的一切行为均与一定事实的经历和储存有关。在谈判中，有的人喜欢用空话、大话来炫耀自己的产品，什么"质量上乘""人见人爱""领导时代新潮流"，这除了给人以自吹自擂的感觉外，是不能说服对方的。为了说服对方，我们应力戒"肥皂泡"式的空话，注意多用确凿的事实、有代表性的典型事实说话，让对方凭借自己的实践经验和独立思考来获取结论。

9. 投人至好，取己急需

谈判的任何一方都必然是以满足自己的需要为主要目标，但任何一方都往往不可能全面满足自己的所有需求，而任何一方的各种需求也不是没有主次之分的。谈判者在谈判中往往着重就自己的第一需求去千方百计地说服对方，同时不得不以降低自己的次要需求、做出适当的退让为代价来达到满足主要需求的目标。因此，需要在说服过程中尽量去发现对方的迫切需要或第一需要。如果我们发现了对方的迫切需要与我方的第一需求并不重合，那么我们就可以比较容易地提出一个"投人至好，取己急需"的方案来，达到吸引和说服对方，甚至一拍即合的良好效果。而如果双方的第一需要重合的话，那么要求双方在第一需要的问题上做出相应的退让，找出一个合适的接合点，或辅以对第二、第三需要的相应调整，这样的提议，也是有可能说服对方的。

10. 及时总结，做出结论

说服到了一定程度，该对问题下结论之时，就不要推辞。与其让对方做结论，不如先由己方简单明了、准确无误地陈述出来。这对于那些经过双方反复讨论和修正的问题，及时做出结论是十分关键的。

（三）说服的条件

说服不同于压服，也不同于欺骗，成功地说服结果必须体现双方的真实意见。采取胁迫或欺诈的方法使对方接受己方的意见，会给谈判埋下危机，因为没有不透风的墙，也没有纸能包得住的火，因此，切忌用胁迫或欺诈的手法进行说服。事实上，这样做也根本达不到真正说服对方的目的。谈判中说服对方，要做到有理、有力、有节。有理是指在说服时要以理服人，而不是以力压人；有力是指说服的证据、材料等有较强的力量，不是轻描淡写；有节是指在说服对方时要适可而止，不能得理不让人。要说服对方，不仅要有高超的说服技巧，还必须运用自己的态度、理智、情怀来征服对方，这就需要掌握说服对方的基本条件。

1. 要有良好的动机

说服对方的前提是不损害对方的利益。这就要求说服者的动机端正，既要考虑双方的共同利益，更要考虑被说服者的利益要求，以便使被说服者认识到服从说服者的观点和利益不会给自己带来什么损失，从而在心理上接受对方的观点。否则，即使暂时迫于环境或对方的压力接受了说服者的观点，也会“口服心不服”，并且还会作为以后谈判中的武器向你开火，使你防不胜防。

2. 要有真诚的态度

真诚的态度是指在说服对方时尊重对方的人格和观点，应站在朋友的角度与对方进行坦诚的交谈。因此，对被说服者来说，相同的语言从朋友嘴里说出来他认为是善意的，很容易接受；从对立一方的口中说出来则认为是恶意的，是不能接受的。因此，要说服对方，必须从与对方建立信任做起。

3. 要有友善的开端

谈判者要说服对方，首先必须给人以良好的第一印象，以使双方在一致的基础上探讨问题，这就是友善的开端。要有友善的开端，一是要善意地提出问题，使对方认识到这是在为他自己解决困难，这就要求说服者不是随心所欲地谈自己的看法，而要经过周密的思考，提出成熟的建议；二是要有友善的行为，即在说服中待人礼貌，晓之以理，动之以情，使对方自愿接受说服。

4. 要有灵活的方式

要说服对方，方式是重要的条件，而不同的人所能接受的方式是不相同的。只有能够针对不同的人采用不同的方式，才能取得理想的效果。

四、答复的技巧

谈判中的回答同日常的回答不同。在谈判过程中，谈判者每回答一个问题，必须字

斟句酌，即使那些可以立即回答的问题，也不能脱口而出。因为在谈判桌上的提问动机非常复杂，如果谈判者没弄清对方的问话动机，按常规回答，有时会进入对方预先设置的圈套，结果反受其害。所以，高明的回答者必须善于揣摩对方的用意，并加以精彩地发挥。

（一）答复的类型

要想更好地运用答复技巧出奇制胜，首先要了解问题的回答分为哪几种。商务谈判中的回答有 3 种类型，即正面回答、迂回回答和避而不答。在商务谈判过程中，这 3 种类型又演变成多种具体回答方式。常用的商务谈判回答方式如下。

1. 含混式答复

含混式答复既可以避免把自己的真实意图暴露给对方，又可以给对方造成判断上的混乱和困难。这种答复由于没有做出准确的说明，因此可以做多种解释，从而为以后的商务谈判留下回旋的余地。

2. 针对式答复

针对式答复针对提问人心理假设的答案回答问题。这种回答方式的前提是要弄清对方提问的真实意图，否则答案很难满足对方的要求，而且免不了要泄露自己的秘密。

3. 局限式答复

局限式答复即将对方所提问题的范围缩小后再做回答。在商务谈判中并不是所有问题的回答对自己都有利，因此在回答时必须有所限制，选择有利的内容回答对方。例如，当对方提问产品的质量时，只回答几个有特色的指标，利用这些指标给对方留下质量好的印象。

4. 转换式答复

转换式答复即在答复对方的问题时把商务谈判的话题引到其他方向去。这种方式也就是我们说的“答非所问”。但是这种答非所问必须是在前一问题的基础上自然转来的，没有什么雕琢的痕迹。例如，当对方提问价格时可以这样答复：“我想你是会提这一问题的，关于价格，我相信一定会使您满意，不过在答复这一问题之前，请让我先把产品的几种特殊功能说明一下。”这样就自然地把价格问题转到了产品的功能上，使对方在听完自己的讲话后，把价格建立在新的产品质量基础上，这对己方无疑是有利的。

5. 反问式答复

反问式答复即用提问对方其他问题来答复对方的提问。这是一种以问代答的方式，它可以为自己以后回答问题留下喘息的机会，对于一些不便答复的问题也可以用这一方法解围。

6. 拒绝式答复

拒绝式答复即对那些棘手和无法答复的问题，寻找借口拒绝答复。运用借口拒绝回答对方的问题，可以减轻对方提问的压力。

（二）答复的注意事项

谈判中的答复有其自身的特点，它不同于学术研究或知识考试中的回答，一般不以正确与否来论之。其要诀应该是：基于谈判效果的需要，准确把握住该说什么，不该说什么，以及应该怎样说，为此，答复时必须注意以下几点。

1. 答复问题之前，要给自己留有思考的时间

为了使答复问题的结果对自己更有利，在答复对方的问题前要做好准备，以便构思好问题的答案。有人喜欢将生活的习惯带到谈判桌上去，即对方提问的声音刚落，这边就急着马上回答问题。在谈判过程中，绝不是答复问题的速度越快越好，因为它与竞争抢答是性质截然不同的两回事。答复的准备工作包括以下 3 项内容。

（1）心理准备，即在对方提问后，要利用喝水、翻笔记本等动作来延缓时间，以稳定情绪，而不是急于答复。

（2）了解问题，即要弄清对方所提问题的真实含义，以免把不该答复的问题也答了出来。

（3）准备答案，即答案只应包括那些该答复的部分。人们通常有这样一种心理，如果对方问话与我方答复之前所空的时间越长，就会让对方感觉我们对此问题欠准备，或以为我们几乎被问住了；如果回答得很迅速，就显示出我们已有充分的准备，也显示了我方的实力。其实不然，谈判经验告诉我们，在对方提出问题之后，我们可通过喝一口茶，或调整一下自己坐的姿势和椅子，或整理一下桌子上的资料文件，或翻一翻笔记本等动作来延缓时间，考虑一下对方的问题。这样做既显得很自然、得体，又可以让对方看得见，从而减轻和消除对方的上述那种心理感觉。

2. 把握对方提问的目的和动机

谈判者在谈判桌上提出问题的目的是多种多样的，动机也是复杂的。如果我们没有深思熟虑，弄清对方的动机，就按照常规来进行回答，往往效果不佳。如果我们经过周密思考，准确判断出对方的用意，便可做出一个独辟蹊径、高水准的回答。例如，人们常常用这样一个实例来说明：建立在准确地把握对方提问动机和目的基础上的回答，是精彩而绝妙的。美国的一位著名诗人，有一次在宴会上向一位中国作家提出一个怪谜，并请中国作家回答。这怪谜是："把一只五斤重的鸡装进一个只能装一斤水的瓶子里，用什么方法把它拿出来？"中国作家回答道："您怎么装进去的，我就会怎么拿出来，

您凭嘴就把鸡装进了瓶子，那么我就用语言这个工具再把鸡拿出来。”谈判人员如果能在谈判桌上发挥出这种水平，就是出色的谈判人员。

3. 答复时把握回答问题的分寸

谈判中有一种“投石问路”的策略，即谈判方借助一连串的发问来获得己方所需要的信息和资料，此时不应对其所有问题都进行答复，以免使其获得我方许多重要的情报而使我方谈判处于不利地位。这时可只做局部的答复，使对方不了解我方的底牌。

商务谈判中并非任何问题都要答复，要知道有些问题并不值得答复。在商务谈判中，对方提出问题或是想了解我方的观点、立场和态度，或是想确认某些事情。对此，我们应视情况而定。对于应该让对方了解，或者需要表明我方态度的问题要认真答复，而对于那些可能会有损我方形象、泄密或一些无聊的问题，谈判者也不必为难，不予理睬是最好的答复。当然，用外交语言中的“无可奉告”一语来拒绝答复，也是答复这类问题的好办法。

总之，我们答问题时可以自己对回答的前提加以修饰和说明，以缩小答复范围。当没有弄清楚问题的确切含义时，不要随便作答，可以要求对方再具体说明一下。当有些问题不好答复时，回避答复的方法之一是“答非所问”，即似乎在答复该回题，而实际上并未对这个问题表态。答方谈论的是与原题相关的另一个问题的看法，目的是避开对方锋芒，使谈判能顺利进行下去。如果在一些特殊场合，必须答复一些难以答复或挑衅性的问题时，也可以以某种巧妙的非逻辑方式做出解答，从而摆脱困境。

（三）答复的具体技巧

谈判中同样的问题，会有不同的答复，不同的回答能产生不同的效果。有时，对方会故意提出一些尖刻的问题，旨在把对手问倒，这时的一个绝好的应答，往往会有妙手回春之效。因此，掌握一些应答技巧是十分必要的。

1. 分项答复

分项答复是指提问具有包容性，不作“是”与“否”的笼统回答，而是听清话意，分解一问为几问，分别给予正确的回答。

2. 正面直接答复

在谈判中己方的某些信息是对方必须了解的，如果对方的提问是为了获得这些必不可少的信息，答话者可以采用此法，忠实地按问题实质给出答复，问什么答什么，直截了当，清楚明确，以保证双方的正常沟通。例如，问：“你们厂今年上半年的效益如何？”答：“很好。上半年完成全年计划产量的60%，人均创产值12 000元，比去年同期增长了10%，上缴利税3 200万元，创历史同期最高纪录。”这种答问，是友好、坦诚、直率的。此外，在正面直接答复时需要注意的是，答复时说话要适度，该说的说，不该说的不说，既不可凡话留三分，闪烁其词，给正常的信息交流制造障碍，也不可以过于坦白，本来只需局部答复，却全盘托出，不加保留，让对方摸清底牌。

3. 反诘答复

所谓反诘答复，是按照发问者的提问话题，反口诘问，以提问的方式作为对对方提问的回答。这是答复的一种常用手法。这种手法可以争取主动，还可回避难题。

4. 变通答复

变通答复是指既不回避对方语言表面上的问题，以示礼貌，又不回答对方实质性问题，以免自己陷入困境。

5. 不确切答复

当答问者处于某种特殊语言环境中，既不能作否定式回答，又不愿作肯定式回答，更不能不予以回答时，便可采用不着边际式的回答进行搪塞。例如，春秋战国时，楚国庄伯叫他父亲出去看太阳在哪儿，以便确定什么时辰了。他父亲不乐意出去，答道："太阳在天上。"再叫他出去看看太阳怎么样了。答："正圆着呢！"庄伯急了，明确地说："我问的是什么时辰了？"他父亲答道："就是现在这个时辰。"这种回答看似愚蠢，实际上充满了智慧。因为如果一声不吭会显得无礼，对方会被激怒，而用这种空而不假、信息度为零的废话去答复，就会让对方无可奈何，扫兴作罢。

6. 狙击式答复

谈判者的主动权被对方抢夺，自己处于极为不利的被动地位时，要争取通过回答问题迅速易位，变被动为主动，以免对方步步逼近，使自己处于前有追兵、后无退路的困难境地。这种方法适用于对进攻型提问的反击。卡特竞选美国总统时，有位女记者找到了卡特的母亲，下面是女记者和卡特母亲之间的问答。女记者问："您儿子向选民们说，他如果说谎话，大家就不要投他的票，您敢说卡特从来没说过谎吗？"卡特母亲说："也许我儿子说过谎，但都是善意的。"女记者问："什么是善意的谎话？"卡特母亲说："你记不记得几分钟前，当你跨进我的门槛时，我对你说你非常漂亮，我见到你很高兴。"卡特母亲的应答可谓针锋相对，使问话者非常尴尬，但这不能责备卡特母亲不友善、不礼貌、不厚道，她的应答是对方不友好挑起的，是对方步步"逼问"逼出来的。就内容来说，其恰当、巧妙、简洁都是无懈可击的，起到了反击进攻型提问的目的。

7. 附加条件式答复

如果问话中含有侵犯性的内容，就不要直接回答，而应首先设定条件来抵御侵犯，从而保证己方的利益不受损害。例如，法利赛人带来一个在通奸时被抓到的女人，他当众问耶稣：按法律，这犯奸淫罪的女人应该用石头打死，你说怎么办？耶稣回答说：你

们中有谁没有犯过错误，谁就拿石头砸死她吧！这是法利赛人设下的圈套，耶稣倘若不同意，就违反了法律；倘若同意，他就要对打死人负责。众人反躬自问，都觉得自己并不干净，一个个走开了，女人得救了。耶稣巧妙地提出附加条件，使问题解决得十分圆满，无懈可击。

8. 否定前提式答复

这种答法主要是用来对付限制型提问的，是“是”与“否”以外的第三种答复。在谈判中提问者经常会使用限制提问诱人上钩，答问者应当格外注意，特别在一些涉及国家利益和重要外交的场合，对提问更要谨慎提防，用否定前提的方法，打破提问者的圈套。例如，1843年，林肯与卡特莱特共同竞选伊利诺伊州议员，二人因此成了冤家。一次，他们一同到当地教堂做礼拜。卡特莱特是一名牧师，他一上台就利用机会转弯抹角地把林肯挖苦一番。在布道的最后，他说：“女士们，先生们，凡愿意去天堂的人，请你们站起来吧！”全场的人都站起来了，只有林肯仍然坐在最后一排，对他的话不予理睬。过了一会儿，卡特莱特又向大家说：“凡不愿意去地狱的人，请你们站起来。”全场的人又全都站起来，林肯还是依旧坐着不动。卡特莱特以为奚落林肯的机会来了，就大声说道：“林肯先生，那么你打算去哪儿呢？”林肯却不慌不忙地说：“卡特莱特先生，我本来不准备发言的，但现在你一定要我回答，那么，我只能告诉你了：我打算去国会。”全场的人都笑了，卡特莱特被窘住了。卡特莱特本来想使林肯进退两难，因为林肯如果站起来，就意味着林肯将去地狱。不料，林肯却没上他的圈套，回答“我打算去国会”，一方面解脱了自己的困境，另一方面也向大家表明了自己的志向，既表现了自己的智慧，又羞臊了卡特莱特，真是不可多得的妙答。又如，在谈判中若提问者问：“你们是三月交货还是四月交货？”应该回答说：“我们根本就不打算在三四月交货。”这样，对方就占不到便宜了。

9. 牵连式答复

有时面对故意刁难甚至侮辱的提问，如果从正面回答，显得无力，即使答得再好，也只是一种为自己开脱、辩解的防卫语言。这时，就可用牵连式应答的技巧。采用牵连式答复的技巧，就是抓住事物之间的对应、连带关系，提出一个关系答者与问者的命题，造成一荣俱荣、一损俱损的态势，以抵消对方的攻势，使自己立于不败之地。例如，我国历史上有这样一个故事。晏子出使楚国时，楚王向晏子提出一个侮辱性的问题：“齐国为什么派你这样一个矮小无德的人做使臣？”晏子说：“齐国派使臣有一个规定，不同的人朝见不同的国王。贤德的人朝见贤德的国王，不贤德的人朝见不贤德的国王。我最不贤德，就派来朝见您楚王。”

楚王本想侮辱晏子，没想到反而受到了晏子的侮辱。晏子的回答，把自己的荣辱与楚王牵连在一起，使楚王无法反驳，自找没趣。牵连式应答的表达奥妙，就是用话将自己与问话者牵在一起，不可分开，使对方不能处于优势的攻击地位。但是牵连式应答要注意分寸，因为“利害相连，荣辱与共”，所以对自己和对方都不要过分贬损，一般是答话中应有“两可”的意思，即我这样，你也这样；我那样，你也那样。

10. 引证式答复

引证式答复，就是引用名人名言、俗语、谚语等来回答，以表明自己的意思，或佐证自己的观点。这种应答的好处是很明显的，既增加了说话的权威性与可信度，又省去了许多解释和说明，还能增添口语的生动性与感染力。例如，有人问一位家长：“听说你的孩子寄养在刘教授家以后，也能遵守纪律了，成绩也上升了，是真的吗？”家长答：“有人说‘近朱者赤’，一点也不错。”“近朱者赤”是成语，引用在这里作答，非常准确、简练、生动。当然，引证式答复需注意的两点：一是引证的语言要有一定的权威性，又要为听话的人所理解；二是不必在引证后进行冗长的说明。

11. 拈连式答复

拈连式答复是紧承问话的词句，利用拈连手法，在原话的基础上稍作变动，做出准确、鲜明、生动的回答的一种口语表达技巧。这种应答如果运用得好，可以取得很好的效果。

拈连式应答技巧，是拈连修辞格在答话中的运用。首先，要懂得拈连的知识和用法。其次，这种答问离不开上下文语境的语言条件，不能勉强凑合，要在条件允许的情况下才能运用，要用得贴切、自然。

12. 比喻式答复

比喻式答复，就是对某些棘手的问题，采用比喻的方式来回答，既形象生动，又明白透彻。如果摆开架势直接说理，不但费力费事，还不见得有好的效果。例如，楚宣王重用大将昭奚恤。昭奚恤后来大权在握，拥兵自重，邻国畏惧，同僚侧目，楚宣王也感到了他对自己的威胁，但是又想通过仁义手段使他对自己尽忠。朝廷有识之士，心明而不敢言。一日，楚宣王在朝，突然问群臣道：“吾闻北方之畏昭奚恤也，果诚何如？”群臣一听楚宣王问及此事，个个战战兢兢，如履薄冰，如临深渊，良久无人敢言语。楚宣王看看群臣这副模样，心中也明白了一半。楚宣王要罢朝离去时，客楚为臣的魏国人江乙出班奏曰：“虎求百兽而食之，得狐曰：‘子无敢食我也！天帝使我长百兽，今子食我，是逆天地命也。子以我为不言，吾为子先行，子随我后，观百兽之见我而敢不走乎？’虎以为然，故遂与之行，兽见之皆走。虎不知兽畏己而走也，以为畏狐也。”说到这里，江乙看看楚宣王，又瞧瞧众位同僚，只见他们都出现一副莫名其妙的神情。于是，江乙接着说：“今大王之地五千里，带甲百万，而专属之昭奚恤。故北方之畏奚恤也，其实畏王之甲兵也——犹百兽之畏虎。”至此，楚宣王方明白江乙谏说这番话前部分的用意，群臣这时才如梦初醒，原来江乙巧妙地说出了他们想说而不敢说的话，想进谏言。从此以后，楚宣王便渐渐削弱了昭奚恤的兵权，楚国避免了可能出现的武装政变。楚宣王执政期内，国家一直太平。总之，回答问题的要诀在于知道该说什么，不该说什么，回答到什么程度，不必过多地考虑所回答得是否对错。谈判毕竟不是做题，很少有“对”或“错”那么确定而简单的回答。

案例分析

不同的人会运用不同的方法去推销，曾经有这样一个推销员成功地让客户接受更贵的产品，他是用以下对话让客户改变主意的。

推销员：“你们需要的卡车，我们有。”

客户：“多少吨位的？”

推销员：“4吨的。”

客户：“我们需要的是2吨的。”

推销员：“你们运的货每次平均多重？”

客户：“一般来说，大概是2吨。”

推销员：“有时多些，有时少些，是吗？”

客户：“是的。”

推销员：“到底需要哪种型号的车，一方面需看你的货是什么，另一方面要看汽车在什么路上行驶，是吗？”

客户：“是的，不过……”

推销员：“如果你的车在丘陵地区行驶，而且你们那里冬季较长，这时汽车所承受的压力是不是比正常的情况下大一些？”

客户：“是的。”

推销员：“你们冬天出车的次数比夏天多，是吧？”

客户：“是的，多得多。”

推销员：“有时货物太多，又是在冬天的丘陵地区行驶，汽车是不是经常处于超负荷状态？”

客户：“是的，你说的不错。”

推销员：“你在决定购车型号时，是不是应该留有余地？”

客户：“你的意思是……”

推销员：“从长远的眼光来看，是什么因素决定买一辆车是否值得？”

客户：“当然是看它的使用寿命啦。”

推销员：“一辆车总是满负荷，另一辆车却从不过载，你认为哪辆车的寿命长？”

客户：“当然是马力大、载货量多的那一辆。”

最后，客户因推销员的引导改变了当初的主意，多花了4000元买下了那辆4吨车。这是运用引导方法的成功案例，整个谈判过程是采取循序渐进的方式引导客户了解自己的需要，也使客户满意这样的方式来选择自己最合适的产品，最终目的是使客户自觉产生认同心理，愿意购买。这个案例说明，运用引导方式进行谈判要注意抓住客户的需求，表达要简洁明了，更重要的是结论要让对方自己得出。

思考：

1. 结合案例说明使用引导技巧的有效方法，体会恰当使用引导技巧的效果。
2. 在谈判中强调运用引导技巧的目的是什么？

复习思考题

1. 商务谈判语言运用应遵循哪些原则？
2. 陈述过程中应注意的问题有哪些？
3. 为获得良好的提问效果，需掌握哪些要求？
4. 运用说服技巧应遵循哪些原则？
5. 常用的商务谈判的答复方式是什么？

实 践 训 练

【实训项目】

商务谈判语言技巧练习。

【实训目的】

通过实训，学生应掌握谈判中常用的叙、问、听、答等语言技巧。

【实训方法】

1. 通过课堂互动的方式，让学生进行叙、问、答的练习。
2. 学生每两人一组参照下面的两个谈判案例进行口语练习。

案例一

有一次，一位顾客去向世界上最伟大的推销员乔·吉拉德买车，乔为他推荐了一种最好的车型，顾客对车很满意，并掏出 1 万美元打算作定金，眼看生意就要成交了，对方却突然变卦，掉头离去。对方明明很中意那辆车，为什么改变了态度呢？乔为此事懊恼了一下午，百思不得其解，到了晚上 11 点他忍不住按照联系簿上的电话号码打电话给那位顾客。

乔·吉拉德：“您好！我是乔·吉拉德，今天下午我曾经向您介绍一辆新车，眼看您就要买下，却突然走了。”

顾客："喂，您知道现在是什么时候吗？"

乔·吉拉德："非常抱歉，我知道现在已经是晚上11点钟了，但是我检讨了一下午，实在想不出自己错在哪里，因此特地打电话向您讨教。"

顾客："真的吗？"

乔·吉拉德："肺腑之言。"

顾客："很好！你在用心听我说话吗？"

乔·吉拉德："非常用心。"

顾客："可是今天下午你根本没有用心地听我讲话。就在签字之前，我提到小儿子的学科成绩、运动能力及他将来的抱负，我以他为荣，但是你却毫无反应。"

乔·吉拉德确实不记得对方说过这些事情，因为当时他认为已经谈妥那笔生意了，根本没有在意对方还在说什么，而是在专心地听另一个同事讲笑话。乔·吉拉德失败的原因在于没有倾听顾客的谈话，那位顾客除了买车，更需要被人称赞他有个优秀的儿子，而乔·吉拉德却忽略了这一点，因此，买卖没有成交。

案例二

春秋战国时期，苏秦的弟弟苏代说服西周，顺利地解决了一次东西周之间的水利纠纷。

当时，东周为了发展农业，提高农作物的产量，准备改种水稻。西周在高处掌握着水的资源，知道东周改种水稻的消息，坚持不给东周放水，东周非常着急，于是发出话来，谁能去说服西周放水，国家就给予重奖。这时，苏秦的弟弟苏代就自告奋勇去说服西周。

苏代到了之后就对西周人说："我听说你们不给东周放水，这个决定可是不高明啊！"

西周人问："怎么不高明呢？"

苏代说："你们不给东周放水，他们就没有办法改种水稻，只能改种小麦。这样，他们就再也不用求你们了，你们和东周打交道也就没有主动权了。"

西周人问："苏先生，以你的意见怎么办才好呢？"

苏代说："要听我的意见，你们就给东周放水，让他们顺利地改种水稻，改种水稻就常年都需要水，这样，东周的经济命脉就掌握在你们手里了，你们一断水他们就完蛋，他们时刻都得仰仗你们，巴结你们。"

西周人听了觉得有道理，不但同意给东周放水，还重重奖励了苏代。

【实训要求】

根据以上资料写出一份进行语言谈判的实训报告。

第五章
商务谈判的价格策略

案例导入

一天中午，某商场导购员刘彪去收银台点首歌听。听到一位顾客和卖电视的人说：“电视有了，我们应该买个什么样的冰箱呢？”一听冰箱，刘彪立即来了精神，他马上走近顾客说：“先生，您好！您想买冰箱吗?要不去WK冰箱看看，好吗？”顾客说：“WK冰箱？没听说过!”不过，顾客还是被刘彪引到了他们的展台,他详细地介绍了他们的冰箱。

顾客：“怎么没有能效标识呢?别的冰箱都有。”

刘彪：“我们是免检产品，可以不贴。”（他介绍了一款中高档冰箱。）

顾客：“多少钱?”

刘彪：“4960元。”

顾客：“能不能优惠啊?”

刘彪：“那今天能定下来吗?”

顾客：“价格合适的话，今天就可以买。”

刘彪：“那您想多少钱买这台冰箱啊?”

顾客：“4500元。”

刘彪：“这个价格我们不可以的。”

顾客：“那到底可以优惠多少啊?”

刘彪：“我们的活动价是4870元。”

顾客：“太贵了。”

刘彪：“可是我们的冰箱好啊。”

顾客想走，刘彪就对顾客说：“要不您先坐会儿，我去请示一下我们领导。”

刘彪把柜台主任叫来，说：“我们主任说，4800元是我们的底线。”

顾客开始加价了：“那4600元吧!”

主任说：“我们进货价都不止这个价。”

顾客看来是看上了，又开价说：“4650元吧，你们觉得合适就买，不行就算了。”

主任说：“既然这位大叔相中了，那我们就卖给他吧，走个量。”

顾客：“有没有礼品啊？”

刘彪：“我们现在没有，而且价格让到最低了。”

顾客：“没有礼品怎么可以!”

刘彪：“要不我们从别的牌子调个赠品吧。”

就这样，双方成交了。

这个故事，导购写得很简单，没有把细节描述出来，但从字里行间我们不难发现，隐藏了很多的价格谈判策略和销售技巧。这位导购运用了10多种价格谈判策略，尽管有的谈判策略运用得不是很到位，但对于一个冰箱导购，已经非常不错了。

该导购不仅谈判技巧娴熟，心态良好，而且善于发现客户，不错过任何销售机会。

本来他是去点歌，却在路上发现了客户，说明有着强烈的职业敏感，只有专注才会有这种嗅觉和敏感。这就是优秀导购具有的特质。这样的成功不难复制，只要有心，明天就会灿烂。

第一节　商务谈判的价格概述

价格高低事关商务谈判双方的切身利益，同时价格又是在诸多因素的共同作用下最终形成的，因此价格是商务谈判中最重要、最复杂的因素之一。为此，我们必须全面了解商务谈判中影响价格的因素，做好报价的各项准备工作，努力掌握并恰当运用报价、价格解释和价格评论及讨价还价的技巧，以实现谈判目标。

一、影响价格的因素

商品价格是商品价值的货币表现，是在市场交换过程中实现的。对于每个具体商品的价格来说，影响其形成的直接因素主要有商品本身的价值、货币的价值及市场供求状况。上述每一种因素本身又是由许多因素决定的，这些因素又都处于相互联系、相互制约和不断变化之中，这就造成价格形成的复杂多变和具体把握价格问题的困难。了解商务谈判中影响价格因素的重要性正在于此，它可以使我们在处理价格问题时考虑得更全面、更周到，也便于我们在通盘分析各个因素的基础上抓住主要矛盾，采取正确方法实施重点突破，掌握价格谈判的主动权。从商务谈判的角度看，以下影响价格的因素需要认真考虑。

（一）主顾的评价

某一商品是好是差，价格是贵还是便宜，不同的主顾有不同的评价标准。例如，一件款式新颖的时装，年轻人或以年轻人为主要销售对象的经营者认为，穿上这样的衣服潇洒、气派、与众不同，价格高一点也可以接受；而老年人则偏重考虑面料质地如何，是否结实耐穿，并以此来评判价格是否合理。

（二）需求的急切程度

如果对方带着迫切需要某种原材料、零配件、产品、技术或工程项目的心情来进行谈判，他首先考虑的可能是交货期、供货数量及能否尽快签约，而不是价格高低，就像一杯水对于一个干渴多时的人，一块面包对于一个饥饿的人，其使用价值往往会与正常情况下的使用价值有惊人的差别。

（三）产品的复杂程度

产品越复杂、越高级，价格问题就越不突出。因为产品结构、性能越复杂，档次越高级，其制作技术就越复杂，生产工艺就越精细，核算成本和估算价值就较为困难。另外，可以参照的同类产品也较少，因此在价格上做文章的余地就比较大。

（四）交易的性质

在大宗交易中，几万元可能只是个零头，而小本买卖则容易“斤斤计较”；在一揽子交易中，商品贵贱不同，质量高低不等，买者难以在价格上一一核算准确。所以，大宗交易或一揽子交易比那些小笔生意或单一买卖更能减少价格水平在谈判中的阻力。

（五）买者是否作为投资或进行转卖

当对方购买产品是为了投资需要时，他对产品质量、效用的关心可能就要超过对价格的关心。当买方可以通过转卖给第三者而赚取利润时，那卖方将力求提高出售价格，希望与买方分享这部分利润。

（六）销售时机

一般而言，旺季畅销，淡季滞销。畅销时可卖个好价钱，滞销时则往往不得不削价贱卖，以免造成积压，影响资金周转。

（七）产品或企业的声誉

一般来说，人们宁肯花钱买好货，或宁愿与重合同、守信誉的企业打交道，因此对优质名牌产品的价格或声誉良好企业的报价有信任感。企业的声誉、产品的声誉，以及谈判者的名声、信誉都会对产品价格产生影响。

（八）购买方所得到的安全感

在科学技术高度发达的今天，人们对能以假乱真的伪造、仿造产品很难识别，因此购物时宁肯多花点钱，也要买质量性能可靠、维修服务有保证的商品。销售方向对方显示产品的可靠性或向对方承诺提供某种保证或服务时，如能给对方一种安全感，则可以降低或冲淡价格问题在其心目中的重要性。例如，负责送货上门、安装调试、免费保修等安全保证，在现在的商品销售中变得越来越重要。

（九）货款支付方式

商品买卖或其他经济往来是用现金结算，还是使用支票、信用卡结算或用产品抵偿；是一次性结清货款，还是赊账、分期付款、延期付款等。这些都会对价格产生重大影响。

（十）竞争者价格

从卖方角度看，如果竞争者的价格比较低，买方就会拿这个价格作为参照和讨价还价的条件，逼迫卖方降价；反之，如果买方竞争者出价较高，则使卖方在价格谈判中处于有利地位。

二、商务谈判价格中的价格关系

商务谈判中的价格谈判，除应了解影响价格的诸多因素，还要善于正确认识和处理各种价格关系。

（一）主观价格与客观价格

在价格谈判中，人们往往追求“物美价廉”，总希望货物越优越好，而价格越低越好；或者同等的货物，价格越低越好，似乎这样才占了便宜，才赢得了价格谈判的胜利。其实，这种主观价格，往往是买者的一厢情愿。因为，如果真的“物美”，势必“价高”，否则卖者就要亏本，连简单的再生产也无法维持。所以，通常情况下，“物美价廉”是没有的，或是少有的。现实交易的结果往往是：作为买方，一味地追求“物美价廉”，必然要与卖方的“物美价高”发生冲突，于是卖方为表面迎合买方的“价廉”心理，便会采取偷梁换柱的手法，暗地里偷工减料或以次充好，把“物美”变成了与“价廉”对应的“物劣”。这种“物劣价廉”的粉墨登场，正是价值规律使然。可见，一味追求主观价格，常常是精明而不高明的。

与主观价格相对立的是客观价格，即能够客观反映商品价值的价格。应当懂得，价值规律是不能违背的。在现代市场经济的条件下，商品交易的正常规则应当是：遵循客观价格，恪守货真价实。只有这样，才能实现公平交易和互惠互利。

（二）绝对价格与相对价格

商品具有两个属性：价值与使用价值。这里，我们把反映商品价值的价格称为绝对价格，而把反映商品使用价值的价格称为相对价格。

商务谈判中，人们往往比较强调反映商品价值的绝对价格，而忽视反映商品使用价值的相对价格。其实，商品的价格既要反映价值又要反映供求关系，而反映使用价值的相对价格，实质上反映着一种对有用性的需求。因此，相对价格在谈判中应当受到重视。在价格谈判中，卖方应注重启发买方关注交易商品的有用性和能为其带来的实际利益，从而把买方的注意力吸引到相对价格上来，这就容易使谈判取得成功；而买方在尽量争取降低绝对价格的同时，也要善于运用相对价格的原理，通过谈判设法增加一系列附带条件，来增加自己一方的实际利益。可见，运用相对价格进行谈判，对于卖方和买方都有重要意义。价格谈判成功的关键往往在于正确运用绝对价格与相对价格的原理及其谈判技巧。

（三）消极价格与积极价格

日常生活中可以发现，一位老教授不肯花 30 元买件新衬衣，但愿意花 50 元买两本书；一位年轻人不肯花 50 元买两本书，但请朋友吃饭花 100 元却不以为然。这两个例子中，前面的“不肯”，说明对价格的反应及行为消极，属于消极价格；后面的“愿意”，表明对价格的反应及行为积极，是积极价格。其实，价格的高低，很难一概而论。同一价格，不同的人由于需求不同，会有不同的态度。这里，心理转变或观念转变有时起决定作用。对于那位老教授，如果商店的营业员向他宣传，穿上这件新衬衣会改善形象，有利于社会交往，从而获得许多书本上没有的知识，也许那位老教授可能会改变态度，决定买原来不想买的衬衣。对于那位年轻人，如果他的师长向他忠告，知识是不可缺少的精神食粮，只有不断地学习新知识，充实自己、提高自己，才利于成长和发展，才能更好地适应社会的需要，也许那位年轻人就可能转变认识，培养起买书和学习的兴趣。因此，营业员的宣传、师长的忠告，都是在做消极价格向积极价格的转化工作。

运用积极价格进行商务谈判，是一种十分有效的谈判技巧。谈判中常常会有这种情形，如果对方迫切需要某种商品，他就会把价格因素放在次要地位，而着重考虑交货期、数量、品质等。因此，商务谈判中尽管价格是核心，但绝对不能只盯住价格，就价格谈价格。要善于针对对方的利益需求，开展消极价格向积极价格的转化工作，从而赢得谈判的成功。

（四）固定价格与浮动价格

商务谈判中的价格谈判，多数是按照固定价格计算的。其实，并不是所有的价格谈判都应当采用固定价格，尤其是大型项目的价格确定，采用固定价格与浮动价格相结合的方式很有必要。大型项目工程的工期一般持续时间较长，短则一两年，长则五六年甚至十年以上，有些原材料、设备到工程接近尾声才需要用，如果在项目谈判时就预先确定所有价格，显然是不合理的。一般而言，许多原材料的价格是随时间而变化的，工资通常也是一项不断增长的费用，此外有时还要受到汇率变动的影响等。因此，在项目投资比较大、建设周期比较长的情况下，分清哪些按照固定价格计算，哪些采用浮动价格，交易双方都可以避免由于不确定因素带来的风险；也可以避免由于单纯采用固定价格，交易一方将风险因素全部转移到价格中去，而致使整个价格上扬。

采用浮动价格，其涉及的有关参数不是任意的，而多由有关权威机构确定，因而，可以成为谈判各方都能接受的客观依据。这样，虽不能完全避免某些风险因素，但比单纯采用固定价格公平、合理得多。就浮动价格进行谈判，主要是讨论有关权威机构及有关公式的选用。

（五）综合价格与单项价格

商务谈判中，特别是综合性交易的商务谈判，双方往往比较注重综合价格，即进行整体性的讨价还价，有时还常常出现互不相让的僵局，甚至导致谈判的失败。其实，此时可以改变一下谈判方式：将整个交易进行分解，对各单项交易进行一一分析，并在此基础上进行单项价格的磋商。这样，不仅可以通过对某些单项交易的调整，使综合交易更加符合实际需要，而且可以通过单项价格的进一步磋商，达到综合价格的合理化。例如，一综合性的技术引进项目，其综合价格较高，在采用单项价格谈判后，可以发现，其中先进技术应予引进，但有些则不必一味追求先进。某些适用的中间技术引进效果反而更好，其价格也低得多；同时，其中关键设备应予引进，但一些附属设备不必引进便可自行配套，其单项费用又可节省。这样，一个综合性的技术引进项目，通过单项价格谈判，不仅使综合项目得到优化，而且综合价格大幅度降低。实践表明，当谈判在综合价格上出现僵局时，采用单项价格谈判，常常会取得意想不到的效果。

（六）主要商品价格与辅助商品价格

某些商品，不仅要考虑主要商品的价格，而且还要考虑其配件等辅助商品的价格。许多厂商的定价策略采用组合定价，对主要商品定价低，但对辅助商品却定价高，并由此增加盈利。例如，某些机器、车辆，整机、新车价格相对较低，但零部件的价格却较高。使用这种机器或车辆，几年之后当维修和更换配件时，就要支付昂贵的费用。20世纪 70 年代初，美国柯达公司生产的彩色胶卷价格较高，因此销售量较低。此时，柯达公司研制出一种低成本的“傻瓜相机”，使摄影变得“你只管按快门”这样简单。柯达公司的经营战略正是：给你一盏灯，让你去买油。结果，人们真的纷纷购买这种廉价相机，于是大大促进了高价格彩色胶卷的销售。这都说明，对于价格包括价格谈判，不仅要关注主要商品价格，也要关注辅助商品及其相关商品的价格。

三、商务谈判价格的合理范围

商务谈判中的价格谈判，尽管影响价格的因素很多，各种价格关系的运用为谈判者提供了余地，但是，价格谈判毕竟有其限度，即有其合理范围。假设谈判为买卖双方，我们用图 5.1 予以说明。

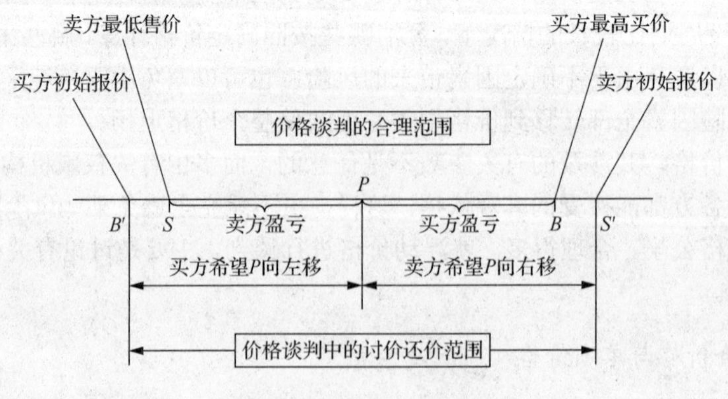

图 5.1　价格谈判的合理范围

在图 5.1 中，S 为卖方最低售价，这是卖方在谈判中的保留价格或临界点。因为，卖方出售其商品，受其成本和其他因素的影响，不可能多低的价格都出售，不可能没有一个最低的下限。当然，作为卖方，售价越高越好，不过这会受到买方最高买价的限制。图中，B 为买方最高买价，这是买方在谈判中的保留价格或临界点。显然，买方购买卖方的商品，受其价值和其他因素的影响，不可能多高的价格都购买，不可能没有一个最高的上限。当然，作为买方，总希望买价越低越好，而这又会受到卖方最低售价的限制。在图 5.1 中有一个前提：$B > S$，即买方的最高买价必须高于卖方的最低售价，只有在这种情况下，价格谈判才有可能进行。否则，如果 $B < S$，即买方的最高买价低于卖方的最低售价，价格谈判就无法进行。因此，在 $B > S$ 的条件下，我们把 S、B 这两个临界点所形成的区间，称为价格谈判的合理范围。这是交易双方价格谈判策略运用的客观依据和基础。

然而，在价格谈判中，双方的保留价格是不会向对方宣告的。交易双方只能根据各种因素和信息，自行确定自己的价格临界点 S 或 B，同时估算对方的价格临界点 B 或 S。而价格谈判的现实依据，只能是双方的初始报价。所谓初始报价，是指交易双方向对方第一次报出的最高售价或是最低买价。一般来说，卖方的最初报价总是较高，不但要高于其最低售价，往往高于买方的最高买价；同样，买方的初始报价总是较低，不但会低于其最高买价，往往也低于卖方的最低售价。于是，交易双方相继报出初始价格即提出开盘价格后，便在此基础上展开了价格谈判的讨价还价。图 5.1 中，S' 为卖方初始报价，B' 为买方初始报价，$B' \sim S'$ 区间，我们称为价格谈判中的讨价还价范围。

在图 5.1 中，P 为买卖双方达成协议的成交价格。因为 P 处在 $S \sim B$ 区间，即 $S<P<B$，所以能够为买卖双方共同接受。否则，如果 $P<S$，或 $P<B$，卖方或买方就不会接受，并会退出谈判。因此，交易双方能够达成协议的成交价格，必须处在价格谈判的合理范围之内。还要强调指出，交易双方共同接受的成交价格，尽管必须处在价格谈判的合理范围内，但这并不意味双方的利益分割是均等的，成交价格 P 往往不会在 $S \sim B$ 区间的中点上，我们把这种情况称为价格谈判中盈余分割的非对称性。造成这种非对称性的因素是很多的，其中主要有双方需求的不同，双方地位和实力的不同，尤其是双方价格谈判策略运用的不同等。所有影响因素将导致双方在价格谈判中让步的不平衡性，从而最终形成谈判中盈余分割的非对称性。现实表明，价格谈判的合理范围，不仅是交易双方价格谈判的策略依据，而且也是谈判的艺术舞台。

四、报价的形式

（一）书面报价

书面报价通常是谈判一方事先提供了较详尽的文字材料、数据和图表等，将本企业愿意承担的义务，以书面形式表达清楚，使对方有时间针对报价做充分的准备，使谈判进程更为紧凑。但书面报价的白纸黑字，客观上成为该企业承担责任的记录，限制了企业在谈判后期的让步和变化。因此，对实力强大的谈判者是有利的，至少双方实力相当时，可使用书面报价；实力较弱者就不宜采用书面报价法，而应尽量安排一些非正规的谈判。

（二）口头报价

口头报价具有很大的灵活性，谈判者可根据谈判的进程来调整变更自己的谈判战术，先磋商，后承担义务，没有义务约束感。口头报价可充分利用个人沟通技巧，利用情感因素，促成交易的达成。察言观色，见机行事，建立某种个人关系，来寻求谈判气氛，是这种方式的最大长处。当然，如果谈判者没有娴熟的沟通技巧和经验，会很容易失去议题的头绪，而转向枝节问题；容易因没有真正地理解而产生误会；也容易使对方进行反击。一些复杂的要求，如统计数字、计划图表等，难以用口头阐述清楚。此外，由于对方事先对情况一无所知，他就有可能一开始很有礼貌地聆听企业的交易条件，然后中途退出谈判，直到他准备好了如何回答才回来谈判，从而影响谈判进度。为了克服口头报价的不足，在谈判前可以准备一份印有本企业交易重点、某些特殊要求、各种具体数字等资料，以供临时所需。

五、报价应遵循的一般原则

报价的高低对整个谈判进程将产生实质性影响，因此，要成功地进行报价，谈判人员必须遵守一定的原则。

（一）关于报价的最低可接纳水平

报价之前为自己设定一个最低可接纳水平，这是报价的首要原则。所谓最低可接纳水平，是指最差的但却可以勉强接纳的谈判终极结果。例如，卖方可将他即将出售的某种商品的最低可接纳水平定为1000元。这就是说，假如售价等于或高于1000元，他将愿意成交。

（二）开盘报价要明确、清晰而完整

商务谈判中，为了使对方能够准确了解我方的期望，开盘报价必须明确、清晰而完整，以免产生不必要的误解。一个可行的办法是：一方面以口头报价，另一方面在对方可以看清楚的距离内将要点用笔写出。

（三）关于开盘价

对卖方来说，开盘价必须是最高的；对买方来讲，开盘价必须是最低的。开盘价高到哪一步才算明智呢？当然，如果你的报价高到被对方认为荒谬的程度，则不但谈判会因此告吹，而且你的可信性也会受到损害。一个可供参考的报价原则是：只要能够找到理由加以解释说明，则报出的价格应尽量提高。原因有以下几个方面。

（1）卖方的初始报价，事实上对谈判的最后结果设定了一个无法逾越的上限，因此报价一定要高。

（2）报价的高低影响着对方潜力的评价。

（3）报价越高，则报价者为自己留的让步余地就越大。

（4）报价是给予对方的期望值，期望的水平越高，谈判成功的可能性也就越大。

当然，尽管卖方最初的报价要尽可能高，但在实际掌握中仍有较大的伸缩性，因此谈判者在报价时，还应把报价的高低同对方的各种因素综合起来考虑。如果对方是老客户，双方有较真诚的友谊和长久的合作关系，则可不必把价格报得很高。

（四）报价时的态度

报价时的态度要坚定、果断、毫不犹豫，只有这样才能显示出报价者的信心，并给对方留下我方认真而诚实的好印象。

（五）关于报价的说明

报价时不要对我方报价做过多的解释、说明，因为不管我方报价的水分有多少，对方都会提出质疑。如果在对方还没有提出问题时，我们就主动加以说明，会提醒对方意识到我方最关心的问题，而这些问题有可能是对方尚未考虑到的。因此，过多的说明和解释，会使对方从中找出破绽或突破口，这对我方是极为不利的。也就是说，只有对方对你的报价表示不满或要求你对它进行解释时，你才能对自己的报价进行解释。

第二节　商务谈判的价格技巧

一、先报价的利弊与技巧

（一）先报价的有利之处

在价格谈判中，不管是出于自愿、主动，还是应对方的要求，总有一方要先报价。其有利之处表现在以下几个方面。

（1）先报价比反应性报价显得更有力量，更有信心。这种建立在谈判人员详尽地调查了解、报价准备比较充分的基础上的力量和信心，可以使己方首先在气势上压倒对方，同时也首先表明欲达到的目标。

（2）先报价的价格将为以后的讨价还价树立起一个界碑。这个界碑把对手的期望限制在一个特定的范围内。一旦起始报价摆到了桌面，对方讨价还价就只能以此为起点，不可能要求报价一方在更优惠的条件卜后退。

（3）先报价可以占据主动，先施加影响，并对谈判全过程的所有磋商持续起作用。

（二）先报价的不利之处

先报价的不利之处表现在以下几个方面。

（1）当己方对市场行情及对手的意图没有足够了解时，贸然先报价往往会限制自身的期望值。对方则可根据己方提供的数据、材料和所掌握的各种信息自由调整期望值，从而获得本来不曾想、不敢想或估计很难得到的一些好处。

（2）先报价的一方由于过早地暴露了自己手中的牌，处于明处，为对方暗中组织进攻，逼迫先报价一方沿着他们设定的道路走下去提供了方便。

（三）视特定环境和条件决定是否先报价

既然先报价有利有弊，而且“利”与“弊”都和一定的条件相联系，实际谈判中“先入为主”与“后发制人”都有不乏成功的范例，因此在谈判中，某一方是否先报价，要视特定条件和具体情况灵活掌握。

（1）在自己掌握信息不足、把握不大的情况下，让对方先开口反而于己有利，至少可以从中了解对方的想法。实际谈判中常常会遇到这种情况，对方先开口报出的价格往往比自己预料的要高出许多。

（2）如果预计到谈判一定会十分激烈，甚至可能出现互不相让的局面，在做好充分准备的基础上，通过先报价来确定谈判过程的起点，并由此影响以后的谈判进程，使己方从一开始就占据主动，于己是有利的。

（3）如果谈判对方是自己的老客户，而且双方的合作一直不错，“报价先后”的问题就不重要，双方往往无须经历任何艰苦的报价和磋商就能协商前进，达成理想的协议。

美国加利福尼亚州一家机械厂的老板哈罗德准备出售他的 3 台更新下来的数控机床，有一家公司闻讯前来洽购。哈罗德十分高兴，准备开价 360 万美元，即每台 120 万美元。当谈判进入实质性阶段时，哈罗德正欲报价，却又突然停住，暗想：“可否先听听对方的想法？”结果，对方在对这几台机床的磨损与故障做了一系列的分析评价后，说：“我公司最多只能以每台 140 万美元买下这 3 台机床，多一分钱也不行。”哈罗德先生大为惊喜，竭力掩饰内心的喜悦，还装着不满意的样子，讨价还价了一番，最后自然是顺利成交了。

二、价格解释的技巧

所谓价格解释，是指卖方就其商品特点及其报价的价值基础、行情依据、计算方式等所做的介绍、说明或解答。它是买卖双方就价格问题进行交锋的开始，对双方都具有重要的意义。对卖方来说，可以充分利用价格解释的机会表白自己所报价格的真实性、合理性，增强其说服力，软化买方要求，迫使买方接受自己的价格或尽量缩小买方压价的期望值。为此卖方应做好充分准备，备齐多种实质性的、外围性的、掩护性的材料，并对买方可能提出的问题进行研究，以做到有问必答，而且所做的回答有助于巩固自己的价格主动地位。对买方来说，通过对方所做的价格解释，可以了解卖方报价的实质与可信程度，掌握卖方的薄弱之处，估量出自己讨价还价的余地，进而确定价格评论的侧重点。为此，买方必须“善于提问”，即不论卖方怎么躲闪回避，买方总能变通多种话题与其交谈，并且把交谈引导到卖方有意躲避的问题或买方最为关心的问题上，让对方解答，以达到自己的目的。

价格解释的内容一般包括货物价格的解释、技术费的解释、技术服务费的解释、技术资料费的解释、商品流通费的解释等。解释应层次清楚，并最好按报价内容次序逐一解释。

价格解释的原则是有理、有利、有节，具体技巧有以下几种。

(一) 不问不答

不问不答是指买主不主动发问也不回答，买方未问到的不回答，买方不直接点明的不回答，以免言多语失，让买方看轻自己，削弱自己在谈判中的地位。

(二) 有问必答

买方郑重提出的问题要回答，而且要令提问人有痛快之感。既然要回答，却又吞吞吐吐，躲躲闪闪，本身就给人以“不实”之感，授人以降价的把柄。为此，卖方应在报价前，充分掌握各种相关资料、信息，并对买方可能提出的问题进行周密的分析、研究和准备，以通过价格解释表明报价的真实、可信。

(三) 避实就虚

回答问题，提供资料，要以好讲的为主，不好讲的部分和利润大的部分次之。买方提出了自己不好讲的问题时，应尽量避其要害，多强调自己产品、技术或服务的特点，多讲自己不成问题的内容，以此来消磨时间，渲染气氛，转移买方的视线。对有的问题，则采取拖延的办法，不立即做出肯定或明确的回答，而是态度诚恳地记下对方提出的问题，承诺过几天再答复。

(四) 能言不书

可以用口头解释的不用文字写，实在要写就写在白板上；非落到纸上不可时，写粗不写细。这样，使己方总是有否定、修改、解释的退步，从而总是处于主动地位；否则，白纸黑字，具体详尽，想修改、想解释就很困难了。

价格解释中，作为买方，其应对策略应当是善于提问，即不论卖方怎样闪烁其词，也要善于提出各种问题，设法把问题引导到卖方有意躲避或买方最为关心之处，迫使卖方解答，以达到买方的目的。

三、讨价的技巧

讨价是指在买方对卖方的报价及其所做的解释予以评论后，提出重新报价或改善报价要求的行为，也称为再询盘。还价则是指卖方应在买方做出新的报价后，向买方要求给出价格的意见，也称为还盘。还价之后有时还会有再次讨价、还价……所以，人们所讲的讨价还价包含了讨价与还价的多次重复的概念和价格谈判的阶段性概念，即有反复几次的价格意见的往来，而且它标志着谈判的一定阶段。

讨价还价是谈判双方价格交锋中的一个必经阶段，它可能很快，在几分钟、十几分钟内就结束；也可能很慢，需要几个月甚至几年的时间。但是不论时间长短，它总是跌宕起伏、动人心魄的，其间交织着双方的喜怒哀乐和攻防转换，是谈判双方力量、意志和智慧的较量。

（一）以理服人

讨价是伴随着价格评论进行的，所以讨价应本着尊重对方和说理的方式进行；又因为不是卖方的还价，是启发、诱导卖方降价，为还价做准备，所以，如果在此时“硬压”对方降价，则可能使谈判过早地陷入僵局，对己方不利。在初期、中期讨价即对方还价前讨价时，应保持平和信赖的气氛，充分说理，以求最大的效益，即使碰到漫天要价者，也不应为其所动。

一般来说，在报价太离谱的情况下，报价者在价格解释中总会存在这样或那样的漏洞，只要你留心，总是能够觉察到的。当你以适当的方式指出其报价的不合理之处时，报价者大多会有所表现。例如，他们会以“可能是我们算错了”“我们再核算一下”“我们与生产厂家再商量一下”“这项费用可以不要了”等为遁词，对价格做部分调整。不管他的理由是否合乎逻辑，作为买方都应表示欢迎，尽管此时调整价格的幅度不是很大，但对买方而言总是有利的。另外，还可以把对方调整幅度的大小作为估算对方保留价格的依据。即使对方没有任何松动，也可以从他的态度来判断其是否有诚意，以及你所面对的是什么类型的讨价还价者，从而调整自己的策略与技巧。

（二）相机行事

讨价可以分为笼统讨价与具体讨价两种方法，分别适用于不同的时机与条件。笼统讨价即从总体价格和内容的各个方面要求重新报价；具体讨价则就分项价格和具体的报价内容要求重新报价。根据不同情况采用不同的讨价方法，是运用讨价技巧的一个重要方面。

1. 笼统讨价

笼统讨价常用于评论之后的第一次要价，或者于较复杂交易的第一次要价时使用，因为买方总喜欢从宏观的角度先去压价。笼统地提要求，不暴露掌握的准确材料，对方为了表示“良好”态度，也可能调整价格，这样就可以循序渐进。例如，“请就我方刚

才提出的意见报出贵方改善的价格”；“贵方已听到了我们的意见，若不能重新报出具有成交诚意的价格，我们之间是很难达成交易的”；“我方的评价意见说到此，待贵方做出了新的报价后再谈”。这 3 种说法均是笼统讨价方法的运用，只是程度一个比一个更严厉，但目的只有一个，就是促使对方做出新的报价。

2. 具体讨价

具体讨价常用于对方第一次改善报价之后，或不易采用笼统讨价方式的报价。如水分较少、内容简单的报价，在评论完后即进入有针对性的、要求明确的讨价。在第一次改善价格后的讨价时，“具体”的要求在于准确与针对性，而不在于“全部”将自己的材料都端出来。在做法上是将具体的讨价内容分成几个部分，可按内容分为技术费、设备备件费、资料费、技术服务费、培训费等；也可按评论结果，将各项内容按水分大小归类，水分大的归为一类，水分中等的归为一类，水分小的归为一类。分块、分类的目的是要体现“具体性”，即具体问题具体分析。只有分块、分类，才能进行不同程度、不同理由的讨价。

具体讨价的操作是有讲究的，不能任意从哪一块讨价。一般规律是从水分最大的那一块或那一类入手讨价，然后再对水分中等的那块或那类进行讨价，最后谈水分最小的那块或那类的讨价问题。

（三）投石问路

要想在谈判中掌握主动权，就要尽可能地了解对方的情况，尽可能地了解和掌握当我方采取某一步骤时，对方的反应、意图或打算。投石问路就是了解对方情况的一种战略战术。例如，“如果我方与贵方签订为期一年的合同，你们的价格能优惠多少？”“如果我方对原产品做如此改动，价格上有何变化？”“如果我方买下你方的全部存货，报价是多少？”“如果我方为贵方提供生产产品所需的原材料，成品价又是多少呢？”“如果我方有意购买贵方其他系列的产品，能否价格上再优惠些？”“如果货物运输由我方解决，价格是多少？”一般来说，任何一块“石头”都能使讨价者进一步了解对方，而且使对方难以拒绝。

四、还价的技巧

买方对卖方的报价及其解释，一般不会立即全部接受，也不会完全推翻，而是对卖方的报价打折扣；反过来，卖方对买方的讨价，既不会轻易允诺，也不会断然否定，而是部分地予以接受。这些都是还价，即谈判双方针对对方的报价或讨价而使用的价格竞争方式和反提议措施。这一措施运用得当，将有助于推动谈判朝着对己方有利的方向发展，使自己拟定的交易条件得到对方的承认，欲得的经济利益得以实现。这就需要做好还价前的筹划工作，掌握还价的技巧。

（一）“含而不露”的技巧

还价中的“含而不露”策略是指如果你对对方的某一建议或提案很有兴趣，只能在心里盘算怎样抓住机会，获取好处，而不能在表面上显露出来。这是因为，在谈判的每一阶段，双方都在窥视对方的弱点，并提出一些建议、提案来试探对方的虚实，从而寻找自己的攻击目标和切入点。又因为人们对尚不拥有的东西总是渴望得到，为了得到又总是不愿意付出较大的代价而不愿轻易舍弃，所以，如果你对对方的某种建议表现出强烈的兴趣，那恰恰暴露了你的弱点。对方觉察了这一点，就会趁机抬高要价，增添附加条件或索要较高的回报，使己方陷入进退两难的境地。那么，怎样才能巧妙有效地运用“含而不露”这一策略？应注意以下几点。

（1）当你听到了对你很有利的建议或提案时，不要马上表示同意或赞许，而是要如常回应，内心里加紧盘算，待考虑成熟后再将自己的意见向对方提出。

（2）为防止对方洞察自己的用心，提高警惕或收回提议，可在暗中思考对方提议的同时，提出其他问题与对方磋商，以麻痹对方。

（3）要注意和自己在整个谈判过程中表现出来的态度保持一致，不可让对方觉得自己的态度反常而引起警觉。

（二）“感情投资”的技巧

在讨价还价过程中，双方的争论辨析常常以纯逻辑的方式进行，成交价格似乎也是双方实力较量的结果，好像没有什么感情色彩，也没有关系因素加入所起的作用。其实不然，许多谈判的顺利推进，乃至于一些棘手问题的最终解决，都是凭借了当事人双方之间业已存在的感情基础。所以，你想影响对方，那么你首先就应该是一个受对方欢迎、为双方认可的人。如果你有时想靠强硬的态度来得到你预想的结果，或想使用你的力量来压服对方，这些做法都是不对的，而最有效的做法是唤起对方的好感，增进彼此的理解、信任和友情。这样，当你需要坚持自己的立场或使用强硬态度时，就可以放心地去做，而不必担心把关系搞僵。这就是谈判中的“感情投资”策略。要有效地实施这一策略，可运用以下技巧。

（1）在一些较为次要的问题上，主动地迎合对方的想法，使对方认为你能站在他的角度上考虑问题，从而产生好感。

（2）谈论业务范围以外对方感兴趣的话题，如足球比赛、时装表演、当地的土特产等，在相互交流中扩大沟通，找到共同语言，增进友情。

（3）对于彼此之间有过交往的，要常叙谈，回忆以往合作的经历和取得的成功。

（三）“针锋相对”的技巧

谈判中采用“针锋相对”策略，既是出于自身利益的需要，也是基于自身实力的条件，故而在讨价还价中，“针锋相对”策略经常被派上用场。那么，怎样有效地使用这

一策略呢？主要是用“以其人之道，还治其人之身”的技巧。这一技巧具体体现在手法和内容两个方面。

（1）针对有的卖方为引起买方兴趣，促使买方下决心做成交易而且不在价格上认真计较，常用强调做成生意将给买方带来诸多好处的手法。对此，己方也应采用同样的手法，以站在对方角度考虑问题的方式，大力宣扬如能成交卖方将得到更大的利益，没有理由只要求买方做出价格让步。

（2）针对卖方描绘买方所得到的好处，也将卖方所能得到的利益编织罗列起来向对方灌输，以抵消卖方隐含在描绘买方所得好处后面的价格要求。例如，可以向对方指明，现在按一定价格销出存货不仅可以避免日后的削价处理，还可以排除其他卖主的竞争、改善库存结构、加速资金周转、节约利息支出、扩大市场份额、巩固销售地位、提高企业资信等。

（四）“诱‘敌’就范”的技巧

在还价中，运用“诱‘敌’就范”策略常常借助“假如……，那么……”或是“如果……，那么……”的问话技巧来进行。例如，“假如我再将订货增加一倍，那么你将给我怎样的价格优惠？”“如果我预先付款或削减服务项目，那么你的价格折扣将扩大多少？”“假如我与你签订长期合同，那么你是否让我享受最优惠的价格待遇？”上述问话实际上是以己方首先做出的让步为诱饵，启发、引导对方做出相应的或更大的让步的技巧。这种技巧运用得当，可以打破讨价还价的僵持状态，使谈判继续下去；可以使自己由“被动防御”转为“主动进攻”；可以打乱对方原有部署，使其在不堪追问和担心错过机会的情况下及早做出让步；可以使己方以较小的代价换取较大的利益。在运用这种技巧时要注意以下几点。

（1）让步的内容要能引起对方的兴趣。

（2）以相对抽象的让步内容换取对方具体实在的降价比例和折扣幅度。

（3）让步条件和索要的回报之间要有一定的内在联系。

（五）“积少成多”的技巧

“积少成多”作为还价时使用的一种策略，是在向对方索取东西时，要一项一项、一点儿一点儿地取，最后达到聚少成多的效果。怎样实现这一策略呢？应注意以下几点。

（1）针对人们对“一点儿”不太在乎和不愿为一点儿利益把关系搞紧张的心理，将总体价格分解划细，每项还一点儿，一项一项地还，逐步实现自己的目标。

（2）多方寻找要求对方降价或接受较低价格的理由，将自己提出的每一点降价要求都建立在特定的依据之上。

（六）“吹毛求疵”的技巧

在价格谈判中，还价者为了给自己的要求制造理由、提供依据，同时也为了让对方知道买主是精明的内行，不会轻易被人欺蒙，常常使用“吹毛求疵”的策略。从技巧角度看，使用“吹毛求疵”策略通常有以下一些做法。

（1）在不好直接或正面要求对方降价的情况下，转而对对方产品一而再、再而三地挑毛病，迫使对方让步。例如，一个商谈买彩电的买主，说是非要名牌不可，拿来名牌样机后，说式样太旧、机壳颜色灰暗，又说屏幕亮度不够、没有录音插孔、电视机线路图印刷不清等，要求对方降价。

（2）在挑毛病时，将真的（实际当中确实存在的问题）和假的（不好认定的或与价格没有关系的问题）混在一起向对方提出，使对方不好反驳。

（3）在挑对方产品毛病的同时，还可抓住对方建议或意见中的缺点，加以夸大，提出指责，以加强自己还价的理由和力量。

（七）“最后通牒”的技巧

“最后通牒”作为谈判中一方向另一方施加强大压力的一种策略，经常被还价者所使用。但要达到将矛盾引向对方一边，使自己由被动变主动的目的，也要讲究技巧，主要有以下几个方面。

（1）给对方最后通牒的时机要恰当。一般是在买主处于有利地位或买方已将价格提到无法再提的程度时，发出最后通牒。

（2）在发出最后通牒前，要想法让对方先在你身上做些“投资”。等到对方的“投资”达到一定程度时，再结合其他情况抛出最后通牒，使对方由于难以抽身而不得不接受“最后通牒”。

（3）给对方最后通牒时言词不要太锋利，否则会伤害对方的自尊，到最后挤压对方不成反而使自己受损失。例如，“就是这个价钱，不然没什么可谈的了！”而“软”的最后通牒则不然。例如，“你说的完全有道理，可惜我们只能出这个条件，你看能否通融通融？”这种说法虽然堵死了对方纠缠我方让步的可能性，但由于言词比较委婉，相比之下容易为对方考虑和接受。

（4）给对方最后通牒的根据要过硬，即要有较强的客观性和不可违抗性。例如，你可以援引有关的法律规定、政策条文、商业惯例、通行的价目表或公司的财务制度来支持自己的立场，使对方不好反驳。

（5）给对方最后通牒的内容要有弹性或缝隙。运用“最后通牒”战术不是要将对方“逼上梁山”，而是压对方让步的一种手段。因此，要在最后通牒中给对方留出一条路。例如，可以说：“请贵方考虑一下这个价格，或者最多再加5%的手续费，否则其他问题就很难再谈下去了。”

（八）“积极让步”的技巧

实践表明，在谈判中打破僵局最有效的方法莫过于让步，因此在讨价还价的过程中，一方向另一方做出让步是常有的事。然而让步却有消极让步与积极让步之分。消极让步

是以单纯的自我牺牲来打破僵局，这是下策，也是不得已而为之；积极让步作为还价中的一种成功策略，包含着让步要争取主动，要选择时机，让步有条件、有限度的这样一些丰富的含义。实施这一策略，要在许多方面讲究技巧，主要有以下几个方面。

（1）绝不作无谓的让步。每一让步都应该是为了获取对方在某些方面的相应让步或优惠，体现出对我方有利的宗旨。如果不能换回什么优惠，就不要把自己的东西轻易给人。

（2）根据问题的重要性决定让步的先后。在你认为重要的问题上力求使对方先让步，而在较次要的问题上你可以考虑先做让步，并记下已做出的每一让步，经常说给对方，以抵御对方以后的要求。

（3）要选择好让步时机。让步应在最必要和最有利的情况下才能做出。如不让步就不能打破僵局，不让步己方的损失就会更大，或者是对方马上能够接受，没有犹豫不决的余地时做出让步。

（4）让步要讲究分寸、步幅。让步的大小，既要能引起对方的兴趣，又不要让对方觉得反常；既要符合以较小的让步换得对方较大回报的让步原则，又要尽可能不让对方觉察出来。

（5）不要承诺做同等幅度的让步。例如，对方在某一条款上让你40%，他也要求你在另一条款上让他40%。因为条款不同，同样是40%，但其所代表的实际利益可能是不等值的，所以你应该以“我方无法承受在某条款上做40%的让步”来婉言拒绝。

（6）一次让步的幅度不宜过大。因为一次让步，特别是第一次让步幅度过大，会让对方觉得你缺少谈判经验或者是你的价格“虚头”太大，是软弱的表现，会建立起对方的自信心，并使其在以后的谈判中占据主动地位。在这种情况下，要让对方回报以相应大小的让步是很困难的。

（7）以我方让步的许诺来诱导对方做出让步。例如，我们想以松动价格折扣来换取对方在交货期上的让步，不妨可以说：“要让我方在价格上再通融一下，那实在是让我方感到为难了。不过，如果你方在交货期问题上还有进一步商量的余地，我想大概会有助于我方对价格问题做某些新的考虑。”

（8）找借口撤回让步。如发现己方做出的让步失当，在协议尚未正式签字生效之前，可采用巧妙办法收回。例如，可借对方对我方提出的条件坚持不让步的时机或借对方有出尔反尔现象的情况下，乘机收回我方先前做出的让步，重新提出谈判条件。

（9）让步的表达要讲求技巧。如对自己表示做出的让步要说得含糊一些，要求对方做出让步要尽量说得明确、具体。再如，当一方想以较小的让步给对方较大的满足，以求得较大的回报时，一定要说得轻松和有伸缩性，以免被对方发觉你占了便宜，从而提高自己的要价。

（10）要轻重有别，即对对方在让步中得到的好处可浓墨重彩地描绘，而对对方所付出的代价则轻描淡写、一带而过。

（九）“最大预算”的技巧

“最大预算”的技巧就是一方面对对方某方案表示感兴趣，另一方面以自己的最大授权或最高预算不允许为由，逼迫对方再对方案进行修改的策略。这一策略的有效实施也需要讲究技巧。例如，卖方将某项目报价从6万元降至5万元，买方说：“你的方案内容不错，我也感兴趣，但我只有4.5万元的预算。”或买方给出4.5万元，相对卖方要价6万元还有不小差距，卖方会说：“你的还价很有意义，但我无权做这么大的让步。”这两例都是“最大预算”技巧的运用。一个讲买方的资金预算，一个讲卖方的权限范围，都是以自身以外的理由来限制和回绝对手提出的要求。这一技巧的运用要注意以下几点。

（1）注意有回转、变通的余地。万一在对方不管你“最大”真假与否，坚持原立场时，可以有后手挽救局面。

（2）使用该技巧应有“保密”意识。因为使用这一技巧容易将“底牌”暴露给对方。

（3）掌握好时机。在已进行多次价格交锋，卖方报价中的水分已经不多，并使之向买方要求靠拢之后才可施行。同时，还要考虑卖方是否急于成交。

案例分析

公司委托林海尽快找到一处办公地点，月租金8000元以下。林海找到一个合适的地方。该房产属于一个科研机构，多年闲置。由于该单位财政紧张，现欲出租该房产，但目前尚无人问津。林海找到这个科研单位的负责人李园，说明了自己的来意。

林海：“那您开个价吧！”

李园：“我们研究决定，租金每月6000元。”

林海：“哟，这个价可是超出了我的想象。你看这房子，地理位置较偏，交通又不大方便，一般人谁也不上这儿来呀！咱们按市价，4500元怎么样？”。

李园：“不行，不行！这房子是偏了点，可别的条件都挺好。4500元可太少了，起码5500元。”

林海：“我呢，是真心想租您这房子。我找了一些地方，就您这还不错。这样吧，4800元。”

李园微笑着摇头。

林海：“得，5000元行了吧！这可是我们领导给的最高限了，再多，我也做不了主了。”

李园：“就5500元，不能再少了。要不，你再跟你们领导商量商量，明天再给我个信吧！”

林海：“那我再争取一下，这事不成，我还得再受累另去别处找。你呢，每月5000元的进账也泡汤了！”

第二天，林海没有和李园联系。第三天，由于领导定的期限快到了，林海决定接受李园的条件，以 5500 元的月租金租下那房子。正在此时，李园打来电话，急切询问进展情况。

林海："我在领导那儿磨了两天，领导只同意每月 5200 元，我是无能为力了。"

李园："既然如此，那就 5200 元吧……"

思考：

林海是否应该在电话中答应李园的条件，以 5200 元的月租金租下房子？试说明理由。

复习思考题

1．价格谈判中影响价格的具体因素是什么？
2．价格谈判中应当注意研究哪些价格关系？
3．价格解释有何意义？其主要技巧是什么？
4．价格评论有何意义？其主要技巧是什么？
5．讨价策略的运用包括哪些方面？
6．还价策略的运用包括哪些方面？

实践训练

（一）

【实训项目】

设计开局的报价。

【实训目的】

通过实训，学生应能根据谈判目标的确定及报价的基本要求，选择合适的报价方式，明确报价的内容。

【背景资料】

双方的谈判人员经过短暂的开局后，一条龙厂家的谈判代表杨副厂长向秦主任提问："贵校打算以什么方式与我方合作呢？"基地代表秦主任随后就合作的问题提出了自己的看法。（向对方提交了报价单）

【实训要求】

根据以上资料写出一份设计开局报价的实训报告。

（二）

【实训项目】

有效进行解释和评述。

【实训目的】

通过实训，学生应能掌握报价解释的基本要求，并据此说出己方报价的理由。同时，学会分析和评价对方的解释。

【背景资料】

一条龙厂家与吉祥培训基地进行谈判。吉祥培训基地提出了免定金、免预付货款、免运费，免费做店面招牌广告，免费培训业务员，货款待销售完后结算，随时送货、店庆费、节庆费、单品费、年结费、特价扣点费、终端堆码陈列费和场外促销费等一系列条件，甚至声明，如果不答应就中止谈判。

【实训要求】

根据以上资料写出一份如何解释和评述的实训报告。

（三）

【实训项目】

防止对方进攻。

【实训目的】

通过实训，学生应学会拒绝的技巧，把谈判的策略与谈判的筹码结合起来使用，做到既不同意对方的条件，又能把对方留在谈判桌上。

【背景资料】

一条龙厂家经过调查和分析后决定利用吉祥培训基地铺货，针对吉祥培训基地提出的条件，杨副厂长的答复如下：贵方提出的条件很有创造性，对你们的要求也能理解。但是，第一，货款在销售结束后结账，这在我厂没有先例，待我们研究后再答复你们。第二，培训业务员方面，请问你们打算培训多少人？第三，各种费用与折扣问题已经超出我厂允许的政策范围，希望秦主任不要让我丢饭碗。

【实训要求】

根据以上资料写出一份如何防止对方进攻的实训报告。

第六章
商务谈判障碍的排除

案例导入

云南省小龙潭发电厂就6号机组脱硫改造项目于2002年跟丹麦史密斯穆勒公司签订了一系列脱硫改造合同，改造后检测结果，烟囱排放气体并未达到合同所承诺的技术指标。该电厂于2004年又与史密斯穆勒公司为此事进行交涉，要求对方进行经济赔偿。索赔谈判前，我方在确认对方的责任方面进行了大量调研和数据收集工作。首先，咨询清华大学、北京理工大学等国内该领域的知名专家，在理论上对这一问题有了清楚的认识。其次，对改造后烟囱排放气体进行采样分析以及数据计算。另外，对比分析对方提供的石灰品质及脱硫效率。根据调研结果，对照2002年原合同中的条款和参数，我方最终认定是史密斯穆勒公司的责任。

在索赔正式谈判中，双方在责任问题上各执一词，谈判出现了僵局。史密斯穆勒公司采取了“打擦边球”的策略，试图推脱责任，把赔偿金额压到最低。合同要求脱硫率是90%，脱硫率瞬间值达到了这一指标，甚至还高于90%。但我方要求的是长期值而不是瞬间值，对方试图以瞬间值逃脱一定责任，而我方则以平均值说明问题。我方经过长期统计，平均值仅有80%左右，远远没有达到合同要求。在脱硫剂石灰上，丹麦的国家制度规定石灰原料由国家提供，而我国则由企业自己提供。史密斯穆勒公司认为，脱硫效率低是我方未提供合适的石灰造成，我方应负一定责任。

双方最终达成协议：一方面，史密斯穆勒公司派遣相关人员继续进行技术改造，另一方面，对方就无法实现的合同技术指标部分进行赔偿。

从上述谈判过程及结果可知，责任归属问题是索赔谈判的关键，只有分清了责任，谈判双方才能根据损害程度就赔偿范围、金额等进行协商。否则，双方就要诉诸仲裁或法律诉讼等方式来解决纠纷，这样不仅伤害了双方感情，而且成本很高。我方在处理僵局时，以合同条款为依据进行责任区分，并尊重对方的感情，采用有效的退让策略，使索赔问题在友好的谈判气氛中得到解决。同时，商务谈判成功的过程就是抓住对方心理而巧妙应对的过程。

第一节　商务谈判障碍概述

在商务谈判过程中，时常会因为各种原因，使谈判僵持不下，如意见分歧、相互猜疑、争论不止、气氛紧张等，我们把基于上述阻碍和影响谈判顺利进行的各种问题和因素称为商务谈判障碍。这些障碍的出现虽属正常，但如果处理不当，就会严重影响谈判协议的达成。因此，如何打破僵局、恰当地处理反对意见、有效地变被动为主动及控制谈判的气氛等是每个谈判者都会面临的问题。

商务谈判僵局是指在商务谈判过程中，由于双方对所谈问题的利益要求差距较大，各方又都不肯做出让步，双方因暂时不可调和的矛盾而形成的对峙，从而使谈判呈现出一种不进不退的僵持局面。谈判僵局之所以经常出现，其原因就在于，来自不同的企业、不同的国家或地区的谈判者在商务谈判中，双方观点、立场的交锋是持续不断的，当利益冲突变得不可调和时，僵局便出现了。出现僵局不等于谈判破裂，但它严重影响谈判的进程，如不能很好地解决，就会导致谈判破裂。要突破僵局，就必须对僵局的性质、产生原因等问题进行透彻的了解和分析，只有这样，才能正确地加以判断，从而进一步采取相应的策略和技巧，选择有效的方案，重回谈判桌，使谈判顺利地进行下去。

一、商务谈判僵局产生的原因

在谈判进行过程上，僵局无论何时都有可能发生，任何主题都有可能形成分歧与对立。表面上看，僵局出现的时机与表现的形式、对峙程度的高低是很复杂的。然而，谈判陷入危机往往是由于双方感到在多方面谈判中期望相差甚远，并且在各个主题上这些差异相互交织在一起，难以出现缓解的迹象。造成谈判僵局的原因可能是多方面的，僵局并不总是因大事或者重大的经济问题才出现。根据一些谈判者的经验，许多谈判僵局和破裂是由细微的事情引起的，诸如谈判双方性格的差异、个人的权力限制、环境的改变、公司内部纠纷、与上司的工作关系、缺乏决断的能力、谈判一方利用己方优势强迫另一方接纳己方的意图等。僵局的产生是由其中一个或几个因素共同作用而形成的。归纳起来，商务谈判僵局产生的原因主要有以下几个方面。

（一）谈判一方故意制造谈判僵局

这是一种带有高度冒险性和危险性的谈判战略，即谈判的一方为了试探出对方的决心和实力而有意给对方出难题，搅乱视听甚至引起争吵，迫使对方放弃自己的谈判目标而向己方目标靠近，使谈判陷入僵局，其目的是使对方屈服，从而达成有利于己方的交易。

故意制造谈判僵局的原因可能是过去在商务谈判中上过当、吃过亏，现在要给对方报复；或者自己处在十分不利的地位，通过给对方制造麻烦来改变自己的谈判地位，并认为即使自己改变了不利地位也不会有什么损失。这样就会导致商务谈判出现僵局。

通常情况下，谈判者往往不愿意冒使谈判陷入僵局的风险，因为制造僵局往往会改变谈判者在谈判中的处境。如果运用得当，会获得意外的成功；反之，若运用不当，其后果也是不堪设想的。因此，除非谈判人员有较大的把握和能力来控制僵局，否则不要轻易采用。

（二）双方立场观点对立导致僵局

在讨价还价的谈判过程中，如果双方对某一问题各持自己的看法和主张，那么，越是坚持各自的立场，双方之间的分歧就会越大。这时，双方真正的利益被这种表面的立场所掩盖，于是谈判变成了一种意志力的较量。当冲突和争执激化、互不相让时，便会出现僵局。

纠缠于立场性争执是低效率的谈判方式，它撇开了双方各自的潜在利益，不容易达成明智的协议，而且由于久争不下，它还会直接损害双方的感情，谈判者要为此付出巨大的代价。经验证明，谈判双方在立场上关注越多，就越不能注意调和双方的利益，也就越不可能达成协议，甚至谈判双方都不想做出让步，或以退出谈判相要挟，这就更增加了达成协议的困难，因为人们最容易在谈判中犯立场观点性争执的错误，这也是形成僵局的主要原因。

（三）沟通障碍导致僵局

沟通障碍就是谈判双方在交流彼此情况、观点，洽谈合作意向、交易的条件等的过程中，所可能遇到的由于主观与客观的原因所造成的理解障碍。

由于双方文化背景的差异，一方语言中的某些特别表述难以用另一种语言准确地表述出来而造成误解。例如，某跨国公司总裁访问一家中国著名的制造企业，商讨合作发展事宜。中方总经理很自豪地向客人介绍说："我公司是中国二级企业……"此时，翻译人员很自然地用 second-class enterprise 来表述。不料，该跨国公司总裁闻此，原本很高的兴致突然冷淡下来，敷衍了几句立即起身告辞。在归途中，他抱怨道："我怎么能与一个中国的二流企业合作？"可见，一个小小的沟通障碍，会直接影响到合作的可能与否。美国商人谈及与日本人打交道的经历时说："日本人在会谈过程中不停地'Hi''Hi'，原以为日本人完全赞同我的观点，后来才知道日本人只不过表示听明白了我的意见而已，除此之外别无他意。"

（四）谈判人员的偏见或成见导致僵局

偏见或成见是指由感情原因所产生的对对方及谈判议题的一些不正确的看法。由于产生偏见或成见的原因是对问题认识的片面性，即用以偏概全的办法对待别人，因此很容易引起僵局。

由于谈判人员对信息的理解受其职业习惯、受教育的程度及为某些领域内的专业知识所制约，表面上看来，谈判人对对方所讲的内容似乎已完全理解了，但实际上这种理解却常是主观、片面的，甚至往往与信息内容的实质情况完全相反。

例如，一次关于成套设备引进的谈判中，甲公司的谈判人员对外方所提供的资料进行了研究，认为对方提供的报价是附带维修配件的，于是按此思路与外方进行了一系列的洽谈，然而在草拟合同时，甲公司谈判人员发现对方所说的附带维修配件，其实是指一些附属设备的配件，而主机配件并不包括在内，需要另行订购。这样，甲公司谈判人员指责对方出尔反尔，而对方认为甲公司谈判人员是故意作梗。事后甲公司谈判人员仔细核对原文，发现所提及的"附带维修配件"只是在谈判附属设备时出现过，而自己误以为对所有设备提供配件。其实，这种僵局完全是甲公司谈判人员未能正确理解对方的意见，做了错误的判断所造成的。

又如，我国曾获得一笔某国际金融组织的贷款，用于建设一条二级公路。按理说，这对于我国现有筑路工艺技术和管理水平来说是一件比较简单的事情。然而，负责这个

项目的某国际金融组织官员，却坚持要求中方聘请外国专家参与管理，这就意味着中方要大大增加在这个项目上的开支，于是中方表示不能同意。中方在谈判中向该官员详细介绍了中国的筑路水平，并提供了有关的资料。这位官员虽然提不出异议，但由于以往缺乏对中国的了解，或是受偏见支配，他不愿放弃原来的要求，这时谈判似乎已经陷入了僵局。为此，中方特地请他去看了我国自行设计建造的几条高水准的公路，并由有关专家做了详细的说明和介绍。正所谓“百闻不如一见”，这位心存疑虑的国际金融组织官员这才彻底信服了。

（五）环境的改变导致僵局

当谈判的外部环境，如价格、通货膨胀等因素发生变化时，谈判的一方不愿按原有的承诺签约，也会导致僵局的产生。

（六）谈判双方用语不当导致僵局

谈判双方因用语不当，造成感情上的强烈对立，双方都感到自尊心受到伤害，因而不肯做丝毫的让步，谈判便会陷入僵局。

（七）谈判中形成“一言堂”导致僵局

谈判中的任何一方，不管出自何种目的，如果过分地、滔滔不绝地论述自己的观点而忽略了对方的反应和陈述的机会，必然会使对方感到不满与反感，从而陷入谈判的僵局。

（八）谈判人员的失误导致僵局

有些谈判者想通过表现自我来显示实力，从而使谈判偏离主题；或者争强好胜，提出独特的见解令人诧异；或者设置圈套，迷惑对方，使谈判的天平向着己方倾斜，以实现在平等条件下难以实现的谈判目标。但是，在使用一些策略时，因时机掌握不好或运用不当，也往往会导致谈判过程受阻及僵局的出现。

（九）谈判人员的强迫手段导致僵局

谈判中，人们常常有意或无意地采取强迫手段而使谈判陷入僵局。特别是涉外商务谈判，由于不仅存在经济利益上的相争，还有维护国家、企业及自身尊严的需要，因此，某一方越是受到逼迫，就越是不会退让，谈判的僵局也就越容易出现。

（十）谈判人员素质低下导致僵局

俗话说“事在人为”，谈判人员素质的高低往往成为谈判顺利与否的决定性因素。无论是谈判人员工作作风方面的原因，还是谈判人员知识经验、策略技巧方面的不足或失误，都可能导致谈判陷入僵局。

（十一）利益合理要求的差距导致僵局

许多商务谈判中，即使双方都表现出十分友好、坦诚与积极的态度，但是如果双方对各自所期望的收益存在很大的差距，那么谈判也会搁浅。当这种差距难以弥合时，那么合作必然走向“流产”，僵局便会产生。

例如，世界橡胶业某跨国公司自恃拥有世界上最先进的技术，它在全世界各地设立合资企业，都要求占有51%以上的股份，否则就不转让技术。近百年来，它的这种方针一直没有改变。20世纪90年代初，该公司对来华投资很有兴趣，并选择我国某轮胎公司作为合作对象，拟在中国设立合资企业。但当中方根据自己在国内市场的地位，提出中方必须占51%以上股份时，该跨国公司宁愿放弃中国这位最好的合作伙伴，退而求其次。当然，这种合理要求的差异也不一定不可通过谈判来弥合。另一家跨国公司是世界电气领域的领导者，它同中国企业谈判建立合资企业时，原本也坚持这种控股政策，后来通过反复沟通，不断增进彼此了解，双方认识趋于一致，即要致力于长期合作，着眼于长期利益。于是，外方最终同意在合资企业中只拥有30%的股权，而不影响其先进技术向合资企业的转移。

二、商务谈判僵局处理的原则

（一）冷静、理性地思考

在谈判实践中，有些谈判者会脱离客观实际，盲目地坚持主观立场，甚至忘记了自己的出发点是什么，由此而引发的矛盾激化到一定程度的时候即形成僵局。谈判者在打破僵局时，要能防止和克服过激情绪所带来的干扰。一名优秀的谈判者必须具备头脑冷静、心平气和的谈判素养。只有这样，才能面对僵局而不慌乱。只有冷静思考，才能理清头绪，正确分析问题。这时，应设法建立一项客观的准则，即让双方都认为是公平的又易于实行的办事原则、程序或衡量事物的标准，充分考虑双方潜在的利益到底是什么，从而理智地克服一味地希望通过坚持自己的立场来赢得谈判的做法。只有这样，才能有效地解决问题，打破僵局。相反，靠“拍桌子、踢椅子”来打破僵局是于事无补的，反而会带来负面效应。

（二）协调好双方利益

当双方在同一问题上发生尖锐对立，并且各自理由充足，无法说服对方，又不能接受对方的条件，从而使谈判陷入僵局时，应认真分析双方的利益所在，只有平衡好双方的利益，才有可能打破僵局。让双方从各自的目前利益和长远利益两个方面来看问题，使双方调整目前利益、长远利益，寻找双方都能接受的平衡点，最终达成谈判协议。因为，如果都追求眼前利益，可能都会失去长远利益，这对双方都是不利的。只有双方都做出让步，协调好关系，才能保证双方的利益都能得到实现。

（三）欢迎不同意见

不同意见既是谈判顺利进行的障碍，也是一种信号，它表明实质性的谈判已开始。如果谈判双方就不同意见互相沟通，最终达成一致意见，谈判就会成功在望。因此，作为一名谈判人员，不应对不同意见持拒绝和反对的态度，而应持欢迎和尊重的态度。这种态度会使我们能更加平心静气地倾听对方的意见，从而掌握更多的信息和资料，也体现了一名谈判者的宽广胸怀。

（四）避免争吵

争吵无助于矛盾的解决，只能使矛盾激化。如果谈判双方出现争吵，就会使双方的对立情绪加重，从而很难打破僵局达成协议。即使一方在争吵中获胜，另一方无论从感情上还是心理上都很难持相同的意见，谈判也有重重障碍。所以，一名谈判高手是通过据理力争而不是通过同别人大吵大嚷来解决问题的。

（五）正确认识谈判的僵局

许多谈判人员把僵局视为谈判失败，试图竭力避免它，在这种思想的指导下，不是采取积极的措施加以缓和，而是消极躲避。这样的谈判人员在谈判开始之前，就祈求能顺利地与对方达成协议，完成交易，特别是当他负有与对方签约的使命时，这种心情就更为迫切了。这样就事事处处迁就对方，一旦陷入僵局，就会很快地失去信心和耐心，甚至怀疑起自己的判断力，对预先制订的计划产生了动摇。这种思想明显地阻碍了谈判人员更好地运用谈判策略，结果可能会达成一个对己不利的协议。

应该看到，僵局的出现对双方都不利。如果能正确认识，恰当处理，就会变不利为有利。我们不赞成那种把僵局视为一种策略，运用它胁迫对手妥协的办法，但也不能一味地妥协退让。这样，不但僵局避免不了，还会使自己十分被动。只要具备勇气和耐心，在保全对方面子的前提下，灵活地运用各种策略、技巧，僵局就不是攻克不了的堡垒。

（六）语言适度

语言适度是指谈判者要向对方传播一些必要的信息，但又不透露己方的一些重要信息，同时也要积极倾听。这样，不但和谈判对方进行了必要的沟通，而且可探出对方的动机和目的，形成对等的谈判气氛。

三、商务谈判僵局的利用与制造

（一）僵局的利用

1. 僵局能够促成双方的理性合作

在谈判实践中，很多谈判人员害怕僵局的出现，担心由于僵局而谈判暂停乃至最终破裂。谈判暂停可以使双方都有机会重新审慎地回顾各自谈判的出发点，既能维护各自的合理利益，又能注意挖掘双方的共同利益。如果双方都逐渐认识到弥补存在的差距是值得的，并愿意采取相应的措施，包括做出必要的妥协，那么，这样的谈判结果也符合谈判原本的目的。即使出现了谈判破裂，也可以避免非理性的合作。双方通过谈判，虽然没有成交，但彼此之间加深了了解，增进了信任，并为日后的有效合作打下了良好的基础。

2. 僵局可以改变谈判均势

有些谈判者的要求，在势均力敌的情况下是无法达到的。为了取得更有利的谈判条件，便利用制造僵局的办法来提高己方的地位，使对方在僵局的压力下不断降低其期望值。当己方的地位提高和对方的期望值降低以后，最后采用折中方式结束谈判时，己方已取得了更有利的条件。谈判者在谈判过程中利用谈判僵局，可以改变已有的谈判均势，提高自己在谈判中的地位。这是那些处于不利地位的谈判者利用僵局的动机所在。谈判的弱者在整个谈判过程中处于不利地位，他们没有力量与对方抗衡，为了提高自己的谈判地位，便采用制造僵局的办法来拖延谈判时间，以便利用时间的力量来达到自己的目标，这是可以理解的。

（二）僵局的制造

谈判者要利用僵局，首先需要制造僵局。制造僵局的基本原则是，利用自己所制造的僵局给自己带来更大的利益。谈判僵局出现以后会有两种结果：打破僵局继续谈判或谈判破裂。

1. 制造僵局的一般方法

制造僵局的一般方法是向对方提出较高的要求，要对方全面接受自己的条件。对方可能只接受己方的部分条件，即做出少量让步后便要求己方做出让步。己方此时如果坚持自己的条件，以等待更有利的时机的到来，而对方又不能再进一步做出更大让步，则谈判便陷入僵局。

2. 制造僵局的基本要求

谈判者制造僵局的基本做法是，向对方提出较高的要求，但这一高要求绝不能高不可攀，因为要求太高，对方会认为是没有谈判诚意而退出谈判。因此，目标的高度应以略高于对方所能接受的最不利的条件为宜，以便最终通过自己的让步，仍以较高的目标取得谈判成功。同时，对自己要求的条件，要提出充分的理由说明其合理性，以促使对方接受自己提出的要求。

第二节　不同类型的反对意见

任何一项谈判协议的达成都不是一帆风顺的，要不断克服重重困难与障碍。每一条款的提出，可能都会遭到这样或那样的反对意见，经过反复不断地磋商才能确定下来。因此，学会处理各种反对意见的方法与技巧，也是克服谈判障碍的一个重要内容。

一般来讲，每一笔交易都是妥协让步的产物，交易条件也都有好与不好的两个侧面，对于当事人双方总是既有利又有弊的。所以，任何一项建议，不论其条件多么优越，总会遇到这样或那样的不同意见，以至于现在人们已经形成一种观念，不经过反对的提议，不是不成熟、不适用，就是根本没有考虑的余地。有些时候，由于我们不能正确对待、处理各种不同的反对意见，往往会失去达成交易的机会。要学会处理不同的反对意见，我们必须清楚地了解谈判中可能出现哪些类型的反对意见。

一、一般性的不同意见

一般性的不同意见是谈判中最常见的反对意见。每当一项提议拿到谈判桌上，另一方就可能会提出不同意见或疑问。有些带有明显的偏颇性的提议，甚至是对双方都有利的提议，也会遭到反对。这是由于提出的问题越多，越能发现问题的逆反心理。所以，有时会出现一方把提议的好处介绍得越多，越容易引起对方的疑心，遭到对方的反对的情况。

二、偏见与成见

偏见与成见是带有较强感情色彩的主观性反对意见，也是最难处理的反对意见。对方可能出于先入为主的印象，片面强调某一点。例如，购进机器设备，必须包括零配件；产品包装，只能统一规格；交易一定是强者胜、弱者败；通过中间商做生意不好等。那么，你用摆事实、讲道理，则很难改变他的看法，因为对方的看法带有一定的感情成分，有些则是由于不同文化背景形成的根深蒂固的观念。谈判人员要在不影响磋商合同条款的前提下，尽可能避免讨论由偏见引起的分歧。

三、借口

借口不是真正的反对意见。它是对方出于某种原因不想说明，但又拒绝对方要求的理由。在有些情况下，对方代表受有限权力的约束，可能对商品价格、购买数量或支付能力不能进行最后决策，但又不便公开申明，便寻找种种借口。这时，我方不必过多地周旋于这一问题，因为即使你消除了这些借口，对方也不会与你达成最终协议，弄不好反倒使他感到有必要对他的借口进行辩护，使借口转化为真正的反对意见。比较好的处理方法是采取回避的方式，可装作没听见，也可建议对方回头再讨论，随业务洽谈的进展，对方很可能就不再坚持了。

四、了解情况的要求

提出这种反对意见的目的是要了解更多的详细情况，一般是以问话的形式提出的，如“这种材料的质量为什么比价格贵的还好呢?”“我们不能同意你们更换这部分材料的做法，除非你们能做出恰当的解释”。这类反对意见是建立在对方诚意或善意的基础上，比较容易处理。反驳这种意见一定要举出令人信服的、以事实为根据的证据，表达也应婉转客气，要让对方明白我方不同意的理由。有时对方的要求不太高，但却需要我方付出很大的代价，这样，对方也不会过于坚持自己的意见。

五、自我表现式的不同意见

谈判一方为表明自己掌握某些情况，或说明他有独立见解，不易被对方说服，喜欢找机会表达他自己的某些看法，提出不同意见，并列举他认为是正确的、有说服力的事例。遇到这种情况，我方最好不要急于驳斥，要让对方把意见讲完，必要时也应予以肯定，并注意一定不能伤其自尊心，但也不能怕失去交易而盲目迎合，可以用事实去说服，间接指出或暗示他讲的不正确、不全面。

六、恶意的反对意见

提出恶意反对意见的目的是给对方出难题，有意搅乱视听，甚至对个人进行人身攻击。处理这类反对意见，一定要冷静、清醒，不要鲁莽行事、大动肝火，也可以假装没听见，也可以义正词严地指出其错误，也可以根据当时具体的情况，采取积极灵活的各种方法消除对方的火气。这样，恶意的攻击就会变成一般的意见，事情就简单化了。

第三节　商务谈判障碍排除的方法

一、打破商务谈判僵局的方法

商务谈判出现僵局，就会影响谈判协议的达成。因此，在双方都有诚意的谈判中，尽量避免出现僵局。但是，商务谈判本身是双方利益的分配，因此僵局的出现也就不可避免。所以，仅从主观上不愿出现谈判僵局是不现实的，必须正确认识、慎重对待，掌握处理谈判僵局的策略与技巧，从而更好地争取主动，为谈判协议的签订铺平道路。

（一）用语言鼓励对方打破僵局

当商务谈判出现僵局时，你可以用话语鼓励对方：“看，许多问题都已解决了，现

在就剩这一点了。如果不一并解决的话，那不就可惜了吗？”这种说法，看似很平常，实际上却能鼓动人，发挥很好的作用。

对于牵涉多项讨论议题的商务谈判，更要注意打破存在的僵局。例如，在一场包含6项议题的商务谈判中，有4项是重要议题，其余两项是次要议题。现在假设4项重要议题中已有3项达成协议，剩下一项重要议题和两项次要议题，那么针对僵局，你可以告诉对方：“4个难题已解决了3个了，剩下一个如果也能一并解决的话，其他的小问题就好办了，让我们再继续努力，好好讨论唯一的难题吧！如果就这样放弃了，前面的工作就都白做了，大家都会觉得遗憾的。”听你这么说，对方多半会同意继续谈判，这样僵局就自然化解了。

叙述旧情，强调双方的共同点。就是通过回顾双方以往的合作历史，强调和突出共同点和合作的成果，以此来削弱彼此的对立情绪，以达到打破僵局的目的。

（二）采取横向式的谈判打破僵局

当商务谈判陷入僵局，经过协商而毫无进展，双方的情绪均处于低潮时，可以采用避开该话题的办法，换一个新的话题与对方谈判，以等待高潮的到来。横向谈判是回避低潮的常用方法。由于话题和利益间的关联性，当其他话题取得成功时，再回来谈陷入僵局的话题，就会比以前容易得多。

先撇开争议的问题，谈另一个问题，而不是盯住一个问题不放，不谈妥誓不罢休。例如，在价格问题上双方互不相让，僵住了，可以先暂时搁置一旁，改谈交货期、付款方式等其他问题。如果在这些议题上对方感到满意了，再重新回过头来讨论价格问题，阻力就会小一些，商量的余地也就更大些，从而起到弥合分歧的作用，使谈判出现新的转机。

（三）寻找替代的方法打破僵局

俗话说得好，“条条大路通罗马”，在商务谈判上也是如此。谈判中一般存在多种可以满足双方利益的方案，而谈判人员经常简单地采用某一方案，而当这种方案不能为双方同时接受时，僵局就会形成。

商务谈判不可能总是一帆风顺的，双方磕磕碰碰是很正常的事，这时，谁能创造性地提出可供选择的方案，谁就掌握了谈判的主动权。不过，要试图在谈判开始就确定什么是唯一的最佳方案，就往往阻止了许多其他可供选择的方案的产生。相反，在谈判准备时期，若能构思更好地对彼此有利的方案，往往会使谈判如顺水行舟，一旦遇有障碍，只要及时“调转船头”，就能顺畅无误地到达目的地。

打破谈判僵局也可以对一个方案中的某一部分采用不同的替代方法，可选择以下几种方案。

（1）另选商议的时间。例如，彼此再约定好重新商议的时间，以便讨论较难解决的问题。因为到那时也许会有更多的资料和更充分的理由。

（2）改变售后服务的方式。例如，建议减少某些烦琐的手续，以保证日后的服务。

（3）改变承担风险的方式、时限和程度。在交易的所得、所失不明确的情况下，不应该讨论分担的问题，否则只会导致争论不休。同时，如何分享未来的利益或承担未来的损失，可能会使双方找到利益的平衡点。

（4）改变交易的形态，使互相争利的双方改变为同心协力、共同努力的团体。让交易双方的总经理、工程师、技术工人彼此联系，互相影响，共同谋求解决的办法。

（5）改变付款的方式和时限。在成交的总金额不变的情况下，增加定金，缩短付款时限，或者采用其他不同的付款方式。

（四）运用休会策略打破僵局

休会策略是谈判人员为控制、调节谈判进程，缓和谈判气氛，打破谈判僵局而经常采用的一种基本策略。它不仅是谈判人员为了恢复体力、精力的一种生理需求，而且也是谈判人员调节情绪、控制谈判过程、缓和谈判气氛、融洽双方关系的一种策略与技巧。在谈判中，双方因观点产生差异而出现分歧是常有的事，如果各持己见、互不妥协，往往会出现僵持严重以至谈判无法继续的局面。这时，如果继续进行谈判，双方的思想还沉浸在刚才的紧张气氛中，结果往往是徒劳无获，有时甚至适得其反，导致以前的成果付诸东流。因此，比较好的做法就是休会，因为这时双方都需要时间进行思索，使双方有机会冷静下来，客观地分析形势、统一认识、商量对策。

1. 运用休会策略的目的

商务谈判的一方把休会作为一种积极的策略加以利用，可以达到以下目的。

（1）仔细考虑争议的问题，构思重要的问题。

（2）可进一步对市场形势进行研究，以证实自己原来观点的正确性，思考新的论点与自卫方法。

（3）可以召集各自谈判小组成员，集思广益，探索变通途径。

（4）检查原定的策略及战术。

（5）研究讨论可能的让步。

（6）决定如何对付对手的要求。

（7）分析价格、规格、时间与条件的变动。

（8）阻止对手提出尴尬的问题。

（9）排斥讨厌的谈判对手。

（10）缓解体力不支或情绪紧张。

（11）应付谈判出现的新情况。

（12）缓和谈判一方的不满情绪，商量具体的解决办法。

商务谈判的任何一方都可以把休会作为一种战术，采用拖延的手段，走出房间。当你再回到谈判桌时，你可以说：原来说过要在某一特殊问题上让步是不可能的，但是上

级现在指示我可以有一种途径，比如……这样让对方感到你改变观点是合理的。但是，在休会之前务必向对方重申一下己方的提议，以引起对方的注意，使对方在头脑冷静的情况下，利用休会的时间去认真思考。例如，休会期间双方应集中考虑的问题包括：贸易洽谈的议题取得了哪些进展？还有哪些方面有待深谈？双方态度有何变化?己方是否调整一下策略？下一步谈些什么？己方有什么新建议？……

此外，谈判双方可暂时停止会谈或者双方人员去游览、观光、出席宴会、观看文艺节目，也可以到游艺室、俱乐部等地方消遣，把绷紧的神经松弛下来，缓和双方的对立情绪。这样，在轻松愉快的环境中，大家的心情自然也就放松了。更重要的是，通过游玩、休息、私下接触，双方既可以进一步熟悉、了解，消除彼此间的隔阂，也可以不拘形式地就僵持的问题继续交换意见，使严肃的讨论和谈判在轻松活泼、融洽愉快的气氛之中进行。这时彼此间心情愉快，人也变得慷慨大方，谈判桌上争论了几个小时无法解决的问题、障碍，在这儿也许会迎刃而解。

休会后，双方再按预定的时间、地点坐在一起时，会对原来的观点提出新的、修正的看法。这时，僵局就会较容易打破。

2. 运用休会策略的情形

休会策略一般在下述情况下采用。

（1）当谈判出现低潮时。人们的精力往往呈周期性变化，经过较长时间的谈判后，谈判人员就会精神涣散、工作效率低下，这时可以提议休会，双方都休息一下，养精蓄锐，以利于后面的谈判。

（2）在会谈出现新情况时。商务谈判中难免出现新的或意外的情况和问题，使谈判局势无法控制。这时可建议休息几分钟，以研究对策。

（3）当谈判出现僵局时。在谈判双方进行激烈交锋时，往往会出现各持己见、互不相让的局面，使谈判陷入僵局。明智的做法是休会，让双方冷静下来，客观地分析形势。等重开谈判时，会谈气氛就会焕然一新，谈判就能继续进行。谈判各方应借休会之机，抓紧时间研究一下，自己一方提出的方案，对方是否可以承受？自己在哪些方面应继续坚持？哪些问题可以暂时放在一边再谈？我方准备提出哪些新的方案？等等。

（4）当谈判出现一方不满时。有时，谈判进展缓慢、效率很低、拖拖拉拉，谈判一方对此不满。这时，可提出休会，经过短暂休整后，重新谈判，可改善谈判气氛。

（5）当谈判进入某一阶段的尾声时。这时双方可借休会之机，分析研究这一阶段所取得的成果，预测下一阶段谈判的发展趋势，谋划下一阶段进程，提出新的对策。

休会一般先由一方提出，只有经过双方同意，这种策略才能发挥作用。怎样取得对方同意呢？首先，提建议的一方应把握好时机，看准对方态度的变化，讲清休会时间。其次，要清楚并委婉地讲清需要，并要让对方明白无误地知道。再次，提出休会建议后，不要再提出其他新问题来谈，先把眼前的问题解决了再说。

当谈判的一方遇到对方采用休会缓解策略，而己方又不想休会时，破解的方法有：

①当对方因谈判时间拖得过长、精力不济要求休会时，应设法留住对方或劝对方再多谈一会儿，或再谈一个问题；②当己方提出关键性问题，对方措手不及、不知如何应付、怀疑紧张时，应设法拖延，继续谈下去，对其有关休会的暗示、提示佯作不知；③当己方处于强有力的地位，正在使用极端情绪化的手段去激怒对手，摧毁其抵抗力，对手已显得难以承受时，对对手的休会提议佯作不知、故意不理，直至对方让步，同意己方要求。

（五）利用调节人调停打破僵局

在政治事务中，特别是国家间、地区间冲突中，由第三者出面做中间人进行斡旋，往往会获得意想不到的效果。商务谈判也可以运用这一方法来帮助双方有效地消除谈判中的分歧，特别是当谈判双方进入立场严重对峙、谁也不愿让步的状态时，找一位中间人来帮助调解，有时能很快使双方立场出现松动。

当谈判双方严重对峙而陷入僵局时，双方信息沟通就会受到严重的阻碍，互不信任，存在偏见甚至敌意，而又不能以终止或破裂来结束谈判，如索赔谈判，这时由第三者出面斡旋可以为双方保全面子，使双方感到公平，信息交流可以变得畅通起来。中间人在充分听取各方解释、申辩的基础上，能很快了解双方冲突的焦点，分析其背后所隐含的利益分歧，据此寻求弥合这种分歧的途径。

商务谈判中的中间人主要是由谈判者自己挑选的。不论是哪一方，它所确定的斡旋者应该是对对方所熟识，为对方所接受的，否则就很难发挥其应有的作用。在选择中间人时，不仅要考虑其能否体现公正性，还要考虑其是否具有权威性。这种权威性是使对方逐步受中间人影响，最终转变强硬立场的重要力量。而主动运用这一策略的谈判者就是希望通过中间人的作用，将自己的意志转化为中间人的意志来达到自己的目的。

利用中间人调解常用的方法有两种：调解和仲裁。调解是请调解人拿出一个新的方案让双方接受。由于该方案照顾了双方的利益，顾全了双方的面子，并且以旁观者的立场对方案进行分析，因此很容易被双方接受。但调解只是一种说服双方接受的方法，其结果没有必须认同的法律效力。当调解无效时可请求仲裁，仲裁的结果具有法律效力，谈判者必须执行。但当发现仲裁人有偏见时，应及时提出，必要时也可以对他们的行为提起诉讼，以保护自己的利益不受损失。需要说明的是，由法院判决也是处理僵局的一种办法，但很少使用。这是由于：一是法院判决拖延的时间太长，这对双方都不利；二是通过法院判决容易伤害双方的感情，不利于以后的交往。因此，除非不得已，谈判各方均不愿把打破僵局的问题提交法院审理。

（六）更换谈判人员或者由领导出面打破僵局

商务谈判中出现了僵局，并非都是双方利益的冲突，有时可能是谈判人员本身的因素造成的。双方谈判人员如果互相产生成见，特别是主要谈判人员，在争议问题时，对他方人格进行攻击，伤害了一方或双方人员的自尊心，必然引起对方的怒气，会谈就很难继续进行下去，使谈判陷入僵局。即使是改变谈判场所，或采取其他缓和措施，也难

以从根本上解决问题。形成这种局面的主要原因，是由于在商务谈判中不能很好地区别对待人与事的问题，由对问题的分歧发展为双方个人之间的矛盾。

类似这种由于谈判人员的性格、年龄、知识水平、生活背景、民族习惯、对专业问题缺乏认识等因素造成的僵局，当经多方努力仍无效果时，可以征得对方同意，及时更换谈判人员，消除不和谐因素，就可能轻而易举地打破僵局，保持与对方的友好合作关系。这是一种迫不得已的、被动的做法。

然而，有时在商务谈判陷入僵局时调换谈判人员并非出于他们的失职，而可能是一种自我否定的策略，用调换人员来表示以前我方提出的某些条件不能算数，原来谈判人员的主张欠妥，因而在这种情况下调换人员也常蕴含了向谈判对方致歉的意思。

把自己一方对僵局的责任归咎于原来的谈判人员，不管他们是否确实应该担负这种责任，还是莫名其妙地充当了“替罪羊”的角色，这种策略为自己主动回到谈判桌前找到了一个借口，缓和了谈判场上对峙的气氛。不仅如此，这种策略还含有准备与对手握手言和的暗示，成为我方调整、改变谈判条件的一种标志，同时这也向对方发出新的邀请信号：我方已做好了妥协、退让的准备，对方是否也能做出相应的灵活表示呢？

谈判双方通过谈判暂停期间的冷静思考，若发现双方合作的潜在利益要远远大于既有的立场差距，那么调换人员就成了不失体面、重新谈判的有效策略，而且在新的谈判氛围中，双方都会更积极、更迅速地找到一致点，消除分歧，甚至做出必要的、灵活的妥协，僵局由此而可能得到突破。但是，必须注意以下两点。

（1）换人时要向对方做婉转的说明，使对方能够予以理解。

（2）不要随便换人，即使出于迫不得已而换，事后也要向换下来的谈判人员做一番工作，不能挫伤他们的积极性。

在有些情况下，如协议的大部分条款都已商定，却因一两个关键问题尚未解决而无法签订合同。这时，我方也可由地位较高的负责人出来参与谈判，表示对僵持问题的关心和重视。同时，也向对方施加一定的心理压力，迫使对方放弃原先较高的要求，做出一些妥协，以利于协议的达成。

（七）从对方的漏洞中借题发挥打破僵局

商务谈判实践告诉我们，在一些特定的形势下，抓住对方的漏洞，小题大做，会使对方措手不及。这对于打破谈判僵局会起到意想不到的效果，这就是所谓的从对方的漏洞中借题发挥。这种做法有时虽然被看成是一种无事生非、有伤感情的做法，但是对于谈判对方某些人的不合作态度或试图恃强欺弱的做法，运用从对方的漏洞中借题发挥的方法进行反击，往往可以有效地使对方有所收敛。相反，不这样做反而会招致对方变本加厉的进攻，从而使我们在谈判中进一步陷入被动局面。事实上，当对方不是故意在为难我们，而我方又不便直截了当地提出来时，采用这种旁敲侧击的做法，往往可以使对方知错就改、主动合作。

（八）利用“一揽子”交易打破僵局

所谓“一揽子”交易，即向对方提出谈判方案时，好坏条件搭配在一起。

往往有这种情况，卖方在报价里包含了可让与不可让的条件，所以向他还价时，可采用把高档与低档的价夹在一起还的做法。例如，把设备、备件、配套件3类价均分出A、B、C 3个方案，即把对方货物分成3档价，还价时取设备A档价、备件B档价、配套件C档价，而不是都为A档价或B档价。这样报价，可获得不同的利润。这样做的优点是有吸引力，具有平衡性，对方易于接受，可以起到打破僵局的作用。

（九）有效退让打破僵局

达到谈判目的的途径是多种多样的，谈判结果所体现的利益也是多方面的。有时谈判双方对某一方面的利益分割僵持不下，搞不好就会让谈判破裂，这实在是不明智的。他们没有想到，其实只要在某些问题上稍做让步，而在另一些方面就能争取到更好的条件。这种辩证的思路是一个成熟的商务谈判者应该具备的。

就拿从国外购买设备的合作谈判来看，有些谈判人员常常因价格分歧而不欢而散，诸如设备功能、交货时间、运输条件、付款方式等尚未涉及，就匆匆退出了谈判。事实上，购货一方有时可以考虑接受稍高的价格，然而在购货条件方面，就更有理由向对方提出更多的要求，如增加若干功能，或缩短交货期，或除在规定的年限内提供免费维修外，还要保证在更长时间内免费提供易耗品或分期付款等。

商务谈判犹如一个天平，每当我们找到了一个可以妥协之处，就等于找到一个可以加重自己谈判的砝码。在商务谈判中，当谈判陷入僵局时，如果对国内、国际情况有全面了解，对双方的利益所在又把握得恰当、准确，那么就应以灵活的方式在某些方面采取退让的策略，去换取另外一些方面的利益，以挽回看来已经失败的谈判，达成双方都能接受的合同。

因此，当商务谈判陷入僵局时，我们应有这样的认识，即如果促使合作成功所带来的利益大于坚守原有立场而让谈判破裂所带来的好处，那么有效退让就是我们应该采取的策略。

（十）适当馈赠打破僵局

谈判人员在相互交往的过程中，适当地互赠礼品，会对增进双方的友谊、沟通双方的感情起到一定的作用，也是普通的社交礼仪。西方学者幽默地称之为“润滑策略”。每一个精明的谈判者都知道：给予对方热情的接待、良好的照顾和服务，对于谈判往往产生重大的影响。这对于防止谈判出现僵局是一个行之有效的途径，也就等于直接明确地向对手表示“友情第一”。

所谓适当馈赠，就是说馈赠要讲究艺术，一是注意对方的习俗，二是防止有贿赂之嫌。有些企业为了达到自身的利益乃至企业领导人、业务人员个人的利益，在商务谈判

中把送礼这一社交礼仪改变了性质，使之等同于贿赂，不惜触犯法律，这是错误的。所以，馈赠的礼物应是在社交范围之内的普通礼物，突出“礼轻情义重”。谈判时，招待对方吃一顿地方风味的午餐，赠送一些当地的土特产，并不是贿赂，提供这些平常的招待也不算是道德败坏。如果对方馈赠的礼品比较贵重，通常意味着对方要在谈判中“索取”较大的利益。对此，要婉转地暗示对方礼物“过重”，予以推辞，并要传达出自己不会因礼物的价值而改变谈判立场的信息。

（十一）场外沟通打破僵局

谈判会场外沟通又称场外交易、会下交易等。它是一种非正式谈判，双方可以无拘无束地交换意见，达到沟通、消除障碍、避免出现僵局的目的。对于正式谈判出现的僵局，同样可以用场外沟通的途径直接进行解释，消除隔阂。

1. 采用场外沟通策略的时机

采用场外沟通策略的方法，有以下几种情况。

（1）谈判双方在正式会谈中，相持不下，即将陷入僵局，彼此虽有求和之心，但在谈判桌上碍于面子，难以启齿。

（2）当商务谈判陷入僵局，谈判双方或一方的幕后主持人希望借助非正式的场合进行私下商谈，从而缓解僵局。

（3）谈判双方的代表因为身份问题，不宜在谈判桌上让步以打破僵局，但是可以借助私下交谈打破僵局，这样又可不牵扯到身份问题。例如，商务谈判的领导者不是专家，但实际做决定的却是专家。这样，非正式场合下，专家就可以不因为身份问题而出面从容商谈，打破僵局。

（4）如果谈判对手在正式场合严肃、固执、傲慢、自负、喜好奉承，那么，在非正式场合给予其恰当的恭维（因为恭维别人不宜在谈判桌上进行），就有可能使其做出较大的让步，以打破僵局。

（5）如果谈判对手喜好郊游、娱乐，那么在谈判桌上谈不成的东西，在郊游和娱乐的场合就有可能谈成，从而打破僵局，达成有利于己方的协议。

2. 运用场外沟通应注意的问题

运用场外沟通策略，应注意以下问题。

（1）谈判者必须明确，在一场谈判中用于正式谈判的时间是不多的，大部分时间都是在场外度过的，必须把场外活动看成是谈判的一部分，场外谈判往往能得到正式谈判得不到的东西。

（2）不要把所有的事情都放在谈判桌上讨论，而是要通过一连串的社交活动讨论和研究问题的细节。

（3）当商务谈判陷入僵局时，双方就应该离开谈判桌，举办多种娱乐活动，使彼此无拘无束地交谈，促进相互了解，沟通感情，建立友谊。

（4）借助社交场合，主动和非谈判代表的有关人员（如工程师、会计师、工作人员等）交谈，借以了解对方更多的情况，往往会得到意想不到的收获。

（5）在非正式场合，可由非正式代表提出建议、发表意见，以促使对方思考，因为即使这些建议和意见很不利于对方，对方也不会追究，毕竟讲这些话的不是谈判代表。

（十二）以“硬碰硬”打破僵局

当对方通过制造僵局给你施加太大压力时，妥协退让已无法满足对方的欲望，应采用以“硬碰硬”的办法向对方反击，让对方自动放弃过高要求。例如，揭露对方制造僵局的用心，让对方自己放弃所要求的条件。有些谈判对手便会自动降低自己的要求，使商务谈判得以进行下去。也可以离开谈判桌，以显示自己的强硬立场。如果对方想与你谈成这笔生意，他们会再来找你。这时，他们的要求就会改变，谈判的主动权就掌握在你的手里。如果对方不来找你也不可惜，因为如果自己继续同对方谈判，只能使自己的利益降到最低点，这样，谈成还不如谈不成。

商务谈判陷入僵局时，如果双方的利益差距在合理限度内，即可明确地表明自己已无退路，希望对方能让步，否则情愿接受谈判破裂的结局。其前提是双方利益要求的差距不超过合理的限度。只有在这种情况下，对方才有可能委曲求全，使商务谈判继续进行下去。相反，如果双方利益的差距太大，只靠对方单方面的努力与让步根本无法弥补差距时，就不能采用此策略，否则就只能使谈判破裂。当商务谈判陷入僵局而又实在无计可施时，“硬碰硬”策略往往成为最后一个可供选择的策略。在做出这一选择时，我们必须要做最坏的打算，否则就会显得茫然失措。切忌在毫无准备的条件下盲目滥用这一做法，因为这样只会吓跑对手，结果将是一无所获。另外，在整个谈判过程中，我们应该严格兑现。因此，如果由于运用这一策略而使僵局得以突破，我们就要兑现承诺，与对方签订协议，并在日后的执行中充分合作，保证谈判协议的顺利执行。

对于商务谈判的任何一方而言，坐在谈判桌前的目的是为了达成协议。在谈判中，达到谈判目的的途径往往是多种多样的，谈判结果所体现的利益也是多方面的。当谈判双方对某一方面的利益分配僵持不下时，往往容易轻易地使谈判破裂，这实在是一种不明智的举动。之所以会出现这种结果，就在于没有掌握辩证地思考问题的方法。如果是一个成熟的谈判者，这时他应该明智地考虑在某些问题上稍作让步，而在另一些方面去争取更好的条件。从经济的角度来讲，这样做比匆匆而散的做法要划算得多。

能否成功打破谈判僵局，从根本上来讲取决于谈判人员的经验、直觉、应变能力等综合素质。从这种意义上讲，打破僵局是谈判的科学性与艺术性结合的产物。在分析、研究及策略的制定方面，谈判的科学成分大一些；而在具体运用上，谈判的艺术成分大一些。

在具体谈判过程中，最终采用何种策略，应该由谈判人员根据当时当地的谈判背景与形势来决定。一种策略可以有效地运用于不同的谈判僵局之中，但一种策略在某次打破僵局中运用成功，并不意味着在其他同样类型的谈判僵局中也适用。只要僵局构成因

素稍有差异，各种策略的使用效果都有可能是迥然不同的，关键还在于谈判人员的素质、谈判能力和谈判实力，以及实际谈判中的个人及小组的力量发挥情况如何。那些应变能力强、谈判实力强，又知道灵活运用各种策略与技巧的谈判者一定能够成功打破谈判僵局，从而实现谈判目标。

二、变被动为主动的方法

商务谈判是一场双方实力的竞争。如果一方在谈判中处于劣势地位，那么就难以进行势均力敌的较量，至少失去了与对方抗衡的筹码，难以达成令双方都满意的协议。

（一）正视谈判中的劣势

在商务谈判中，某一方处于劣势既可能是由于对方有优势，使己方处于劣势，也可能是由于己方自身有不利因素，主要出于以下几个方面的原因。

（1）对方实力雄厚，企业规模大，资金来源充足，能够从各个方面提供较优惠的条件，或者是公司经营状况良好，知名度较高。

（2）市场货源紧缺，对方具有垄断的优势。在这种情况下，卖方会利用产品在市场上占有较大比例，提高产品售价，迫使买方接受不利条件。

（3）产品具有较强的竞争力。这里指产品的性能、质量及新颖性等都比较好，也许是名优产品，这些都会成为谈判桌上讨价还价的筹码。

（4）能够提供独特的技术或服务，没有竞争对手，使卖方能够从各方面迫使买方做出让步。

（5）市场供过于求，买方可以从容选择卖主，并以此要求卖主提供各种优惠条件。

（6）一方急于达成协议也会使自己处于劣势。例如，急于推销存货，迫切需要资金贷款等。

此外，公司的信誉，谈判者所掌握的知识、信息，也会影响谈判双方的地位、实力。

（二）改变谈判中的劣势的方法

出现上述情况，都可能造成某方在商务谈判中的劣势，进而影响双方的利益分配。那么，能否改变在谈判中的不利地位，掌握谈判的主动权呢？答案是肯定的。

当然，我们这里讲的劣势，是指在某一方面或某一条件下的劣势，并非双方实力相差极为悬殊的优劣对比。如果所有的优势都掌握在对方手中，那么就别指望靠谈判技巧来取得平等的利益。这就如同一位顾客要到商店去买价格上万元的珠宝，而他兜里只有100元一样，是不可能实现的。在任何谈判中都存在着难以改变的事实。我们这里讲的是在可能的条件下，怎样改变在谈判中的劣势地位。

1. 维护自己的利益，提出最佳选择

谈判处于劣势，最常见的一种情况是，担心不能成交，过于迁就对方，从而达成了

一个自己不满意的协议。为了避免出现这种情况，许多谈判人员习惯于事先制定一个所能接受的最低限度标准，也就是最坏的结果。一般来讲，如果买东西，最低限度就是对方所能出的最高价格；如果卖东西，最低限度就是你所能接受的最低价格。

运用这种方法对于改变劣势地位有一定作用，它可以使你保持比较清醒的头脑，当出现较大压力或诱惑时，能够随时考虑原先规定的标准，绝不轻易动摇或妥协。

使用最低限度标准也有不利的一面，从某种意义上说，它限制了谈判策略与技巧的灵活运用，因为最低限度是不能轻易变更的要求，只有你下定决心，坚持规定的标准，才会避免屈服于对方的压力。

最低限度也限制了人们的想象力，不能启发谈判人员去思考，提出特别变通的解决办法。例如，引进某种机器设备，你可能预先定出不能以高于 10 万元的价格买进，但是，在谈判中可能有许多新情况出现，促使你考虑一些其他的变通办法。你可能发现对方在维修、服务、运输、付款等方面能提供较优惠的条件，这样，就使你能从其他方面得到补偿。在价格上让步，整体利益并没有受到损失，这也是值得考虑的方案。如果事先预定的标准过高或过低，也会造成不良的后果。

由此可见，应用最低限度标准并不是一个万全之策，它可以使你避免接受一个不利的协议，也可以使你无法提出和接受有利的方案。

我们认为，要避免在商务谈判中处于劣势地位可能带来的不利后果，比较好的方法是根据实际情况，提出多种选择方案，从中确定一个最佳方案，作为达成协议的标准。这些方案至少要包括：对谈判结果的设想，对方根据什么向我方提出条件？不利于我方的因素有哪些？怎样克服？在什么样的情况下中断谈判？我们所能达到的目的是什么？在哪些方面进行最佳选择等。

在商务谈判中，对讨论协议有多种应付方案，就会大大增强你的实力，使你有选择进退的余地。有时，能否在谈判中达成协议，取决于你所提出的最佳选择的吸引力，你的最佳选择越可行，越切合实际，你改变谈判结果的可能性就越大，因为你充分了解和掌握达成协议与不达成协议的各种利弊关系，进而就比较好地掌握了谈判的主动权，掌握了维护自己利益的方法，就会迫使对方在你所希望的基础上进行谈判。

2. 尽量利用自己的优势

谈判对方有优势，并不是说在所有的方面都有优势，因为所有的优势都掌握在对方手中，仅靠谈判技巧达成一个双方都满意的协议恐怕是不可能的。当谈判双方实力相差较大，我方处于劣势时，在谈判之前的准备工作中，就应包括对双方优劣势的分析，摆出对方的优势，再看看我方的优势是什么，如何利用我方的优势。这样，你就能够对双方的实力进行对比，做到心中有数。例如，我方要购买一批产品，谈判的对手是实力雄厚的大公司，产品很有竞争力，生产批量大、周期短、交货迅速，这些都是它的优势。但是，它急于出售产品以加速资金周转，这就是它的短处，也恰恰是我方的优势。

双方在商务谈判中的优势、劣势并不是绝对的。在谈判初期，就双方的实力对比来看，你可能处于劣势。但是，随着多种方案的提出，既增强了你的实力，也增加了你的优势。

有时你的优势可能被掩盖，也可能对方没有认识到你的优势的重要意义。因此，在谈判中利用自己的优势，发挥自己的长处，攻击对方的短处，也是谈判人员应掌握的策略技巧之一。

3. 要掌握更多的信息情报

企业具有一定规模，产品具有一定的知名度，确实是企业本身具有的优势。但如果己方不具备这方面的优势，而对方恰恰具有这样的优势，要改变的办法之一就是广泛收集信息情报，可以有效地避免谈判中的被动，并发现更多的机会。例如，交易双方就价格问题反复磋商，卖方凭借商品质量一流，不提供优惠价，但买方如果掌握了市场行情变化的趋势，如产品价格可能下降，或有更新的产品出现，那么，就可以据此向卖方施加压力，利用卖方急于出售产品的心理，掌握谈判的主动权。

有这样一个事例：一家颇有实力的英国公司，希望在东南亚寻找一个代理商，准备全权委托代理商处理这一地区的业务。他们找到华籍商人张先生，希望与他谈成此事。为有实力的厂商作代理人，这对许多商人来说是求之不得的事，但张先生却没有轻易应允，而是进行了认真、详细的调查，了解到英方在向张先生发出邀请之前，已经对所有可能的候选人做了充分的调查分析，结果认为张先生本人及他所领导的公司最为理想，从而排除了其他候选人。据此，张先生认为：第一，英方具有十分诚意与我洽商代理一事；第二，自己是唯一理想的候选人；第三，英方公司资信、实力均属一流。由此，他确立了有理、有利、有节的谈判对策，使双方都满意地达成了代理协议。

4. 要有耐心

耐心就是力量，耐心就是实力。如果你不具有其他方面的优势，那么，一定要有耐心或寻找没有耐心的对手。这样，你就有了防卫的筹码，在必要时打乱对方的部署，争取胜利。在商务谈判中，无数事例证明，如果感到优势都不明显或都不存在，千万别忘记了要运用耐心。

总之，要改变商务谈判中的劣势，还应采取以下几个步骤。

（1）制定达成协议必需的措施。如果不能达成协议，是否还存在着与其他公司洽谈的可能？如果按照对方的条件，是自己生产合算，还是购买合算？

（2）改进自己的最佳设想，把这些变为实际的选择。如果认为与对方谈判达成协议比不达成协议要有利，就应努力地把这种可能变为现实，最重要的是在谈判中不断充实、修改自己的最佳方案、计划，使之更加切合实际。

（3）在确定最佳方案的同时，也应明确达不成协议所应采取的行动。

三、处理反对意见的技巧

处理反对意见，有以下一些技巧。

（1）当对方提出反对意见时，要辨析他提出的反对意见属于哪一种形式。如果是从偏见或成见出发，就不要急于去驳斥，要尽可能寻找其偏见形成的根源，然后，以此为突破口，证明他的见解不符合客观实际。如果对方只是一般性地反对你的提议，或者在找借口，那么，你不必过于认真，只要恰如其分地解释说明就可以了。

区别对方反对意见最简单的办法就是提问："你这样讲的根据是什么呢？""为什么会这样想呢？"对方提出反对意见的理由越不充分，他就越会觉得你的问题难以回答；你从他的讲话里了解的情况越多，你就越可能发现他提出意见的真正目的，并及早对症下药，予以消除。

（2）回答对方反对意见的时机很重要。这不仅有利于避免矛盾冲突，还会增强说服效果。当你观察到对方在仔细审议某一项条款，可能提出某种意见时，可以抢先把问题指出来。这样，你可以争取主动，先发制人，避免由于纠正对方看法可能发生的争论，并引导对方按你的想法、思路去理解问题。有时对方提出的问题有一定难度，或是当场回答不合适，你可以把问题岔开，当你准备好了或是感到时机成熟时，再予以回答。否则，匆忙反驳对方的意见，会给对方造成再提出意见的机会。此外，还有一些意见会随着业务洽谈的进展逐渐消失，你可以不必回答。

（3）保持冷静、清醒的头脑，以谨慎平和的态度回答对方的反对意见是十分必要的。如果你带着愤怒的口吻回答对方的问题，对方会认为你讨厌他的意见，对他有看法。这样，要想说服他也就更困难了，甚至还会遇到对方更强烈的反对。所以，态度平和、友好，措辞得当是十分必要的。有时，运用幽默也具有很好的效果。

（4）回答对方的问题，要简明扼要，不要离题太远。如果你回答问题长篇大论、非常啰唆，很可能会引起对方的反感，也使对方有进一步反驳的口实。一般来讲，你只要回答对方提出疑问的疑点就可以了，必要时再加以适当的解释和说明。例如，对方问："你们的交货时间难道不能提前一点吗？"你可以说："前面我们在讨论产品的规格、质量时已经讲产品的生产周期问题了，我们是根据这一点来推算交货期限的，恐怕不能提前了。"这就避免重复双方已经明确了的内容。

（5）间接地反驳对方的意见是一种较好的处理方法。有时直截了当地驳斥对方，容易伤害对方，使他丢面子，所以间接地反驳、提示、暗示都比较好。在任何情况下，避免正面冲突，采取迂回前进的办法都是可取的。

四、如何控制谈判气氛

任何谈判都是在一定的气氛中进行的。谈判气氛的发展变化直接影响着整个谈判的前途，谁能够控制谈判气氛，谁就能在谈判中占据主动。

谈判气氛伴随着谈判的始终。在谈判的不同发展阶段上，谈判气氛是温和、友好还

是紧张、强硬，是沉闷、冗长还是活跃、顺畅，这都会影响谈判双方人员的情绪，甚至改变双方在谈判中的地位。所以，良好的谈判气氛是使谈判顺利进行的保障。

一些谈判专家把谈判气氛分为以下4种类型：①冷淡、对立、紧张。在这种气氛中，谈判双方人员的关系并不融洽、亲密，互相表现出的不是信任、合作，而是较多的猜疑与对立。②松松垮垮、慢慢腾腾、旷日持久。谈判人员在这种谈判气氛中表现出漫不经心、东张西望、私下交谈、打瞌睡、吃东西等。这种谈判进展缓慢，效率低下，会谈也常常因故中断。③热烈、积极、友好。谈判双方互相信任、谅解、精诚合作，谈判人员心情愉快，交谈融洽，会谈有效率、有成果。④平静、严肃、谨慎、认真。意义重大、内容重要的谈判，双方态度都极其认真严肃，有时甚至拘谨。每一方讲话、表态都再三思考，绝不盲从，会谈有秩序、有效率。

显然，第三种会谈气氛是最有益的，也是最为大家所欢迎的。怎样才能创造一个热烈、轻松、和谐的谈判气氛，并利用谈判气氛有效地促进会谈呢？我们认为主要有以下3个方面。

（一）积极主动地创造和谐的谈判气氛

谈判气氛在双方开始会谈的一瞬间就形成了，并影响以后会谈气氛的发展。因此，在谈判初始阶段形成的气氛十分重要，双方都应重视，力图有一个良好的开端。

会谈伊始，双方见面，彼此寒暄，互相正式介绍，然后大家围坐在谈判桌前开始洽谈。这时的会谈气氛还是客气、友好的，彼此可能聊一些谈判以外的话题，借以使气氛更加活跃、轻松，消除彼此间的生疏感、拘束感，为正式谈判打下基础。在这一期间能否争取主动，赢得对方对你的好感，很大程度上取决于对方对你的第一印象。第一印象在人们的相互交往中十分重要，如果对方在与你初次交往中，对你的言行举止、风度、气质反映良好，就会对你产生好感、信任，并愿意继续保持交往；反之，就会疏远你，而且这种印象一旦形成，就很难改变。因此，要创造相互信任的谈判气氛就要争取给对方留下良好的第一印象。

创造和谐、融洽的谈判气氛，开局阶段是很重要的，这就是双方都重视“开场白”的原因。但是，并不是说有良好的开端，会谈气氛就永远是融洽、和谐的。随着谈判的不断深入发展，分歧也会随之出现，如果不注意维护，不采取积极的措施，会谈气氛也会发生变化，良好的会谈气氛也会转向其反面，形成唇枪舌剑的紧张对立气氛，这无疑会阻碍谈判的进行。因此，还应随谈判的深入发展，密切注意会谈的气氛，有意识地约束和控制谈判人员的言行，使每个人自觉地维护谈判的气氛，积极地促进谈判的顺利进行。

当然，维护和谐的谈判气氛，并不是要己方一味迁就、忍让、迎合、讨好对方，这样，只会无端增加对方的无理要求，破坏谈判气氛。和谐的谈判气氛是建立在互相尊重、互相信任、互相谅解的基础上的，己方谈判人员在谈判中应本着“有理、有利、有节”的原则，该坚持的一定要坚持，该争取的一定要争取，该让步时也要让步，只有这样才能赢得对方的理解、尊重和信任。如果对方是见利忘义之徒，毫无谈判诚意，只想趁机钻空子，那么就必须揭露其诡计，并考虑必要时退出谈判。

（二）随着谈判的进展调节不同的谈判气氛

会谈一般应在紧张、严肃、热烈、和谐的气氛中进行。但是，在实际谈判活动中，谈判气氛并不能完全遂人所愿。原因包括以下几个方面。

（1）人是生命的有机体，要受其生理机能的制约，长时间的紧张严肃，会使人丧失其承受能力，不利于会谈的进行。

（2）谈判的结果随机性特别大，当双方关系融洽时，会谈气氛既热烈又和谐；当双方关系僵化时，会谈气氛就紧张。这种情况如果持续下去，会严重影响会谈的进行，此时可利用幽默等形式调节会谈气氛。

例如，美国总统里根到加拿大访问时，双方的会谈时常受到外面反美抗议示威者的干扰。加拿大前总理特鲁多感到十分尴尬和不安。此时，里根却幽默地说："这种情况在美国时有发生，我想这些人一定是特意从美国来到贵国的，他们想使我有一种宾至如归的感觉。"几句话使得在场的人都轻松下来。幽默对缓和谈判双方的僵局也十分有效。在卡普尔任美国电话电报公司负责人的初期，在一次董事会议上，众人对他的领导方式提出许多批评和责问，会议充满了紧张的气氛，人们似乎都无法控制自己的激动情绪。有位女董事质问："过去的一年中，公司用于福利方面的钱有多少？"她认为应该多花些。当她听说有几百万美元时，说："我真要晕倒了!"卡普尔诙谐地回答："我看那样倒好!"会场上爆发一阵难得的笑声，气氛也随之缓和下来。

（三）利用谈判气氛调节谈判人员的情绪

气氛是在谈判双方人员相互接触中形成的，又对谈判人员的情绪影响甚大。在紧张、严肃的谈判气氛中，有的人冷静、沉着，有的人拘谨、恐慌，有的人振奋、激昂，有的人则沮丧、消沉。为什么人们会产生各种各样的情绪体验呢？根据心理学所阐述的理论，这是人的大脑对外界刺激信号的接收反应不同造成的。

随着正式谈判的开始，谈判人员大脑的运动加快了。大脑的运动轨迹有两条：首先是对外部刺激信号的接收，如谈判各方人员进入会谈室的方式、姿态、动作、表情、目光、谈吐的声调变化等都对人的大脑产生影响；其次是大脑对这些信号的反映，反映的方式取决于信号的强弱。有的人会积极反映外部信号，有的人会消极反映外部信号。如内容重要或分歧较大的谈判，会谈气氛是紧张严肃的。积极反映者情绪振奋，对谈判充满信心；消极反映者则情绪沮丧，信心不足，疑虑重重。这会直接影响双方在谈判中应采取的行动。

人的情绪的形成及变化，受环境的影响极大。心理学家通过实验证明，如果把一个人关进一个与外界隔绝、听不到任何声音的屋子里，那么，用不了多久他就会情绪烦躁，难受至极，甚至有发病的感觉。人的情绪，如喜、怒、哀、乐，都是随外界条件变化产生的种种心理感受。在谈判过程中，双方人员的心理压力较大，如果会谈的气氛过于紧张、严肃，就会使一些人难以承受。例如，有的谈判人员会不受控制地爆发情绪，就是承受不了心理压力的表现。因此，谈判人员应考虑谈判气氛不能过于严肃、紧张，至少不能长时间如此。注意随时采用各种灵活的形式调节会谈的气氛，如休会，查询有关资料，插入一些轻松愉快的话题，提供水果、饮料、点心，改变谈判座位等。

相反，如果谈判气氛松松垮垮、慢慢腾腾，谈判人员的情绪也振奋不起来，会表现出漫不经心、沮丧消极、无所谓等。这会严重影响谈判效率，应当避免。

由于情绪具有感染性，因此，在某种气氛下，某个人的情绪表现也会影响其他人，这个人越有威望、越有地位，影响力也就越大。在谈判活动中，如果谈判小组负责人在困难面前沉着坚定，充满必胜的信心，就会给其成员带来极大的鼓舞；反之，他若表现出惊慌失措，就容易使其成员动摇、沮丧，乃至丧失信心。

案例分析

20 世纪 90 年代，上海华实制鞋厂与日本甲株式会社做成一笔布鞋生意。因日方预测失误，加之海上运期长，布鞋运到日本后错过了销售的黄金季节，大量积压。日方提出退货，按惯例这显然是行不通的，但中方却同意了。此事一传开，中方有关部门及一些国际贸易伙伴立即哗然，认为这是自找麻烦，因为那是价值 260 万日元的大笔生意呀！但华实制鞋厂还是坚持退货。

后来，中方在出口替代的一批货时，不但保质保量，而且迅速按时发货，使日方大赚一笔，当然，中方也相应地获利不少，而且名声大振、信誉大增。此事在日本见报后，马上就有几家大公司来人来函要求与华实制鞋厂合作。华实制鞋厂不但没有赔钱，反而由此身价百倍，产品供不应求。日方甲株式会社，经过这次风浪后愈发感到华实是一个忠实的合作伙伴，提出愿当中方在日本销售的总代理，华实制鞋厂的产品全部包销，一订就是 10 年合同，而且还积极向中方提供国际市场上的有关信息，两家企业的竞争伙伴关系更加稳固。

思考：

1. 在上述案例中，华实制鞋厂运用什么技巧避免了与日本甲株式会社之间出现的谈判僵局？
2. 在商务谈判中，如何灵活地运用对抗术和迂回术来达到谈判的目的？

复习思考题

1. 简述商务谈判中产生僵局的原因。
2. 在谈判中出现严重僵局应该如何处理？
3. 运用事例论述直接处理潜在僵局的技巧。

实践训练

【实训项目】

谈判僵局的制造及处理。

【实训目的】

通过实训，学生应掌握谈判中处理僵局的原则，以及制造僵局、打破僵局的策略与运用方法。

【背景资料】

一条龙厂家及吉祥培训基地报价后，双方围绕销售提成、账期等问题互不相让，使谈判陷入僵局。如果你是厂家的谈判代表，你将如何打破僵局，达成协议？

【实训要求】

根据以上资料写出一份打破谈判僵局的实训报告。

第七章
国际商务谈判

案例导入

有位外商邀请中方的谈判代表共进晚餐，这位中方代表很想去，但又故意推辞道："哦，真不巧，今晚我还有个约会。不过，我会尽量争取来的。"当他晚上准时到达时，发现外商毫无请客的准备，看到他到来的一刹那，外商尴尬地手足无措。事后外商决定终止谈判。

为什么中方代表准时到达了，对方却没有准备呢？为什么中方代表的答复没有让对方满意，而且还终止了谈判呢？这源于双方文化背景、思维方式、处事方法的不同。这件事情，在外商的眼里中方代表是不守信用的，说话不算数，但是在中国这却是含蓄的表现。很明显，风俗习惯不同，如果我们不入乡随俗，好事也有可能变成坏事。

第一节　国际商务谈判概述

一、国际商务谈判的内涵

国际商务谈判（international business negotiation）是指国际商务活动中不同的利益主体，为了达成某笔交易，而就交易的各项条件进行协商的过程。

谈判中利益主体的一方通常是外国的政府、企业或公民；另一方是中国的政府、企业或公民。国际商务谈判是对外经济贸易工作中不可缺少的重要环节。在现代国际社会中，许多交易往往需要经过艰难烦琐的谈判，尽管不少人认为交易所提供的商品是否优质、技术是否先进或价格是否低廉决定了谈判的成败，但事实上交易的成败往往在一定程度上取决于谈判的成功与否。在国际商务活动中，不同的利益主体需要就共同关心或感兴趣的问题进行磋商，协调和调整各自的经济利益或政治利益，谋求在某一点上取得妥协，使双方都感到有利从而达成协议。所以，我们可以说，国际商务谈判是一种对外经济贸易活动中普遍存在的一项十分重要的经济活动，是调整和解决不同国家和地区政府及商业机构之间不可避免的经济利益冲突的必不可少的一种手段。

国际商务谈判既具有一般商务谈判的特点，又具有国际经济活动的特殊性，表现在以下几个方面。

（一）政治性强

国际商务谈判既是一种商务交易的谈判，也是一项国际交往活动，具有较强的政策性。由于谈判双方的商务关系是两国或两个地区之间整体经济关系的一部分，常常涉及两国之间的政治关系和外交关系，在谈判中两国或地区的政府常常会干预和影响商务谈判。因此，国际商务谈判必须贯彻执行国家的有关方针政策和外交政策；同时，还应注意国别政策，以及执行对外经济贸易的一系列法律和规章制度。

（二）以国际商法为准则

由于国际商务谈判的结果会导致资产的跨国转移，必然要涉及国际贸易、国际结算、国际保险、国际运输等一系列问题，因此，在国际商务谈判中要以国际商法为准则，并以国际惯例为基础。所以，谈判人员要熟悉各种国际惯例，熟悉对方所在国的法律条款，熟悉国际经济组织的各种规定和国际法。这些问题是一般国内商务谈判所不会涉及的，要引起特别重视。

（三）坚持平等互利原则

在国际商务谈判中，要坚持平等互利的原则，既不强加于人，也不接受不平等条件，只要对方有诚意，就要一视同仁，既不可强人所难，也不能接受对方无理的要求。对某些外商利用垄断地位抬价和压价，必须不卑不亢、据理力争。对某些发展中国家或经济落后地区，我们也不能以势压人、仗势欺人，应该体现平等互利的原则。我国是社会主义发展中国家，平等互利是我国对外政策的一项重要原则。所谓平等互利，是指国家不分大小，不论贫富强弱，在相互关系中，应当一律平等。在相互贸易中，应根据双方的需要和要求，按照公平合理的价格，互通有无，使双方都有利可得，以促进彼此经济发展。

（四）谈判难度较大

国际商务谈判的谈判者代表了不同国家和地区的利益，有着不同的社会文化和经济政治背景，人们的价值观、思维方式、行为方式、语言及风俗习惯各不相同，从而使影响谈判的因素更加复杂，谈判的难度明显加大。在实际谈判过程中，对手的情况千变万化，作风各异，有热情洋溢者，也有沉默寡言者；有果敢决断者，也有多疑多虑者；有善意合作者，也有故意寻衅者；有谦谦君子，也有傲慢自大盛气凌人的自命不凡者。凡此种种表现，都与一定的社会文化、经济政治有关。不同表现反映了不同谈判者有不同的价值观和不同的思维方式。因此，谈判者必须有广博的知识和高超的谈判技巧，不仅能在谈判桌上因人而异，运用自如，而且要在谈判前注意资料的准备、信息的收集，使谈判按预定的方案顺利地进行。

二、国际商务谈判的原则

（一）平等性原则

平等是国际商务谈判得以顺利进行和取得成功的重要前提。在国际经济往来中，企业间的洽谈协商活动不仅反映着企业与企业的关系，还体现了国家与国家的关系，相互间要求在尊重各自权利和国格的基础上，平等地进行贸易与经济合作事务。在国际商务谈判中，平等性要求包括谈判各方地位平等、谈判各方权利与义务平等、谈判各方签约与践约平等3个方面的内容。

（二）互利性原则

在国际商务谈判中，平等是互利的前提，互利是平等的目的。平等与互利是平等互利原则密切联系、有机统一的两个方面。打仗、赛球、下棋，结局通常是一胜一负。国际商务谈判不能以胜负输赢而告终，要兼顾各方的利益。为此，应做到以下几点。

（1）投其所需。在国际商务活动中进行谈判，说到底就是为了说服对方进而得到对方的帮助和配合以实现自己的利益目标，或通过协商从对方获取己方所需要的东西。

（2）求同存异。谈判各方的利益要求完全一致，就无须谈判，因此产生谈判的前提是各方利益、条件、意见等存在着分歧。国际商务谈判，实际上是通过协商弥合分歧使各方利益目标趋于一致而最后达成协议的过程。如果因为争执升级、互不相让而使分歧扩大，则容易导致谈判破裂。而如果想使一切分歧意见皆求得一致，在谈判上既不可能也无必要。因此，互利的一个重要要求就是求同存异，求大同，存小异。谈判各方应谋求共同利益，妥善解决和尽量忽略非实质性的差异。这是商务谈判成功的重要条件。

（3）妥协让步。在国际商务谈判中，互利不仅表现在“互取”上，还表现在“互让”上。互利的完整含义，应包括促进谈判各方利益目标共同实现的“有所为”和“有所不为”两个方面。既要坚持、维护己方的利益，又要考虑、满足对方的利益，兼顾双方利益，谋求共同利益，是谓“有所为”；对于难以协调的非基本利益分歧，面临不妥协不利于达成谈判协议的局面，做出必要的让步，此乃“有所不为”。谈判中得利与让利是辩证统一的。妥协能避免冲突，让步可防止僵局，妥协让步的实质是以退为进，促进谈判的顺利进行并达成协议。

第二节　国际商务谈判的策略

国际商务谈判的过程复杂多变，为了在复杂多变的谈判中取得满意的效果，得到实现利益目标的保证，必须在谈判中实施灵活有效的战略方案。在实际谈判中，从谈判双方见面商议开始，到最后签约或成交为止，整个过程往往呈现出一定的阶段性，并且有很强的阶段性特点。

一、开局阶段的策略

开局是整个国际商务谈判的起点，开局的效果如何在很大程度上决定着整个谈判的走向和发展趋势。因此，一个良好的开局将为谈判成功奠定坚实的基础，谈判人员应给予高度重视。

在开局阶段，谈判人员的主要任务是创造良好的谈判气氛、交换意见和做开场陈述。

1. 创造良好的谈判气氛

（1）根据互惠谈判模式的具体要求，谈判双方应当共同努力，寻求互利的谈判结果。经验证明，在非实质性谈判阶段所创造的气氛会对谈判的全过程产生重要影响。因此，谈判人员要在谈判开始前建立一种合作的气氛，为双方融洽的工作奠定良好的基础。

（2）谈判因其内容不同而有不同的谈判气氛。谈判双方见面时的寒暄等客套并不能决定谈判的气氛，仅仅是表象而已。谈判人员的谈吐、目光、姿态、各种动作的实际速度造成了各不相同的谈判气氛。

（3）谈判即将开始前，谈判人员应安静下来再一次设想谈判对手的全面情况，包括职业、相貌、表情、体态、何种性格类型等。

（4）谈判人员应径直步入会场，以开诚布公和友好的态度微笑着出现在对方面前。肩膀要放松，目光的接触要表现出真诚、亲切和自信。

（5）谈判人员的服饰仪表应落落大方，干净整齐，符合自己的身份。式样不能太奇异，颜色不能太鲜艳，尺码不能太离谱。再炎热的天气也轻易不要扯下领带、解开衬衫纽扣、卷起衣袖等，这样的形体动作意味着你已厌倦和筋疲力尽。

（6）在开场阶段，谈判人员应站立说话，并与对方人员自然分成若干小组寒暄，每组 1～2 人即可，不能冷落对方每一位人员。

（7）双方寒暄的话题和行为举止要轻松自然，不要慌张和拘谨。可适当谈论比较轻松随意的话题，如天气变化、旅程见闻、体育赛事、文艺活动等，但不能涉及个人隐私。

（8）注意手势和触碰行为，握手应毫不迟疑，但不能用力过大。右手与右手相握时，左手不要触碰对方身体，因为这样的动作语言传达给对方的往往是权力欲很强和精力过于充沛的意思，也许原本是非常热情的表示，但却常常会引起对方的戒心。

一种谈判气氛会在不知不觉中把谈判朝某个方向推进。气氛会影响谈判人员的心理、情绪和感觉，如果不加以调整和改变，就会增强某种气氛。因此，在谈判伊始，就建立起合作的、诚挚的、轻松的气氛，对谈判的顺利进行有着至关重要的作用。

2. 交换意见

（1）谈判目标，包括探测型（意在了解对方意见）、创造型（旨在发掘互利互惠的合作机会）、论证型（旨在说明某些问题）。

（2）谈判计划，主要指议程安排，包括谈判议题和双方人员必须遵循的规矩。

（3）谈判进度，也就是谈判开始前预计的谈判速度。

（4）谈判人员，包括双方谈判人员姓名、职务和在谈判中肩负的责任等具体情况。

上述问题虽然谈判开始前双方事先已经沟通，但完全有必要再次确认。最为理想的方式是在谈判开始前以轻松的口吻说："我们先商量一下今天的大致安排，好吗？"或"我们先确定一下今天的议题，如何？"这样的要求表面上看无足轻重，但很容易得到对方肯定的答复，对创造和谐的谈判气氛十分有利。

3. 做开场陈述

1）开场陈述

在报价和磋商之前，为了摸清对方的原则和态度，双方分别阐述自己对有关问题的看法和原则，开场陈述的重点是己方的利益，但不是具体的而是原则性的。

2）陈述内容

陈述内容包括己方对问题的理解（己方认为这次谈判应涉及的问题）、己方的利益所在（己方希望通过谈判取得的利益，哪些方面对己方是至关重要的）、己方准备和对方商谈的事项、己方可以做出的让步和贡献、己方的原则（包括信誉）、双方长期合作后可能出现的良好机会等。

3）陈述时间

对于陈述时间，双方应平分秋色，一方不能占用过长时间。发言内容要突出，表述要明确，用词要温和。

4）陈述结尾

语气应友好平和，不能带有挑战性。应表明己方陈述只是为了使对方明白己方的意图，而不是向对方挑战或强加给对方接受。陈述完毕后，要留出一定的时间让对方做出反应，注意对方对自己的陈述有何反应，并寻找出对方的目的和动机与己方的差别。陈述方陈述时应注视对方主谈，兼顾对方所有人目光，倾听一方须思想集中，全神贯注，如有疑问应立即提出，以明晓对方的全部意图。最后要善于归纳对方的中心要求和关键问题所在。

双方进行陈述后应发出倡议，即双方提出各种设想和解决问题的方案，然后再在设想和符合商业标准的现实之间，搭建起通向成交目标的桥梁。

另外，开局阶段应考虑以下因素。

1. 谈判双方之间的关系

（1）有良好的合作基础：开局气氛应热烈、真诚、放松、亲切。

（2）有过业务往来，但关系一般：开局目标就是创造良好和谐的谈判气氛。

（3）有过业务往来，但印象不佳：开局气氛应严肃、凝重、严谨，保持一定的距离感。

（4）初次结识：努力营造真诚、友好气氛，消除双方陌生感。

2. 双方的实力

（1）如果双方谈判实力相当，为了防止一开始就强化对手的戒备心理或激起对方的对立情绪，在开局阶段仍然要力求创造友好、轻松、和谐的气氛。己方人员的言语和姿态要严谨、沉稳、礼貌又不失自信。

（2）如果己方谈判实力明显强于对方，为了使对方能够清醒地意识到这一点，并且在谈判中不抱过高的期望值，可适度通过己方的气势和对未来的信心显示一些威慑作

用，但又不能将对方吓跑。

（3）如果己方谈判实力弱于对方，为了不使对方在气势上占上风，应在开局阶段的语言和姿态上，既友好也要充满自信，使对方不能轻视己方。

二、报价阶段的策略

谈判双方在结束非实质性交谈之后，就要将话题转向有关交易内容的正题，即开始报价。报价及随之而来的磋商是整个谈判过程的核心。

报价不仅仅指产品在价格方面的要价，更是泛指一方对另一方提出自己的所有要求，包括商品的数量、包装、价格、装运、保险、支付、商检、索赔、仲裁等交易条件，其中价格条件是谈判的核心。外贸业务虽然多种多样，但一般情况下，谈判是围绕着价格进行的。报价的策略主要体现在报价的先后、如何报价和怎样对待对方的报价3个方面。

（一）报价的先后

国际贸易的惯例是卖方先报价，可以起到投石问路的作用。发起谈判人通常先报价，是商务谈判常见的惯例。

（1）先报价之利：为谈判确定框架；先报价会打乱对方的部署和策略，影响远大于后报价。

（2）先报价之弊：会暴露己方意图，有时会高出对方期望值。

（3）先报价情形：若预期谈判气氛比较紧张，可通过先报价规定谈判过程的起点，并由此来影响后面的谈判过程，以先下手为强的态度占据主动。在己方实力强于对方，尤其是在对方对本次交易的市场行情不太熟悉的情况下，己方先报价可以为谈判划定一个基准线，适当控制成交的条件。如果对手是老客户，同己方有较长的合作往来而且一直合作愉快，双方均可先报价。如果对方是外行，即使己方也是外行，先报价可在谈判中居于主导地位。如果对方是专家，而己方不是，应让对方先报价。

（二）如何报价

1. 掌握行情是报价的基础

报价策略的基础是谈判人员根据以往和现在所收集和掌握的、来自各种渠道的商业情报和市场信息，对其进行比较和分析、判断和预测。要研究有关商品的国际市场供求关系及其价格动态，商品或其代用品再生产技术上如有重大突破和革新征兆时，也应密切关注。

2. 确定报价

（1）报价要有一定的“虚头”，但不是越高越好。行情看好时，卖方的“虚头”可高些，“虚头”是为了后面的谈判留有余地，过高过低都不好。作为卖方，开盘价就是成交的最高价，开盘价已经报出就不能再提高或更改；作为买方，开盘价是购买的最低价，没有特殊情况，买方的开盘价是不能再降低的。

（2）“一分钱一分货”，对于一些特殊的工艺品类的商品，较高的“虚头”是必要的。

（3）在谈判过程中出现僵持局面时，根据需要己方做出一些让步是必要的，而让步就需要一定的“虚头”打基础，否则会损害己方的利益。

3. 报价的方法

（1）卖方主动开盘报价叫报盘，买方主动开盘报价叫递盘。在正式谈判中，开盘都是不可撤销的，叫做实盘。

（2）开盘时，报价要坚定而果断地提出，毫不犹豫。开盘必须明确清楚，必要时应向对方提供书面的开价单，或一边解释一边写出来，使对方准确了解己方的想法。开盘时不需对价格做过多的解释、说明和辩解，因为对方一定会提出质询的。绝对不要解释对方未提出的问题，解释过多会暴露己方意图。

（3）两种典型的报价术：一是“欧式”报价术，即先报出含有较大“虚头”的报价，然后伺机调整价格。二是“日式”报价术，即将最低价报给对方，但在其他交易条件上找回补偿。

4. 如何对待对方的报价

（1）认真听取对方报价，中间不要打断。对方报价结束后，对不清楚的地方及时询问并归纳总结，以便能够确认自己的理解准确无误。

（2）对对方报价的态度是：要么要求对方报价，要么自己报价。通常前者的效果稍好一些，因为这是对对方报价所做出的反应，而不是全盘否定对方的报价。

（3）己方进行报价解释应遵循的原则是：不问不答，有问必答，避实就虚，能言不书。

三、磋商阶段的策略

本阶段也称为讨价还价阶段，它是国际商务谈判的关键阶段，也是最紧张、最艰苦的阶段。一般情况下，当谈判一方报价之后，另一方不会无条件地接受对方的报价，而要进行一场谈判双方的实力、智力和技术的具体较量，这是双方求同存异、合作谅解和相互让步的阶段。

（一）还价前的准备

在还价前，应分清双方的实质性分歧和表象性分歧。

1）实质性分歧

实质性分歧是原则性的根本利益的真正所在。对待此类分歧要反复研究做出让步的可能性，并做出是否让步的决定；同时，根据预期的目标决定让步的阶段和步骤。

2）表象性分歧

表象性分歧是由于谈判中的一方或双方为了达到某种目的而人为设置的难题或障

碍。对待表象性分歧，只要认真识别，不要被对方的气势所吓倒，就一定能说服对方。

（二）让步策略

1. 考虑对方的反应

（1）最理想的结果是对方很看重己方的反应，或许会适当做出回报。
（2）对己方的让步不很在乎，态度上没有任何变化。
（3）最糟的结果是，己方的让步让对方认为己方报价水分很大，激起对方进一步压价。

2. 注意让步的原则

（1）不做无谓的让步。
（2）只在关键时刻让步。
（3）力求对方先让步。
（4）不要承诺同等程度的让步。
（5）让步可以收回。
（6）要让对方感觉到己方的让步不是轻而易举的。
（7）一次让步幅度不要太大，让步节奏不能太快。

3. 运用适当的让步策略

（1）互利互惠的让步策略：向对方表明让步与本公司的政策或主管的指示相悖，因此让步仅此一次；把己方的让步与对方的让步直接联系。
（2）予远利谋近惠的让步策略：把本次谈判和双方的长远合作关系相结合。
（3）丝毫无损的让步策略：在对方的要求确实合理的情况下做出让步。

4. 迫使对方让步

（1）利用竞争：货比三家，透露更多的谈判伙伴。
（2）软硬兼施：谈判班子互相配合，控制态度变化节奏，先造成对方失态，然后和颜悦色。
（3）最后通牒：己方必须拥有强有力的地位；已到谈判的最后阶段；要做好对方毫不让步的思想准备。

5. 阻止对方进攻

（1）限制策略：权力限制；资料限制；其他方面的限制。
（2）主动示弱策略：请对方高抬贵手，否则己方公司就将破产等。
（3）以攻对攻策略：己方在某一方面做出让步时与其他方面的条件相结合，迫使对方有所让步。

四、成交阶段的策略

谈判双方的期望已经相当接近时，就会产生结束谈判的愿望。成交阶段就是双方下决心按磋商达成的最终交易条件成交的阶段。这一阶段的主要目标有 3 个：①尽快达成协议；②保证己方已取得利益不丧失；③争取最后的利益收获。

（一）场外交易

场外交易旨在改变环境，调整节奏，尽快达成一致，但应注意谈判对手的不同习惯。在以下条件下可采用场外交易方式。

（1）过长时间的谈判会影响谈判协商的结果。

（2）谈判气氛紧张、激烈、对立，让步方已经把让步视为投降或战败。

（3）主谈人尚能控制情绪，但谈判伙伴情绪已经失控。

（二）最后让步

1. 把握让步时间

让步过早会被对方认为是前一段讨价还价的结果，而不是为达成协议做出的终局性的让步；让步过晚会削弱对对方的影响和刺激作用，并增加下一阶段谈判的难度。让步的主要部分在最后期限之前做出（回味功能），次要部分在最后时刻做出（甜头功能）。

2. 控制让步幅度

让步幅度过大会让对方认为这不是最后的让步；让步幅度过小会让对方认为微不足道。让步的幅度常常要根据对方出场的人物的地位做出。做出最后让步后必须保持立场坚定，否则对方会继续紧逼。

（三）不忘最后获利

有时可在签约前提出小小的请求。常规做法是，在签约之前突然提出一个小小的请求，要求对方再让出一点点。由于谈判已进展到签约阶段，谈判人员已经付出很大的代价，不愿再为这一点小事重新回到谈判桌上，因此常常会很快答应这个请求。

（四）严格审核协议

要把日期、数字和关键性的概念核实无误，不可有半点疏忽。

（五）双方庆贺胜利

强调谈判结果的双赢性，不能只在心中暗喜，要让双方的心理都得到安慰。

五、处理僵局的策略

国际商务谈判进入实质的磋商阶段以后，各方往往由于某种原因相持不下，陷入进退两难的境地。这种使谈判搁浅的状况称为谈判的僵局。

僵局之所以经常产生，原因就在于来自国内不同的企业和不同国家或地区的谈判者，都有各自的利益。当国际商务谈判进展到一定时期时，这种对各自利益的期限或对某一问题的立场和观点确实使谈判者很难达成共识，甚至相去甚远，而各方又不愿进一步做出让步，就会形成僵局。

当僵局形成以后，必须迅速进行处理，否则就会对国际商务谈判的顺利进行产生影响。妥善处理僵局，必须对僵局的性质、产生的原因等问题进行透彻的分析，及时采取相应的策略和技巧，从而使谈判重新开始。

（一）国际商务谈判中形成僵局的原因

国际商务谈判中形成僵局的原因包括：①一言堂；②反应迟钝；③偏激的感情色彩；④人员的素质低下；⑤信息沟通的障碍；⑥软磨硬泡式的拖延；⑦外部环境发生变化等。

（二）国际商务谈判中僵局的处理方法

1. 尽力避免僵局的原则

尽力避免僵局的原则包括：①坚持闻过则喜；②态度诚恳，语言适度；③善于控制情绪。

2. 妥善处理僵局的方法

（1）潜在僵局间接处理法：先肯定局部，后否定全部；先重复对方意见，然后再削弱对方；用对方的意见说服对方；用提问的方式促使对方自我否定。

（2）潜在僵局直接处理法：站在对方立场上说服对方；归纳概括法；反问劝导法；幽默法；场外沟通法。

（3）妥善处理僵局的最佳时机：及时答复对方意见；适当拖延答复；先发制人，争取主动。

（4）打破僵局的做法：采取横向式谈判；改期谈判；改变地点谈判；联谊；更换谈判人员；领导出面。

（5）处理严重僵局的做法：调解与仲裁。

（三）处理谈判僵局应注意的问题

谈判人员在处理谈判僵局时应注意以下几个方面。

（1）及时灵活地调整和变换谈判方式。

（2）回绝对方不合理要求。

（3）防止让步失误。

① 切不可过分自信、自以为已经掌握了对方的意图。

② 不可轻易接受超出己方期望水平的最初报价，因为第一次报价中的“虚头”是很大的，有经验的谈判者总是牢记“永远不要相信第一次报价”。

③ 不要轻易让步。谈判僵局是对双方耐力的考验，不要搞交换式让步。

④ 善于在谈判实践中运用让步策略组合。许多谈判人员害怕僵局的出现，担心僵局而导致谈判暂停乃至最后破裂，其实大可不必如此多虑。

谈判经验告诉我们，国际商务谈判中出现暂停乃至破裂并不一定是坏事，因为暂停会使双方都有机会重新审慎地检查各自谈判的出发点，既能维护各自的合理利益，又能注意挖掘双方的共同利益。如果双方都能逐渐认识到弥补现存的差距是值得的，并愿意采取相应的措施，包括进一步做出必要的妥协，这样的谈判结果就真实地反映了谈判双方的初衷。即使谈判破裂，也可以避免非理性的合作。既然谈判的结果不能同时满足双方的利益，如果勉强同意，明显是一胜一负，这样的结局一定会使失败的一方绞尽脑汁用各种方式来弥补自己的损失，甚至以各种隐蔽的手段挖对方的墙角，最后很可能导致双方都得不偿失。因此，谈判破裂，并不是总是以不欢而散而告终的，确实不适合合作，买卖不成友谊在，将来合作的机会总是有的。

案例分析

中国某市机械进出口公司欲向国外订购一台专用设备，在收到报价单并经过讨价还价之后，中方决定邀请拥有生产该设备先进技术的某公司客商来华进一步谈判。在谈判中，双方集中讨论了价格问题。一开始，中方的出价是 10 万美元，而对方的报价与报价单开列的价格一样是 20 万美元。

在第一轮报价之后，双方都预计到最后的成交范围在 14 万～15 万美元，同时大家也估计到，需要几个回合的讨价还价才能实现这一目标。中方有关人员讨论之后，提出了以下让步幅度。

第一种：中方还价 14 万美元；

第二种：中方还价 10.5 万美元；

第三种：中方先还价 11.4 万美元，然后伺机依次加价，不过加价幅度越来越小。

中方最后决定采用第三种方式还价，经过 4 轮讨价还价之后，中方先后报出了 11.4 万美元、12.7 万美元、13.5 万美元，最后双方以 14 万美元成交。

思考：

第一种和第二种让步方案存在的主要问题是什么？

复习思考题

1．简述国际商务谈判的特点。
2．运用实例论述国际商务谈判的技巧。
3．在国际商务谈判中出现僵局应该如何处理？

实践训练

【实训项目】

跨文化商务谈判。

【实训目的】

通过实训，学生应能按照国际商务礼仪规范进行涉外商务谈判；能按照国外商务谈判的准则做好出国前的准备；能根据不同国家的商务谈判风格制定相应的谈判策略。

【背景资料】

假如你是一家外贸公司的业务员，公司要派你下个月到意大利进行商务洽谈，请你收集意大利的谈判风格和谈判特征，寻找应对策略，并了解这个国家的文化、习俗，弄清与意大利人交往的一些注意事项。

【实训要求】

学生分组查阅相关资料并进行讨论，然后形成实训报告。

第八章
商务谈判礼仪

案例导入

国内某知名 IT 公司人力资源部颁布了一份文件《关于对×××通报批评的信息通报》，一名前台接待人员被辞退，其他直接和间接相关人员也受到了扣发奖金和批评的处罚。

事情的经过是这样的：

某期货公司老总一行两人来到这家公司的前台接待处，递上名片。而接待员正在计算机前忙着做自己的事情，便叫卫生员负责接待。卫生员接过名片，也没怎么看就问："找证券还是期货？"客户回答说要见期货方面的负责人，她就指着楼道说在 805 房，可以从楼梯上去。在此期间，接待员一直没有离开座位。

客人来到 805 室，由于没有预约，期货部总经理恰逢出差，部门秘书热情地接待了客人。虽经多方联络，但不巧的是各位相关领导都不在公司，直到 20 分钟后，才有一位客户经理前来接待了客人。特别是在此期间听到客户经理在与其他负责人通话时，再三问："是不是预约过了？为何事先没有预约？"客人更是恼怒，拂袖而去。

针对这件事情，人力资源部做了相应的处理，并加强了对员工素质的培训。

"客户就是上帝"，该案例就是因为没有对客户体现出应有的尊重，没有展示应有的素养和文明，没有"客户第一"的意识，才有上述有损公司的形象和业务的事发生。一个不懂得把自己的客户放在心中的公司，一个对自己的客户没有真诚的热情和起码的尊重的公司，是不可能走向成功、走得长远的。

第一节 商务仪式

一、商务接待与拜访

商务接待与拜访是很多企业员工的一项经常性工作。员工在接待和拜访中的礼仪表现，不仅关系到自己的形象，还关系到企业的形象。所以，接待和拜访的礼仪越来越受到企业的重视。

（一）商务接待礼仪

企业业务往来的增加，对外交往的扩大，将会使企业的接待工作越来越重要。商务接待的客人既有生产厂家、供货单位，也有本企业的顾客，以及相关领域的客户。如果细分，可以分为业务往来接待、顾客投诉接待、会议接待、参观学习接待等，按人数又可以分为个人接待与集体接待。

1. 接待准备阶段

接待工作繁杂琐碎，如有疏漏，将会对本企业的声誉造成不好的影响，甚至导致业务不成功而遭受损失。

1）接待环境及物质的准备

良好的环境有助于接待工作的顺利进行，要重视办公室或会议室等场所的环境布置和绿化；室内要保持空气清新，光线不能过强或过弱；办公家具的摆放要合理，不能有碍于商务活动。

办公设备要准备充分，要确保音响等设备能正常使用。欢迎标志语的写作要恰当，张贴于客人的必经之路。茶具和茶叶的准备要有针对性。水果点心要方便客人食用，不选太硬的小吃，如太硬的豆类等；不选太多籽的水果，如西瓜等。如果选用西瓜等水果，要将其切成小块放入盘中，并准备水果叉、牙签和纸巾等。

2）接待人员的仪容仪表

接待人员的头发要保持干净，发型要大方，女士如果留长发，应将头发盘在脑后。在服饰方面除了符合个人礼仪的基本要求，还要特别注意，不要有太多的饰物，那样只会喧宾夺主。化妆以淡妆为宜，不留长指甲，保持手部的清洁。活动前不吃带有异味的食物，注意口腔卫生。

3）对接待对象的了解

在接待之前，首先必须了解接待对象的单位、性质及客人的基本情况，如姓名、性别、级别、人数等。其次，要了解来宾到达日期，所乘交通工具、车次和到达时间。对于重要客人和高级团体的接待，要制订严格的接待方案。其内容包括客人的基本情况、接待工作的组织分工、陪同人员和迎送人员名单、食宿地点及房间安排、伙食标准及用餐形式、交通工具、费用支出意见、活动方式及日程安排、汇报内容的准备及参加人员等。

2. 正式接待工作

客人到达后，应安排专人迎接。对一般客人，可以由业务部门或经理助理到车站（机场、码头）迎接。对于重要的客人，应由相关领导迎接。

客人到达后，应组织客人签到，为其安排好食宿，安排有关人员协助拿行李并引进客房。

与客人协商好活动日程，根据日程安排精心组织好各项活动，如洽谈、参观游览等。有特殊要求的客人要予以关照。根据客人的要求为其安排返程，如订购返程车（机、船）票，及时送到客人手中。

3. 送客的礼仪

在活动结束客人准备离开时，一定要善始善终，接待过程的每一个环节都很重要。接待工作也就是服务工作。在服务业有这样的一个公式“100-1=0”，就是说要重视每一个环节，有一件事情做得不好，等于整个服务过程的失败。

在客人离去时，要提醒客人带好随身物品，将其送至门口或机场、车站，与客人握手道别。总之，在整个接待过程中，要求向客人提供热情、周到、礼貌、友好的服务。

4. 接待过程中应注意的礼仪

（1）引领客人时，应位于客人左前方两三步的位置。

（2）在陪同客人行走时，依据“右贵左轻”的原则，位于客人的左侧，以示尊重。

（3）在上下楼或转弯处应用手示意方向。

（4）乘电梯时，如有专人服务，应请客人先进；无人服务的电梯，接待人员应先进去，到达时请客人先出电梯。

（5）进房间时，应打开并扶住房门，然后请客人进入。

（6）乘车上下时，要一手打开车门，另一只手扶住车门的上框，提醒客人避免撞到头。客人上车，待客人坐稳后，再轻轻关上车门。和客人同往，车停后要先下车，打开车门请客人下车。

（7）在接待来访者时，应将手机关闭或置于静音状态，如有来电或有新的来访者，应尽量让助理或他人接待，避免中断正在进行的接待，或示意后来者稍等片刻。

（二）商务拜访礼仪

1. 拜访的预约

拜访他人应选择合适的时间，无论是到居室、办公室还是到酒店，都要事先与被拜访者进行预约，以便双方都能利用和控制时间，突然来访是非常失礼的。

拜访预约的方式有当面向对方提出要求拜访、用电话向对方提出拜访、用书信提出拜访等。

2. 拜访的准备

（1）拜访前要注意自己的仪容仪表，穿着要规范、整洁。

（2）准备好名片。男士的名片可放在西装口袋中，也可放在名片夹中。女士可将名片放在提包中容易取出的地方。

（3）如果拜访对象是非常重要的客户，一定要先关闭手机。

（4）拜访客户前对被拜访者的情况、特点、销售量及其在商界的信誉都要有所了解，以便有针对性地进行交谈。

3. 拜访时的礼仪

（1）拜访他人，应准时到达，切勿迟到，但也不要到太早。如果有紧急的事情，或遇到交通阻塞，必须通知被拜访者，到达后对对方的等候要表示歉意和谢意。

（2）到达拜访地点时，要注意礼节，入室要敲门。对熟悉的人可握手问候，如果与接待者是第一次见面，应主动递上名片或做自我介绍。对方示意坐下时才能就座，就座时的礼节要符合个人礼仪规范。就座后应主动向接待人员介绍自己的姓名、职务及公司的名称和业务等。

（3）要尽快进入谈话正题，不说无关紧要的事情。

（4）对接待者平日给予的帮助要致以谢意，但不要过分地恭维。

（5）有吸烟习惯的人，最好不要吸烟。如果实在要吸烟，而该场所又没有“禁止吸烟”标志，必须征得对方的许可后才能吸烟。

（6）控制好时间，最好在约定时间内结束谈话，要注意观察接待人员的举止表情，适可而止。如对方起身或表现出有其他事情的行为，应立即起身，礼貌地告辞。

二、商务仪式

在商务活动中，举行一个气氛热烈而隆重的仪式，可以表明企业对这项活动的重视程度。同时，邀请社会各界人士参加，可以扩大影响，树立形象，让社会了解企业，提高企业的知名度。常见的商业仪式有开业典礼、剪彩仪式、签约仪式、交接仪式、庆典仪式、新闻发布会等。

（一）开业仪式

开业仪式又称作开业典礼，是指某单位在创建、开业之际，所经营的某个项目、工程的完工、落成之时，某一建筑物正式启用，或是某项工程正式开始施工，为了表示庆贺或纪念，而按照一定的程序所隆重举行的专门的仪式，如公司建立、商店开张、写字楼落成、新桥通车等。

1. 举办开业仪式的原则与程序

举办开业仪式，应遵循热烈、隆重而又节俭的原则。除此之外，还应注意以下几个环节。

1）提前邀请宾客

邀请的宾客一般应包括政府和相关部门负责人、知名人士、同行业代表、新闻记者、员工代表等。对邀请出席的宾客，应该提前将请柬送到其手中，以表达对客人的敬意，必要时请其给予明确的答复。

2）布置现场环境

举行仪式的现场可以设在店面门口，现场布置要突出喜庆场面，渲染热烈气氛。一般可以挂上“××开业庆典”的横幅，悬放氢气球，会场两边布置来宾赠送的花篮，四周悬挂彩灯、彩带、彩旗等。

3）按程序举行典礼

开业典礼的程序一般为：宣布典礼开始、宣读重要来宾名单、致贺词、剪彩。仪式中，主人致简短贺词向来宾表示感谢，并介绍本企业的经营特点、经营目标等。整个仪式应简洁、紧凑。为了活跃气氛，在发言前后可以播放节奏明快的乐曲。

4）组织来宾参观座谈

典礼仪式结束后，主人可带领来宾参观，或者组织来宾进行座谈。参观或座谈过程

中，可以介绍本企业的基本情况，以加深社会各界人士对本企业的了解，广泛征求他们的意见。另外，参观或座谈也是宣传企业、宣传商品的极好时机。

5）欢迎首批顾客

开业仪式结束后，新店即正式对外营业。店领导为表诚意，可在门口恭候顾客光临。在营业过程中，员工应向顾客适时说“欢迎光临”等表示欢迎和感谢的语言，还可准备一些印有店标字样的礼品赠给顾客作纪念。

2. 开业仪式的形式

常见的开业仪式的形式有开幕仪式、开工仪式、奠基仪式、破土仪式、竣工仪式等。

1）开幕仪式

开幕仪式是开业仪式的具体形式之一，是指公司、企业、宾馆、商店、银行正式经营之前，或是各类商品的展示会、博览会、订货会正式开始之前，所正式举行的相关仪式。开幕式应在较为宽敞的场所举行，仪式举行之后便正式营业，有关商品的展示会、博览会、订货会也将正式开始。

开幕仪式的主要程序如下：①宣布仪式开始，全体肃立，介绍来宾；②邀请专人揭幕或剪彩，全场目视彩幕，鼓掌并奏乐；③在本单位的主要负责人的亲自引导下，全体人员依次入场；④本单位的主要负责人致辞答谢；⑤来宾代表发言祝贺；⑥本单位的主要负责人陪同来宾进行参观，开始正式接待顾客或观众，对外营业或对外展览宣告开始。

2）开工仪式

开业仪式常见的形式之二是开工仪式，如工厂准备正式开始生产产品、矿山准备正式开采矿石时，所专门举行的庆祝性、纪念性活动。开工仪式大都讲究在生产现场举行，即以工厂的主要生产车间、矿山的主要矿井等处，作为举行开工仪式的场所。

开工仪式的主要程序如下：①宣布仪式开始，全体起立，介绍各位来宾，奏乐；②在司仪的引导下，本单位的主要负责人陪同来宾行至开工现场肃立；③正式开工，全体人员鼓掌致贺并奏乐；④全体职工各就各位上岗进行操作；⑤在本单位的主要负责人的带领下，全体来宾参观生产现场。

3）奠基仪式

开业仪式的常见形式之三是奠基仪式。奠基仪式通常是一些重要的建筑物，如场馆、纪念碑等在动工修建之初，正式举行的庆祝性活动。

奠基仪式的举行地点，一般应选择在动工修筑建筑物的施工现场。奠基的具体地点，按常规均应选在建筑物正门的右侧。在一般情况下，用以奠基的奠基石应为一块完整无损、外观精美的长方形石料。在奠基石上，应刻有建筑物的正式名称，文字应当竖写；在其左下款则应刻有奠基单位的全称及举行奠基仪式的具体日期；奠基石上的字体以楷体为主。

奠基仪式的具体程序如下：①宣布仪式开始，介绍来宾，全体起立；②奏国歌；③本单位的主要负责人对该建筑物的功能及规划设计进行简要介绍；④来宾致辞祝贺；

⑤正式奠基，演奏喜庆乐曲；⑥由奠基人双手持系有红绸的新铁锹为奠基石培土，再由本单位的主要负责人与其他嘉宾依次为之培土，直至将其埋没为止。

4）破土仪式

开业仪式的常见形式之四是破土仪式。破土仪式又称破土动工，是指在道路、河道、水库、桥梁、电站、厂房、机场、码头、车站等正式开工之际，所专门为此而举行的动工仪式。破土仪式举行的地点大多选择在工地的中央或某一侧。举行仪式的现场，要事先进行认真的清扫、平整和装饰。

破土仪式的具体程序如下：①宣布仪式开始，介绍来宾，全体肃立；②奏国歌；③本单位的主要负责人致辞；④来宾致辞祝贺；⑤正式破土动工，由来宾环绕于破土之处的周围肃立，破土者双手持系有红绸的新铁锹铲土 3 次，全体鼓掌并奏乐，或燃放鞭炮。

5）竣工仪式

开业仪式的常见形式之五是竣工仪式。竣工仪式又称落成仪式或建成仪式，是指本单位所属的某一建筑物或某项设施建设、安装工作完成之后，或是某一纪念性或标志性建筑物，如纪念碑、纪念堂的建成，所举行的庆祝性活动。举行竣工仪式的地点，一般选择在现场，如新落成的建筑物之外，刚刚建成的纪念碑、纪念堂的旁边。

竣工仪式的基本程序如下：①宣布仪式开始，介绍来宾，全体起立；②奏国歌，并演奏本单位的标志性歌曲；③本单位的主要负责人发言；④进行揭幕或剪彩；⑤全体人员向刚刚竣工或落成的建筑物行注目礼；⑥来宾致辞；⑦进行参观。

此外，还有通车仪式、通航仪式和下水仪式等。这几种仪式主要是指重要的交通建筑完工并验收合格之后，或汽车、飞机、轮船在正式开通某一条新航线之际，举行的正式庆祝性活动。在现场附近及沿线两旁插上彩旗、彩带或悬挂横幅。在船只、汽车、火车或地铁的车头上，一般应系上红花，并悬挂醒目的宣传性标语。

（二）剪彩仪式

剪彩仪式是指有关单位为了庆贺公司的设立、企业的开工、宾馆的落成、商店的开张、道路或航线的开通、展览会或博览会的开幕等，隆重举行的一项礼仪性程序。剪彩作为一种庆贺的手段，可以在开业典礼中进行，也可以举行专门的仪式。

从操作的角度来看，目前通行的剪彩礼仪主要包括剪彩的准备、剪彩人员的选定、剪彩的程序、对剪彩者的礼仪要求 4 个方面的内容。

1. 剪彩的准备

剪彩的准备必须认真细致，一丝不苟，精益求精，如场地的布置、环境卫生、灯光与音响的准备、媒体的邀请、人员的培训等。除此之外，对剪彩仪式上所需使用的某些特殊用具，如红色缎带、新剪刀、白色薄纱手套、托盘及红色地毯等，都应认真地进行选择与准备。

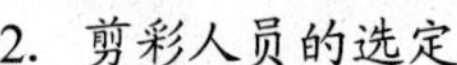

2. 剪彩人员的选定

剪彩者，即在剪彩仪式上持剪刀剪彩之人。剪彩者是剪彩仪式上最重要的人物，因此，对剪彩人员必须认真地进行选择。除主持人之外，剪彩人员主要是由剪彩者与助剪者两个部分人员组成。剪彩仪式档次的高低往往同剪彩者的身份密切相关。因此，在选定剪彩的人员时要慎重选择剪彩者。

1）确定剪彩者名单

根据惯例，剪彩者可以是一个人，也可以是几个人，但一般不应多于5人。通常，剪彩者多由上级领导、合作伙伴、社会名流、员工代表或客户代表担任。在剪彩仪式举行之前，名单一经确定，即应尽早告知对方，使其有所准备。在一般情况下，确定剪彩者时，必须尊重对方个人意见，切勿勉强对方。需要由数人同时担任剪彩者时，应分别告知每位剪彩者将与何人同担此任。这样做，是对剪彩者的一种尊重，千万不要“临阵磨枪”，在剪彩开始前强拉硬拽，临时找人凑数。

2）选定礼仪小姐

在剪彩仪式上服务的礼仪小姐，又叫助剪者，可以分为迎宾者、引导者、服务者、拉彩者、捧花者、托盘者。迎宾者的任务是在活动现场负责迎送客人。引导者的任务是在进行剪彩时负责带领剪彩者登台或退场。服务者的任务是为来宾尤其是剪彩者提供饮料，安排休息之处。拉彩者的任务是在剪彩时展开、拉直红色缎带。捧花者的任务是在剪彩时手托花团，捧花者的人数要视花团的具体数目而定，一般应为一花一人。托盘者的任务，是为剪彩者提供剪刀、手套等剪彩用品。

选择礼仪小姐的基本条件是：相貌较好、气质高雅、身材颀长、音色甜美、反应敏捷、善于交际的年轻健康的女性。礼仪小姐的最佳装束应为：化淡妆、盘起头发，穿款式、面料、色彩统一的单色旗袍，或身穿深色或单色的套裙，配肉色连裤丝袜、穿黑色高跟皮鞋。在饰物方面，除戒指、耳环外，不佩戴其他首饰。

3. 剪彩的程序

若剪彩者仅为一人，则剪彩时居中即可。若剪彩者不止一人时，剪彩时位次的尊卑就必须予以重视。一般的规矩是中间高于两侧，右侧高于左侧，即主剪者应居于中央的位置，距离中间的主剪者越远，位次就越低。

剪彩仪式上有众多的惯例和规则必须遵守，其具体程序也有一定的要求，具体如下。

1）请来宾入座

仪式即将开始时，应提醒参加仪式的来宾入座。在仪式正式开始时，邀请来宾于主席台上就座，位置的排列应按照剪彩时的顺序，或到现场后由工作人员引领入座。

2）宣布仪式开始

由主持人宣布剪彩仪式开始并鼓掌，向与会者表示感谢，然后介绍重要来宾，包括各级政府领导、社会知名人士、同行业杰出代表等，同时向他们表示感谢。

3）奏国歌

此刻应全场起立，必要时也可随之演奏本单位标志性歌曲。

4）安排发言

首先，安排主办方代表发言，其发言代表一般由主办方的负责人担任。发言内容以介绍此次活动的意义和目的为主，并对有关事宜进行通报和汇报。然后，安排来宾代表发言，其内容主要是祝贺与期望。

5）进行剪彩

剪彩前先宣布剪彩人名单，剪彩人进行剪彩时，主席台上的人员一般应尾随其后1～2米处。剪彩用的剪刀应由工作人员用托盘呈上。剪彩人把彩带剪断后，应立即向其他来宾及四周群众鼓掌致意，此时全体应热烈鼓掌，必要时还可奏乐或燃放鞭炮。

6）参观或聚会

剪彩仪式结束后，主人应陪同来宾参观，仪式至此宣告结束。随后东道主单位可向来宾赠送纪念品，或举行小型答谢宴会向来宾表示感谢。

4. 对剪彩者的礼仪要求

剪彩者是剪彩仪式上所有人关注的对象，其个人形象和风度气质会给众人留下深刻的印象，并直接影响到剪彩仪式的最终效果。因此，剪彩员在行为举止上，应注意以下几点。

（1）保持服装整洁、大方、得体，给人以稳重、精干、值得信赖的感觉。

（2）当主持人宣告进行剪彩时，礼仪小姐应率先登场。上场时，礼仪小姐应排成一行前进，从两侧同时登台，或是从右侧登台均可。登台之后，拉彩者与捧花者应站成一行，拉彩者处于两端拉直红色缎带，捧花者各自双手捧一束花团。托盘者应站立在拉彩者与捧花者身后1米左右，并且自成一行。

（3）剪彩者登台时，宜从右侧出场，并由引导者在其左前方进行引导，使之各就各位。剪彩者应步履稳健、面带微笑、落落大方，不得左顾右盼。当剪彩者均已到达既定位置之后，托盘者应前行一步，到达前者的右后侧，以便为其递上剪刀和手套。

（4）当主持人向在场人员介绍剪彩者时，剪彩者应面带微笑向大家鞠躬或点头致意。

（5）剪彩时，先向左右两边手持彩带的工作人员微笑致意，然后集中注意力，右手持剪刀，严肃而认真地将红色缎带剪断。若多名剪彩者同时剪彩时，其他剪彩者应注意主剪者的动作，争取主动协调一致，同时将红色缎带剪断。

（6）剪彩完毕，应立即向四周的人们鼓掌致意。注意红色花团应准确无误地落入托盘者手中的托盘里，切勿使之坠地；放下剪刀、手套于托盘上之后，应与主人握手道喜或进行礼节性谈话，但时间不宜太长，避免滔滔不绝的高谈阔论或旁若无人的纵情谈笑，这是不合乎礼仪规范的。然后在引导者的引导下，从右侧退场。

（三）签约仪式

签约即合同的签署，是指在签署合同时举行的郑重其事的签字仪式。合同的签署能

更有效地取信于人。在商务交往中，签约标志着有关各方的相互关系得到了更大的进展，或为消除彼此间误会而达成了一致性见解，它极受商界人士的重视。

合同的种类繁多，常见的有购销合同、借贷合同、租赁合同、协作合同、加工合同、基建合同、保险合同、货运合同、责任合同等。签约仪式分为草拟、准备与签署3个阶段。

1. 草拟阶段

草拟阶段的主要工作是草拟合同。在正式签订合同之前，应草拟一个文本。草拟合同文本的商务人员必须熟悉国家的有关法律法规，以及主要涉及商品生产、技术管理、外汇管制、税收政策和商检科目五个方面的内容，以便运用法律来维护自己的正当权益。同时，商务人员还应具备各有关专业技术方面的基本知识，包括商品知识、金融知识、运输知识、保险知识和商业知识等。草拟合同时，要求目的明确、内容具体、用词标准、数据精确、项目完整、书面整洁。合同一般包括标的，数量和质量，价款或酬金，履约的期限、地点和方式，违约责任等基本内容。在草拟具体条款时，既要“以我为中心”，优先考虑自己的切身利益，又要替对方着想，并且尽可能照顾对方的利益，这是促使合同为对方所接受的最佳途径。

2. 准备阶段

在签署合同之前，要做好以下准备工作。

1）布置好签字厅

签字厅是举行签字仪式的场所，其布置的总体原则是庄重、整洁、清静。签字桌应为长条桌，横放于室内，上面铺上台布，两侧摆放适量的座椅。可以仅放一张座椅，供各方签字人签字时轮流就座，也可以为每位签字人各自提供一张座椅。签字人就座时，一般应当面对正门。签字桌上应事先放好待签的合同文本和签字笔等文具。与外商签署涉外商务合同时还要在签字桌上摆放国旗架，并按照礼宾次序插入国旗。

2）安排签字时的座次

签字时，客方签字人在签字桌右侧就座，主方签字人员则就座于签字桌左侧。助签人应分别站立于各自一方签字人的外侧，以便随时对签字人提供帮助。随员可在己方签字人的正对面就座，也可以站立于己方签字人的身后。原则上，双方随员人数应大体上相近。在签署多边性合同时，一般仅设一个签字椅，各方签字人依次上前签字。此时，助签人应站立于签字人的左侧，随员应面对签字桌就座或站立。

3）预备待签的合同文本

合同正式文本由举行签字仪式的主方负责准备。合同正式文本要用精美的白纸印制而成，按八开的规格装订成册，并以高档质料，如真皮、金属、软木等做封面。除提供一份待签的合同文本外，必要时主方还可向各签字方提供一份副本。签署涉外商务合同时，按照国际惯例，合同文本应同时使用各方法定的官方语言，或是使用国际上通行的英文等。

4）签字人员的服饰要求

在出席签字仪式时，签字人、助签人及随员，应当穿着深色西服套装或西服套裙，并配以白色衬衫和深色皮鞋。男士还必须系上单色领带，以示正规。签字仪式上的礼仪人员、接待人员，应穿着统一的工作制服，或旗袍一类的礼仪性服装。

3. 签署阶段

签字是合同签署仪式的重要阶段，它的时间不长，但程序规范、庄重、热烈。其正式程序共分为以下 4 个步骤。

1）签字仪式开始

有关各方人员进入签字厅，在既定的座位上就座。

2）正式签署合同

签字人正式签署合同文本，依照国际惯例，每个签字人均应首先签署己方保存的合同文本，然后交由他方签字人签字。这一做法，在礼仪上称为“轮换制”。它使各签字方均有一次机会居于首位，以显示各方机会均等。

3）交换合同文本

签字人交换经各签字方正式签署的合同文本。此时，各方签字人应互相握手，互致祝贺，并相互交换各自一方刚才使用的签字笔，以示纪念。这时全场人员应鼓掌，表示祝贺。

4）互相道贺

交换已签的合同文本后，有关人员尤其是签字人一般应以香槟酒互相祝贺以增添喜庆气氛。商务合同在正式签署后，应提交有关方面进行公证才正式生效。

（四）交接仪式

在商界，交接仪式一般是指施工单位依照合同将已建设、安装完成的工程项目或大型设备，如厂房、商厦、宾馆、办公楼、机场、码头、车站或飞机、轮船、火车、机械、物资等，经验收合格后正式移交给使用单位时，所专门举行的庆祝典礼。

交接礼仪是指举行交接仪式时所必须遵守的有关规范。它包括交接仪式的准备、交接仪式的程序、交接仪式的注意事项 3 个方面。

1. 交接仪式的准备

准备交接仪式，要做好来宾的邀请、现场的布置、物品的预备等工作。

1）来宾的邀请

来宾的邀请一般应由交接仪式的东道主，即施工、安装单位负责。在具体拟定来宾名单时，东道主应主动征求接收单位的意见，接收单位对名单可酌情提出建议，但不宜过于挑剔。

原则上，出席交接仪式的应当包括施工、安装单位的有关人员，接收单位的有关人员，上级主管部门的有关人员，当地政府的有关人员，行业组织、社会团体的有关人员，各界知名人士，新闻单位及协作单位的有关人员等。

在上述人员之中，除施工、安装单位与接收单位的有关人员之外，对于其他所有的人员，均应提前送达或寄达正式的书面邀请，以示对对方的尊重之意。

2）现场的布置

在选择交接仪式的现场时，通常应视交接仪式的重要程度、全体出席者的具体人数、交接仪式的具体程序与内容等方面因素而定。

一般来说，可将交接仪式的举行地点安排在已经建设、安装完成并已验收合格的工程项目或大型设备所在地的现场。有时亦可将其酌情安排在东道主单位本部的会议厅，或者由施工、安装单位与接收单位双方共同认可的其他场所，如宾馆的多功能厅等。

3）物品的预备

由主办方提前准备在交接仪式上作为交接象征的有关物品，如验收文件、有关表格、钥匙等。验收文件是指已经公证的由交接双方正式签署的证明性文件；有关表格是指交付给接收单位的全部物资、设备或其他物品的名称、数量明细表；钥匙则是指用来开启被交接的建筑物或机械设备的钥匙。除此之外，主办方还应为来宾准备一些纪念品，如被交接的工程项目、大型设备的微缩模型，或以其为主角的画册、明信片、纪念章、领带针、钥匙扣等。

2. 交接仪式的程序

主办单位在拟定交接仪式的具体程序时，必须注意以下几点：其一，交接程序一般参照惯例执行，尽量不要标新立异；其二，实事求是，量力而行，在具体的细节上不必事事贪大求全。具体来说，交接仪式有下述 5 项基本程序。

1）宣布开始

主持人宣布交接仪式正式开始。此时，全体与会者应进行热烈的鼓掌，以表达对东道主的祝贺之意。

2）奏国歌

全体起立，或随之演奏东道主单位的标志性歌曲。

3）正式交接

由施工、安装单位与接收单位正式进行有关工程项目或大型设备的交接。具体是由施工、安装单位的代表，将有关工程项目、大型设备的验收文件、有关表格、钥匙等象征性物品，正式递交给接收单位的代表。此时，双方应面带微笑，双手递交、接收有关物品，并热情握手。

正式移交给接收单位后，可在现场演奏或播放节奏欢快的喜庆性歌曲。在有些情况下，为了进一步营造出　种热烈而隆重的气氛，这一程序亦可由上级主管部门或地方政府的负责人为有关的工程项目、大型设备的启用进行剪彩所取代。

4）各方代表发言

依次请出施工、安装单位的代表，接收单位的代表，来宾代表进行简短发言。原则上，每个人的发言应以 3 分钟为限。

5）仪式结束

宣告交接仪式正式结束，全体与会者致以热烈的掌声，随后安排来宾参观有关的工程项目或大型设备。参观时，东道主一方应安排经验丰富的陪同人员或解说人员进行详细介绍，以加深来宾对工程项目或大型设备的了解和认识。若出于某种原因，不便邀请来宾进行现场参观，也可以通过组织其参观有关的图片展览或向其发放宣传资料的方式，来满足来宾的好奇心。仪式结束后，若不安排参观活动，可为来宾安排一场文艺表演，以增添欢快轻松的气氛。

3. 交接仪式的注意事项

1）东道主注意事项

（1）仪表整洁。东道主一方参加交接仪式的人员是本单位的形象代表，必须仪容仪表规范、服装修饰得体、举止文明大方。

（2）保持风度。在交接仪式举行期间，不允许东道主一方的人员东游西逛、交头接耳、打打闹闹。在为发言者鼓掌时，不允许厚此薄彼。当来宾为自己道喜时，切勿得意忘形。

（3）待人友好。不论自己是否专门负责接待、陪同或解说工作，东道主一方的全体人员都应当自觉地树立主人翁意识。一旦来宾提出问题或需要帮助时，都要鼎力相助，不能一问三不知、借故推脱，甚至胡言乱语。如果自己不能答复，要向对方说明原因，或安排适当的人给予帮助；若自己的能力不及，要真诚地向对方说明原因，并及时向有关部门或领导反映。

2）来宾注意事项

（1）致以祝贺。被邀请者接到正式邀请后，应尽早以单位或个人的名义发出贺电或贺信，向东道主表示祝贺。在出席交接仪式时，应将贺电或贺信当面交给东道主，还应郑重其事地与东道主一方的主要负责人握手并道贺。

（2）准备贺礼。为表示祝贺之意，应向东道主一方赠送贺礼，如花篮、牌匾等。花篮一般需要在花店定制，并且应在其两侧悬挂特制的红色缎带上写上贺词，可由来宾在抵达现场时送给主人，也可由花店代为赠送。

（3）准备贺词。假若自己与东道主关系密切，还需提前准备一份书面贺词，以备邀请发言时之用。其内容应当简明扼要，主要是表达向东道主一方道喜祝贺的心情。

（4）准点到场。若无特殊的原则，接到邀请后，务必正点抵达；若不能出席，应尽早通知东道主一方，以防在仪式举行时因缺乏人手而使主人难以开展工作。

（五）庆典仪式

庆典是各种庆祝仪式的统称。在商务活动中，商务人员参加庆祝仪式的机会是很多的，既有可能奉命为本单位组织一次庆祝仪式，也有可能应邀出席外单位的某次庆祝仪式。

商界的庆典仪式大致可以分为四类：成立周年庆典、荣获某项荣誉的庆典、取得重大业绩的庆典、获得显著发展的庆典。庆典仪式包括两个方面的礼仪规范，即组织庆典的礼仪规范和参加庆典的礼仪规范。

庆典是庆祝活动的一种形式，它以庆祝为中心，以热烈、欢快、隆重为宗旨，塑造本单位的形象，显示本单位的实力，扩大本单位的影响。不论是举行庆典的具体场合，还是庆典进行过程中的具体场面，全体出席者的情绪、表情，都要反映出欢快、热烈、喜悦和吉祥的气氛。

1. 安排好庆典的具体内容

庆典所具有的热烈、欢快、隆重的特色，应在具体内容的安排上得到体现。安排庆典时要考虑出席者的确定、环境的布置、来宾的接待及庆典的程序4个方面的内容。

1）确定庆典的出席者名单

确定庆典的出席者名单时，要以庆典的宗旨为指导思想。一般来说，庆典的出席者通常应包括以下人士：上级领导、社会知名人士、新闻记者、合作伙伴、社会关系单位、本单位员工。组成人员的具体名单一旦确定，就应尽早发出邀请或通知。鉴于出席庆典的人员多，涉及面广，故不到万不得已，不要将庆典取消、改期或延期。

2）精心布置庆典仪式的现场

举行仪式的现场是庆典活动的中心地点。它的安排、布置是否恰如其分，往往会直接影响庆典的效果。依据仪式礼仪的有关规范，商务人员在布置举行庆典的现场时，应注意以下几个方面。

（1）地点的选择。应结合庆典仪式的规模、影响力及本单位的资金实力来决定具体的地点。

（2）环境的美化。为了烘托出热烈、隆重、喜庆的气氛，可在现场张灯结彩，悬挂彩灯、彩带，张贴一些宣传标语，并且张挂标明庆典具体内容的大型横幅。

（3）场地的大小。在选择庆典仪式的现场时，场地的大小应与出席者人数的多少相适应。

（4）音响的准备。在举行庆典仪式之前，要准备好音响设备，并保证能正常使用。在庆典正式开始前后，应播放一些喜庆、欢快的乐曲，切勿播放不够庄重的流行歌曲。

3）精心安排并做好来宾的接待工作

与一般的商务接待活动相比，庆典仪式的接待工作，更应突出其礼仪特点。决定举行庆典后，应立即成立专门的筹备组，其成员通常由各部门的相关人员组成。筹备组以下，还应下设若干专项小组，分管公关、礼宾、财务、会务等方面的工作。

庆典筹备组应由年轻健康、形象良好、表达能力和应变能力较强的人员组成。其具体工作包括来宾的迎送（在现场迎接或送别来宾）、来宾的引导（专人负责带路，送到指定的地点）、来宾的陪同（安排专人陪同，以便关心与照顾非常重要或年事已高的来宾）、来宾的招待（指派专人提供各方面的帮助）。

4）拟定庆典的具体程序

拟定程序时必须坚持：时间宜短不宜长，以 1 个小时为限；程序宜少不宜多，但必须包括以下几项程序。

（1）预备，来宾就座，请出席者安静，介绍重要来宾。

（2）第一项，宣布庆典仪式正式开始，全体起立，奏国歌，必要时演奏本单位或本企业的标志性歌曲。

（3）第二项，本单位主要负责人致辞。其内容包括介绍此次庆典的缘由，向来宾表示感谢等。

（4）第三项，请与会嘉宾讲话。出席庆典仪式的上级部门、协作单位及社区关系单位，都要派代表讲话或致贺词。对外来的贺电、贺信等，不必一一宣读，但应公布其署名单位或个人。

（5）第四项，安排文艺演出。演出内容应慎重选择，不要有悖于庆典的主旨。

（6）第五项，邀请来宾进行参观，参观时应适当安排陪同人员。

以上各项程序中，前三项必不可少，后两项可以酌情省略。

2. 参加庆典人员的礼仪规范

参加庆典时，各方代表和主办方的人员都要注意自己的举止和行为，要遵循一定的礼仪规范。其中，主办方人员的仪表仪容尤为重要。

1）仪容整洁

所有出席本单位庆典的人员是单位的形象代表，都应保持仪容整洁。

2）服饰规范

有统一制服的单位，应以制服作为本单位人员参加庆典的着装。无制服的单位，应统一规定礼仪性服装，即男士应穿深色西服套装，配白衬衫、单色领带、黑皮鞋；女士应穿深色西服套装或西服套裙，配肉色丝袜、黑色高跟鞋。切忌在庄严隆重场合穿得太随意。

3）遵守时间

遵守时间是基本的商务礼仪之一，参加庆典仪式的本单位员工不得迟到、无故缺席或中途退场。如果庆典的起止时间已做规定，则应当准时开始、准时结束。

4）表情庄重

在举行庆典的整个过程中，要求表情庄重、全神贯注、聚精会神。特别是“升国旗、奏国歌、唱企业歌”的时候，一定要起立脱帽、立正，面向国旗或主席台行注目礼，并且认真庄严地和大家一起唱国歌或企业歌。

5）态度友好

遇到来宾时，要主动热情地问好，对来宾提出的问题，要立即予以答复。当来宾在庆典仪式上发言或进行参观时，要主动鼓掌表示感谢或欢迎。

6）行为自律

在出席庆典仪式时，主办方人员不得在庆典仪式举行期间到处乱走、乱转，不要找

周围的人交头接耳、开玩笑，不要有意无意地做出对庆典毫无兴趣的举动。

本单位员工在庆典仪式中发言时，应注意以下 3 个问题。

（1）上下场时要沉着冷静。上下场时，应不慌不忙，保持平和的心态。

（2）要讲究礼貌。在发言开始前，要向大家问好；在提及感谢对象时，应目视对方；在讲话结束时，应说一声“谢谢大家”；对于大家的鼓掌，则应以自己的掌声来回礼。

（3）语言要简练。发言不要随意发挥、信口开河，一定要在规定的时间内结束。

（六）新闻发布会

新闻发布会也称记者招待会，是以发布新闻为主要内容的会议，它是一种主动传播各类有关信息，谋求新闻界对某一社会组织或某一活动、事件进行客观而公正的报道的有效的沟通方式。这种方式是由某单位或几个相关单位出面，将新闻界人士邀请到一起，在特定的时间和特定的地点举行一次会议，宣布某一消息，说明某一活动或事件，争取新闻界对此进行客观公正的报道，并且尽可能地争取扩大信息的传播范围。对商界而言，举办新闻发布会，是建立企业与新闻媒体之间相互关系的一种最重要的手段。

举行新闻发布会应遵循一定的礼仪规范和要求，主要包括会议的筹备、媒体的邀请、现场的应酬、善后的事宜 4 个方面的内容。

1. 会议的筹备

筹备新闻发布会要做很多准备工作，其中最重要的是要做好主题的确定、时间和地点的选择、人员的安排、材料的准备等具体工作。

1）主题的确定

新闻发布会的主题，指的是新闻发布会的中心议题。主题确定是否得当，往往关系到新闻发布会的预期目标能否实现。一般而言，新闻发布会的主题大致上有 3 类：①发布某一消息；②说明某一活动；③解释某一事件。

2）时间的选择

一般来说，一次新闻发布会的全部时间应当限制在 2 个小时以内。此外，举行新闻发布会的时间要避开节假日，避开本地的重大社会活动，避开其他单位的新闻发布会，避开新闻界的宣传报道重点。另外，举行新闻发布会的最佳时间，一般是在周一至周四的 10～12 时，或是 15～17 时。在此时间内，绝大多数人都是方便出席的。

3）地点的选择

新闻发布会举行的地点，可以在本单位所在地、活动事件所在地，也可以在其他影响较大的中心城市。举行新闻发布会的现场，要求交通方便、条件舒适、面积适中，本单位的会议厅、宾馆的多功能厅、当地最有影响的建筑等，都可酌情予以考虑。

4）人员的安排

在准备新闻发布会时，主办方必须做好有关人员的安排。

新闻发布会的主持人应当由主办单位的公关部部长、办公室主任或秘书长担任。其基本条件是见多识广、反应灵活、语言流畅、幽默风趣、善于把握大局、长于引导提问，并且具有丰富的主持会议的经验。

新闻发布会的发言人通常应由本单位的主要负责人担任，其基本要求是修养良好、学识渊博、思维敏捷、记忆力强、能言善辩、彬彬有礼。

此外，还要精选一些本单位的员工负责会议现场的礼仪接待工作。为了方便辨认，主办单位正式出席新闻发布会的工作人员，都要佩戴事先统一制作的姓名胸卡。

5）材料的准备

在新闻发布会召开前，主办单位要事先委托专人准备好以下 4 个方面的材料。

（1）发言提纲。既要紧扣主题，又必须全面、准确、生动、真实。

（2）问答提纲。事先对有可能被提问的问题进行预测，并预备好相关答案，使发言人心中有底，必要时予以参考。

（3）宣传提纲。主办单位可事先准备好一份以有关数据、图片、资料为主的宣传提纲，并且打印出来，在新闻发布会上提供给每一位与会者。在宣传提纲上，通常应列出单位名称、网址、联络电话、传真号码等，以便供新闻界人士核实之用。

（4）辅助材料。预备可以强化会议效果的形象、视听材料，如图表、照片、实物、模型、光盘、录音、录像、影片、幻灯等。

2. 媒体的邀请

在邀请新闻界人士时，必须考虑以下问题。

（1）是否邀请新闻界人士参加，首先要看有无必要性。

（2）应当邀请哪些方面的新闻界人士参加。一方面，要根据电视、报纸、广播、杂志 4 种主要传播媒体的传播特点，合理地考虑邀请对象的组合。另一方面，要根据新闻发布会的内容确定邀请对象。对于影响巨大、主持正义、报道公正、口碑良好的新闻单位，要优先邀请，力争其选派人员到场。

（3）应当如何处理与新闻界人士的相互关系。主办单位的主要负责人和公关人员在与新闻界人士打交道时，一定要注意以下 5 点：①要把新闻界人士当成自己真正的朋友对待；②要对所有与会的新闻界人士一视同仁，不要有亲有疏、厚此薄彼；③要尽可能地向新闻界人士提供对方所需要的信息；④要尊重新闻界人士的自我判断；⑤要与新闻界人士保持联络。

3. 现场的应酬

主持人、发言人在新闻发布会现场，要注意以下几个方面。

（1）仪容仪表。主持人、发言人要进行必要的化妆，并且以化淡妆为主。男士宜穿着深色西服套装，打领带；女士宜穿着单色套裙，一般不宜佩戴首饰。

（2）相互配合。主持人和发言人要真正做好相互配合，事先必须进行内部明确分工，各管一部分。一般来讲，发言人的现场发言应分为两个部分，首先进行主旨发言，然后才回答提问。主持人与发言人必须保持口径一致，不允许相互拆台。当新闻界人士提出的某些问题过于尖锐或难以回答时，主持人要想方设法转移话题，不使发言人难堪。而当主持人邀请某新闻记者提问之后，发言人一般要给予对方适当的回答。

（3）语言得当。主持人、发言人代表着主办单位，必须要注意自己讲话的分寸。同时，发言时还要注意简明扼要、生动活泼、温文尔雅并能提供有价值的新闻。

4. 善后的事宜

新闻发布会举行完毕之后，主办单位还要认真做好以下3件事情。

（1）了解新闻界的反应。新闻发布会结束之后，核查一下新闻界人士的到会情况，据此可大致推断出新闻界对本单位的重视程度。

（2）整理保存会议资料。一类是会议自身的图文声像资料，另一类是新闻媒体有关会议报道的资料。报道具体可分为有利报道、不利报道和中性报道3类。

（3）酌情采取补救措施。对于在新闻发布会之后所出现的不利报道，要注意具体分析、具体对待；对于批评性报道，主办单位应当闻过即改、虚心接受；对于失实性报道，主办单位应通过适当途径加以解释、消除误解；对于敌视性报道，主办单位应在讲究策略和方法的前提下，立场坚定、据理力争，尽量为本单位挽回声誉。

第二节　商务谈判各阶段的礼仪

商务谈判礼仪是日常社交礼仪在商业活动中的具体体现，是按照一系列程序在谈判过程中必须遵守的礼仪规范。俗话说“事在人为”，谈判人员素质的高低往往成为谈判能否取得成功的决定性因素。除了知识经验、谈判策略及技巧外，谈判人员的个人礼仪也是很重要的因素。

一、准备谈判阶段的礼仪

谈判者在安排或准备谈判时，应该注重自己的仪表，预备好谈判的场所，布置好谈判的座次，并且以此来显示我方对于谈判的郑重其事及对对方的尊重。

（一）对谈判人员的仪表要求

正式出席谈判的人员，在仪表方面最值得注意的是服装。在这种场合，应穿着正式、简约而高雅的服装。可能的话，男士应穿深色西装和白衬衫，打素色或条纹式领带，配深色袜子和黑色系带皮鞋。女士则应穿深色西装或套裙和白衬衫，配肉色长袜和黑色高跟或半高跟皮鞋。同时要兼顾对方的审美习俗和审美心理，给人以可信的感觉。

另外，男士应理发、剃须，不准蓬头垢面，不留胡子或大鬓角。女士应选择端庄的发型，并且化淡妆，不可作过于时髦或超前的发型，不可化浓妆或使用浓香型的化妆品。

（二）谈判地点的确定

商务谈判的地点，应通过各方协商而定。担任东道主的一方应出面安排谈判现场的环境，准备好相关的物品，要在各方面注意做好礼仪接待的工作。

（三）谈判座次的安排

举行正式谈判时，谈判现场的座次要求严格，礼仪性很强。根据参加谈判的人员的多少来排列座次，具体分双边会谈和多边会谈两种。

举行双边谈判时，应使用长桌或椭圆形桌子，宾主应分坐于桌子两侧。若桌子横放，正面对门的一方为上座，留给客方坐；背面对门的一方为下座，由主方坐；若桌子竖放，则应以进门的方向为准，右侧为上，留给客方坐；左侧为下，由主方坐，如图 8.1 与图 8.2 所示。

图 8.1　谈判桌横放式座次示意图

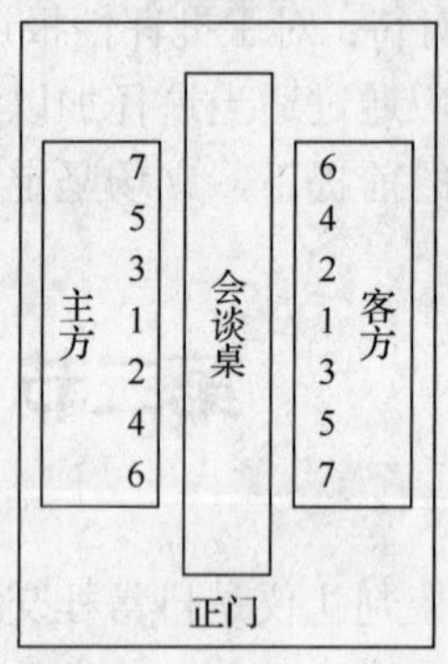

图 8.2　谈判桌竖放式座次示意图

举行多边谈判时，为了避免失礼，淡化尊卑界限，按照国际惯例，一般均以圆桌为佳，即所谓圆桌会议。

二、开局谈判阶段的礼仪

（一）提前约定时间，并按时赴约

从事商务活动的人都拥有较强的时间观念，因此，在商务谈判之前双方应提前约定时间，做好谈判的准备。一旦约定，双方都必须按时赴约，若迫不得已需要更改时间，应提前通知对方。对言而无信的商务伙伴，失去的不仅仅是信用，更是双方真诚合作的机会。

（二）及时到场，礼貌入座

谈判者应神态自然、步态轻松而稳健地步入会场，从椅子的左侧入座，坐下后身体要保持端正。不要转动座椅，不要跷起“二郎腿”，也不要将脚向前伸或置于座椅的下面。女性坐下时要注意理裙，两腿并拢。

各方的主谈人员应在自己一方居中而坐，其他人员则应遵循右高左低的原则，依照职务高低自近而远地分别在主谈人的两侧就座，如需要译员，则应安排其就座于仅次于主谈人员的位置，即主谈人的右侧。

无论何种谈判，有关各方与会人员都应尽量同时入场、同时就座，主方人员应待客方人员入座后再入座。

（三）自我介绍要得体

谈判双方接触的第一印象十分重要，言谈举止要尽可能地表现友好。做自我介绍时要自然大方，不卑不亢，但也不要表现得过于傲慢；被介绍时应起立微笑示意；在做完自我介绍后，可双手递上名片加深印象，以便于日后联络。

（四）创造和谐的谈判气氛

介绍完毕之后，要进行简短的问候致意，说话要自然、得体，不要结结巴巴或语不达意。首次交谈时，可选择双方共同感兴趣的话题进行，以便引起共鸣、沟通感情，创造和谐的谈判气氛，为正式谈判奠定良好的基础。

（五）认真听对方谈话

谈判之初的重要任务是摸清对方的底细，因此要认真听对方谈话，细心观察对方举止表情，并适当给予回应。这样既可表现出尊重与礼貌，也能从中了解到对方的目的和意图。

三、正式谈判阶段的礼仪

（一）举止优雅适度

谈判过程中，要注意坐、站、行的姿态，谈判时应目光注视对方且停留在对方双眼至前额的三角区范围内，这样使对方感到被关注、被尊重。手势要自然，不宜做大幅度的手势，以免给对方造成轻浮之感。切忌双臂在胸前交叉，那样显得十分傲慢无礼。

（二）语言适度、语气委婉

商务谈判中，要讲究一定的语言技巧和礼仪。提问时，要注意提问方式要委婉，在提问的内容上，不要问与谈判内容无关的问题。如果提出的问题对方一时答不上来或不愿回答，就不要再追问下去，要随机应变，适时转换话题。言辞不可过激或追问不休，以免引起对方反感，甚至恼怒，但对原则性问题应当力争不让。对方回答问题时不宜随意打断，答完时要向解答者表示谢意。

商务谈判的结果最终影响着利润的分配，因此，双方人员的据理力争免不了会有一番唇枪舌剑。只有运用恰当得体的语言、温和委婉的语气，才能给对方好感，变不利因素为有利因素。

（三）回答问题实事求是

回答对方的问题要实事求是，不可敷衍了事或答非所问。如果对方对某个问题不太了解，要耐心地向对方进行解释，直到对方明白为止，切不可表现得不耐烦，或敷衍了事，甚至不屑一顾。

（四）以礼相待，态度诚恳

在商务谈判中，双方要互相尊重，以礼相待，对不同的意见应持欢迎、尊重和诚恳的态度。这种态度能使我们更加平心静气地倾听对方的意见，从而体现谈判者的宽广胸怀。在把握目标的坚定性和策略的前提下，本着互谅、互让、互惠的原则，平等友好相处，加深彼此了解，从而有利于谈判的成功。

（五）宽容大度，心平气和

在谈判过程中，即使双方没有“达成一致”，也要对对方彬彬有礼、宽容大度，为以后的合作打下良好的基础。不能翻脸不认人，因情急而失礼，更不要争吵，否则无助于矛盾的解决，只能激化矛盾。因此，要注意保持风度，心平气和地解决问题。

（六）恪守信用

在商务谈判中，要遵守承诺，取信于人，不能言而无信。不要欺蒙对方，报价要明确无误，不得变幻不定，对方一旦接受价格，不得再行更改或出尔反尔。许诺必须谨慎，不管是谈判对手提出的要求，还是自己主动提出的要求，都要深思熟虑、量力而行。

（七）保持耐心冷静

在谈判中，解决矛盾时要就事论事，要细心观察对方的举止、表情，并适当地给予回应，这样，既可表现出尊重与礼貌，还能从中了解到对方的动机和意图。如果对方情绪较激动，最好的办法就是静静地倾听对方说话，千万不要还击。成功往往来自关键时刻的耐心与冷静，求大同存小异，不可因发生矛盾而有过激的语言和行动，甚至进行人身攻击或侮辱对方。

四、签约阶段的礼仪

签约阶段的礼仪包括以下几个方面。

(1) 在签约时，双方参加谈判的全体人员都要出席。当双方签字人员进入签字大厅时，其他各方的人员应按身份排列顺序跟随在各自的签字人员之后，共同进入会场，然后相互握手致意。

（2）双方的助签人员分别站在各自一方签约人的外侧，其余人排列站立在各自一方的代表身后。

（3）助签人员要协助签字人员打开文本，用手指明签字位置。双方代表各在己方的文本上签字，然后由助签人员互相交换文本并由双方代表在对方文本上签字。

（4）签字完毕后，双方代表应同时起立，再次交换文本，并相互握手，祝贺合作成功。其他随行人员则应该以热烈的掌声表示祝贺。

（5）在签字结束后，适当地赠送礼品给对方，会对增进双方的友谊起到一定的作用。

案例分析

某照明器材厂的设计员金先生按原计划完成了新产品的设计，便手拿企业新设计的照明器材样品，兴冲冲地登上6楼，脸上的汗珠未来得及擦一下，便直接走进了业务部张经理的办公室，正在处理业务的张经理被吓了一跳。

“对不起，这是我们企业设计的新产品，请您过目！”金先生说。张经理停下手中的工作，接过金先生递过的照明器，随口赞道：“好漂亮啊！”并请金先生坐下，倒上一杯茶递给他，然后拿起照明器仔细研究起来。金先生看到张经理对新产品如此感兴趣，如释重负，便往沙发上一靠，跷起二郎腿，一边吸烟一边悠闲地环视着张经理的办公室。

当张经理问他电源开关为什么装在这个位置时，金先生习惯性地用手搔了搔头皮。虽然金先生做了较详尽的解释，但张经理还是有点半信半疑。

谈到价格时，张经理强调：“这个价格比我们预算高出较多，能否再降低一些？”金先生回答：“我们经理说了，这是最低价格，一分也不能再降了。”张经理沉默了半天没有开口。金先生却有点沉不住气，不由自主地拉松领带，眼睛盯着张经理。张经理皱了皱眉，问：“这种照明器的性能先进在什么地方？”金先生又搔了搔头皮，反反复复地说：“造型新、寿命长、节电。”张经理托词离开了办公室，只剩下金先生一个人。金先生等了一会，感到无聊，便非常随便地抄起办公桌上的电话，同一个朋友闲谈起来。这时，门被推开，进来的却不是张经理，而是办公室秘书。

思考：

1. 分析案例，金先生的生意没有谈成的礼仪缺陷有哪些？
2. 在商务活动中，金先生应该如何注意自己的个人礼仪问题？

复习思考题

1. 常见的商务仪式包括哪些内容？
2. 正式商务谈判过程中应注意哪些礼节？

实践训练

（一）

【实训项目】

商务人员服饰设计。

【实训目的】

通过实训，学生能按照商务人员服饰礼仪进行着装。

【实训要求】

假设你即将参加某公司的面试，你如何进行着装准备？

（1）学生根据即将面试的单位性质和岗位特点自行准备面试的服饰。

（2）每个小组派出一名代表展示面试服饰（服饰要符合面试岗位特点），形式有两种可供选择：①课堂上进行面试服饰的现场展示；②先拍好照片或视频，以 PPT 或视频播放的形式进行展示。

（3）全体学生评选出最佳的面试服装。

（二）

【实训项目】

商务人员仪容设计。

【实训目的】

通过实训，学生能按照商务人员仪容要求进行个人妆容设计。

【实训要求】

女生通过课堂观看专业化妆师毛戈平的《现代美容化妆技法》视频，以及教师现场展示化妆过程及化妆技巧，学习职业淡妆的化妆技法；尝试进行自我化职业淡妆的练习。女生分组，派选出两名女生进行化妆（其中一名女生当化妆师），熟悉化妆步骤，并拍照记录下化妆的步骤，以 PPT 的形式上交。

（三）

【实训项目】

商务人员仪态设计。

【实训目的】

通过实训，学生能根据商务人员的仪态要求进行站姿、坐姿、行姿、蹲姿等训练。

【实训要求】

学生分组，各小组选出一名男生和一名女生，根据各自的性别进行相应的站姿、坐姿和蹲姿训练；将各种站姿、坐姿、蹲姿练习拍照并制作 PPT，在课堂上进行展示。

附录 A
谈判案例分析方法

一、谈判案例分析的目的

在现代西方高校的教学中，案例教学非常普遍，特别在 MBA 教学中，更是作为一种主要的教学手段。据说在哈佛大学的 MBA 教学中，案例教学的比重占 60%。通过大量的案例分析，学生普遍反映学到了知识，培养了能力。

案例分析是把已经发生过的事情作为材料，对事情发生的原因、经过、结果进行分析，对与之相关的情况进行分析。结合商务谈判来说，案例分析就是把已经发生过的谈判实例作为分析内容，对谈判的各方面进行深入细致的分析。

通过案例分析，可以达到以下目的。

（一）能增强对谈判的感性认识

许多学习商务谈判的学生，从来没有经历过谈判，不容易理解谈判的原理。通过案例分析，他们能够理论联系实际，切实掌握好谈判理论。

（二）能吸收他人的经验教训

即使是专门从事谈判工作的人员，也不可能经历过各种谈判环境、各种谈判内容、各种谈判场面的谈判，也不可能善于应对各种谈判对手、各种策略、各种谈判困境。通过案例分析，能帮助他们看到别人成功的奥秘和失败的教训，有利于提高他们的实战能力和效果。至于谈判场上的新手，更需要借鉴别人的经验教训。因为谈判失败的代价往往很高，可能会毁了一个新人、一个企业，容不得我们经常去冒险。

（三）能提高思维能力

人主要有两种能力，体力和脑力。人类社会之所以能够远离原始状态，是人类这两种能力共同发挥作用的结果。但如果人没有认识事物的能力，没有人脑提供行动方法和目标，人体就像一部软件落后的计算机，硬件再先进，又能成什么大事呢？有些动物的体能难道不比人强大吗？你看它们的发展状态如何？人的脑力是人的主要能力，这是显而易见的。

大学生的根本任务，就是要利用大学提供的各种条件、学习资源、学习方法，努力增强自己的脑力，主要是思维能力。

通过谈判案例分析，学生应了解案例细节，从中寻找谈判失败和成功的原因；要能够透过事情的表面，看到背后的影响因素；要能够找出各种因素的内在联系。通过这样的训练，学生善于用大脑发现问题、解决问题。

二、谈判案例分析的内容

面对一个谈判案例，应该抓住哪些内容进行分析？

（1）可以分析谈判的环境，经济的、政治的、文化的环境因素对谈判有哪些影响，

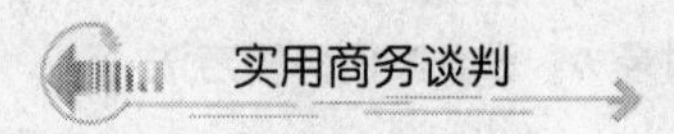

对哪一方更有利。

（2）可以分析谈判各方的条件，他们的经济实力、市场地位、经营状况等，对谈判有什么影响。

（3）可以分析谈判各方的准备工作，信息收集和研究、谈判计划和方案、人员组织和培训等工作做得如何，与谈判的结果有什么关系。

（4）可以分析谈判人员的表现，他们在谈判中各种能力的发挥是否有效，是否和目标一致。

（5）可以分析谈判各方的谈判策略、技巧、方法的运用是否得当，如何应对。

（6）可以把以上各种因素和谈判中的种种细节综合起来分析，以把握谈判发展变化的规律。

以上这些内容有的在表面，有的隐藏在背后，需要运用一定的方法才能看到。

三、谈判案例分析的具体方法

面对一个谈判案例，首先，要读懂它，熟悉它的每一个细节；其次，要抓住其中值得研究的内容提出有价值的问题；再次，根据案例提供的信息和线索，运用思维方法进行多角度、多层次的解析，从而找到有益的答案。

谈判案例分析为什么要提出问题？

爱迪生是人类最伟大的发明家，他的一生约有 2000 项发明。有人甚至说：如果没有爱迪生的发明，人类文明史至少要推迟 200 年。那么，爱迪生的发明想法从何而来？

有一天，爱迪生在路上碰见一个朋友，看见他的手指关节肿着，便问："手指为什么会肿？"

"我不知道确切的原因是什么。"

"为什么你不知道呢？医生知道吗？"

"唉！去了很多医院，每个医生说的都不同，不过多半的医生以为是痛风症。"

"什么是痛风症呢？"

"他们告诉我说是尿酸淤积在骨节里。"

"既然如此，医生为什么不从你骨节中取出尿酸来呢？"

"医生不知道如何取出。"

"为什么他们不知道如何取出呢？"

"医生说尿酸是不溶解的。"

"我不相信。"爱迪生最后说。

爱迪生回到实验室，马上进行尿酸是否能溶解的试验。他排好了一列试管，每只试管内都有不同的化学溶液，每种溶液中都放入一些尿酸结晶。两天之后，他看见两种溶液中的尿酸已经溶化了。于是，这位发明家有了新发明，一种医治痛风症的新方法诞生了。

这个故事有以下几个方面的启发：

（1）它告诉我们，人类认识事物的过程，其实是提出问题、解决问题的过程。没有

问题的提出，就不会有对事物的深入认识，就不会有人类社会的发展。

(2) 它为我们提供了一种方法——追问法，对可疑的事情要追根究底，找到真正的问题所在。

日本丰田公司曾经流行一种管理方法，叫追问到底法。例如，公司的某台机器突然停止运转了，于是就展开了一系列的追问：

"机器为什么不转了？"

"因为保险丝断了。"

"为什么保险丝会断呢？"

"因为超负荷而造成电流太大。"

"为什么会超负荷呢？"

"因为轴承枯涩不够润滑。"

"为什么轴承不够润滑？"

"因为油泵吸不上润滑油。"

"为什么油泵吸不上润滑油？"

"因为油泵出现严重磨损。"

"为什么油泵会严重磨损？"

"因为油泵未装过滤器而使铁屑混入。"

至此，真相大白。于是，给油泵装上过滤器，再换上保险丝，机器就能长期地正常运转了。其实追问法的追问过程，既是一个疑问的过程，也是一个深入分析的过程，一个解决问题的过程。

(3) 这个故事向我们显示了一种敢于创新的精神。不受别人思想的束缚，敢于解决别人不能解决的问题，这种精神和分析案例的宗旨是一致的。要通过分析案例，借鉴别人的经验教训，但不是简单照搬，而是要扬长避短、推陈出新。别的谈判人员的优点要学习，他们犯的错误要避免，他们做不好、做不到的，要努力去做好、做到。

用提问的方法来分析案例，这不是分析案例的唯一方法，还可以用比较法分析案例，例如，同样是时间紧张的谈判，为什么有的受时间影响大，有的受时间影响小？通过不同案例的对比，可以找到答案。

面对一个案例，也许能够提出许多问题，但没必要都去分析研究，我们要分析有价值的问题。怎样才算是有价值的问题？应该掌握这样的标准：①有利于提高谈判能力的问题；②和案例密切相关的问题；③在现有条件下能够找到明确答案的问题。

随着分析者需要的不同和案例内容的不同，案例分析的方法也可灵活选择。涉及军事的，要用军事的方法；涉及数据的，要用数学、统计的方法。只要能找到案例中最真实、最有价值的信息，就是最好的方法。

四、实例分析示范

在讨论案例时，可以根据需要，对它进行全面分析或重点分析。全面分析就是对整个案例的各方面内容进行多方位、多层次、多方法的分析。重点分析就是对案例某一方面的内容进行多方位、多层次、多方法的分析。下面按全面分析的要求，对一个案例分析示范如下：

在20世纪80年代的某一年，某国有大型茶叶公司发现，仓库里有大量红茶积压，如再不迅速售出，损失将很大。经过几天研究，定下了一个洽谈业务的方案。此后，当客户来探盘时，该茶叶公司把品种少的红茶混杂在大量绿茶中报盘，绿茶以市场价报出，红茶的价格比市场价高。客户对绿茶价格表示认可，但对红茶价格表示怀疑。该茶叶公司解释说：据可靠消息，今年红茶歉收，行情看涨。客户听后没有提出异议，也不愿订购红茶，就走了。一次如此，两次如此，尽管未见成效，该茶叶公司仍然坚持这样和客户洽谈。一个月后，以前走掉的客户陆续回来了，并在该茶叶公司报的红茶价的基础上，达成了一笔笔交易。这一年的红茶库存销售一空，价格也比往年卖得高。

案例分析：

这个案例，表面上看起来很简单，其实隐含着大量有价值的信息。下面采用提问法，边提问边分析。

提问：该茶叶公司取得了谈判的成功吗？

分析：从谈判的目标和谈判的结果来看，该茶叶公司不仅卖掉了积压商品，而且取得了不错的经济效益；既超额完成了任务，也没有影响交易各方的关系，没有留下履约中的麻烦，可算是成功的谈判。

提问：该茶叶公司用了什么策略使谈判取得成功？

分析：该茶叶公司在报盘时，把红茶混杂在大量的绿茶中报价，而又故意提高红茶价格，这是策略之一；一旦采用了这种方法之后，不管眼前效果如何，还坚持相当一段时间，这是策略之二。

提问：为什么要把品种少的红茶混杂在大量的绿茶中报价？

分析：因为品种繁多的绿茶的价格报的是市场价，是容易令客户信服的价格，所以提价后的红茶混在其中，想以此来分散客户的注意力，希望使他们产生这样的心理：大部分绿茶价格都是真的，小部分红茶的价格大概也假不到哪里去，这叫“鱼目混珠”。就像几句假话混在许多真话之中，使人真假难辨。

提问：明明红茶积压，为什么还要提高价格呢？

分析：兵法云：虚则实之，实则虚之。提价可以使对方不怀疑该茶叶公司销售上的困难，并可利用对方可能产生的逆反心理，以为高价必然有好货，高价必然有道理，使该茶叶公司积压商品顺利销出。

提问：该茶叶公司明知策略实施后并未见效，为什么还要坚持一段时间呢？

分析：首先，客户表示怀疑，不等于方法无效。客户没有进行有力的反驳，说明他们心中没底，这正说明方法的可行。其次，面对出乎意料的价格，要对方一下子接受是很难的，要有耐性等待，让客户们也有时间互通信息。中国有个成语，叫“三人成虎”，

说是在一个集市上，有人突然狂奔而来，大叫“老虎来了”，旁人不信，大白天哪来的老虎。突然又有一人边跑边叫“老虎来了”，众人将信将疑。这时，第三个人又跑来大叫“老虎来了”，赶集的人群“哄”地一下四处逃窜。老虎来了吗？没来。该茶叶公司在一段时间里坚持用同一种方法，就可能起到三人成虎的效果。

提问：该茶叶公司的涨价理由明明有假，客户为什么不调查？

分析：一种可能，所有的客户都疏忽了，但这可能性较小；另一种可能，因为调查不便，相对于价格所涨部分来说，调查费用太高，而涨价多付的货款，在下一步的交易中，有可能消化。

提问：该茶叶公司的谈判策略是在什么条件的支持下才取得成功的？

分析：该茶叶公司是一家大型国有企业，对市场有举足轻重的影响力，轻易不会发布不实信息，容易使人相信，这是条件之一；当时的中国市场上，还没有这样多的茶叶出口商，因此，客户的选择余地比较小，这是条件之二；人的心理有其薄弱的一面，容易受“鱼目混珠”“三人成虎”这种情况的影响，这是条件之三；客户因为疏忽，或者因为调查困难而相信中方的话，这是条件之四；该茶叶公司谈判人员的具体表现，我们从案例中不得而知，但言行总不能自相矛盾，令人生疑，这是条件之五；涨价的幅度是客户能够消化的，这是条件之六。这6个方面条件合在一起，使该茶叶公司策略大获成功。如果没有一定的条件支持，策略可能就不是策略。所以在选择策略时，一定要看清它的支持条件。

提问：使用这样的谈判策略是否也有风险？

分析：世界上没有能保证百分之百成功的策略，就是在案例条件下使用这样的策略，也是有风险的，也可能有其他的结果。

提问：使用这样的策略可能遇到什么样的风险？

分析：如果有一个客户有条件了解红茶产地的情况，消息就会不胫而走，客户们就会怀疑该茶叶公司谈判人员故意发布假消息，就会怀疑红茶价格有问题，就可能产生两种结果。一是放弃购买红茶，以免上当受骗；二是以此为把柄，迫使该茶叶公司让步。不管是哪一种结果，该茶叶公司的声誉和经济利益都会受损，还会影响企业更大、更长远的利益。

提问：既然有风险，为什么还采用呢？

分析：红茶不能及时销售出去，公司眼前利益就会大损。如果说是积压商品低价销售，会给销售造成很大困难。所以，被迫以企业的声誉作为赌注，也是企业维护利益的正常手段。

以上就是对案例的全面分析，问题越全面、细致、独特，分析就越全面、深入、有价值。

五、拟写案例分析

大学生不仅要能够口头分析案例，而且要能够把分析的成果化为文字，使它起更大的作用。在把分析的成果化为文字的过程中，不仅锻炼了学生的表达能力，而且有利于学生思维能力的提高。如果不能把案例分析到一定程度，你就会觉得无从落笔。要想通过文字让对方了解你的观点，你就必须把案例思考到一定程度。案例分析的写作，可谓一举两得。

（一）要明确文章的中心

要把分析的成果表达在纸上，首先需要确立一个中心。案例分析是论说文，中心就是一个中心论点。通过分析，可能对案例有各方面的看法，但只能选择最精彩、最有价值的观点作为中心论点。例如，你认为谈判人员的表现很出色，谈判策略很精妙，谈判环境作用很大，但你不能什么都写，而只能以其中一点为主，其余的看法为其服务。

（二）案例分析的结构

案例分析由标题和文章正文组成。标题一般可以有两种形式：一种如《间接取悦法，谈判的制胜法宝》《谈判：攻心为上》《谈判专家的谈判方法分析》；另一种如“退一步海阔天空”再加上副标题“——分析案例《得寸进尺》”。

文章主体由开头、主体、结尾3个部分组成。开头可以包括对整个案例的评价、分析案例的意义、中心观点。主体部分是对中心观点的论证过程，主要是通过对案例的分析来证明自己观点的正确性。结尾部分，可以在归纳、总结的基础上，进一步深化中心观点，联系更多的实际，发挥中心论点的积极意义。

（三）案例分析范例

甲公司要出口的商品是竞争很激烈的商品，国际市场价为每打150美元。甲公司故意把价格压到每打145美元，质量和每打150美元的相同。这一报价引起了外商极大的兴趣，于是对方抛弃其他卖主，把重点放在与甲公司的谈判上来。

在谈判中，甲公司表示，如果外商要扩大销路，该公司可把原来的简装改为精装，但每打要增加2美元。外商深知该产品精装比简装畅销，便欣然同意。

在谈到交货期时，外商要求甲公司在两个月内完成5万打的交货任务。甲公司表示数量太大，工厂来不及生产，可考虑分批装运。第一批在签约后两个月内运出，其余的在6个月内全部交完。外商坚持要求在两个月内全部交完。我方表示愿与厂方进一步协商。几天后，甲公司答复：该公司为了满足外商的要求，愿意加班加点，但考虑到该产品出口利润甚低，希望外商能付一些加班费。外商表示愿意支付每打3美元的加班费。

最后，我方表示这批货物数量较大，厂方资金有困难，希望外商能预付30%的货款。最终，外商同意预付20%的货款，协议就此达成。其实，这批货是我方的库存品，交易

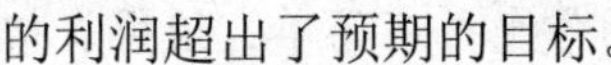
的利润超出了预期的目标。

（四）案例分析例文

简单的“放低球”策略不简单

“放低球”是商务谈判中的常用策略，通常做法是开出让人心动的交易条件，以吸引谈判对象，然后在谈判中利用各种机会，把“低球”再弹上去。（解释策略）

这种策略从理论上讲并不复杂，但真正要运用得好并不简单。以上案例是“放低球”策略运用得较好的例证，从它简单的事实中，我们可以读出许多不简单来。（点题和引出下文）

案例中，甲公司在激烈竞争的市场上，不被市场价束缚，而敢于以比市场价低5美元的价格登场，这不仅要有敢于承担风险的勇气，而且需要熟知市场行情，有准确判断谈判发展趋势和左右谈判的能力。（指出不简单之处）

从谈判中可以看到，甲公司谈判人员采用“放低球”策略，并非出于一种投机心理，而是有计划、有准备、有能力的一种明智的选择。（以下为具体证明不简单的分析）

当外商看到甲公司的“低球”，就放弃了其他卖主，这是“低球”放得恰到好处的结果。甲公司首先从为对方销售着想出发，提出精装和简装的议题，此举正中外商下怀，因此欣然同意加价2美元。其实这并非出于甲公司的灵机一动，而是对“低球”的弹性早就了然于胸了。因为甲公司和外商一样，也深知该产品精装比简装更畅销的市场行情。

既然精装的目的是为了扩大销路，那么势必存在大量订货的可能，也就存在一个把“低球弹上去的机会”。结果，当外商要求两个月内完成5万打的交货任务时，甲公司把握机会，表示“数量大，工厂来不及生产，可考虑分批装运”，让外商感到己方的困难。当外商坚持原来立场，甲公司却灵活地放弃了原来的立场，并表示愿与厂方进一步商量，外商感到甲公司的诚意。几天后，当甲公司提出可以满足供货要求，但要支付加班费时，外商已能充分理解这种合情合理的要求。于是，甲公司又达到了目的。

其实，旁观者心知肚明，这只是为了把“低球”弹上去所演的一场“好戏”。由于甲公司事先判断准确，“戏”的细节设计得天衣无缝，“演员”的表演没有破绽，于是心想事成。

但好戏并未到此收场。既然供货的时间紧，任务重，厂方的资金当然可能成问题，所以提出较高的预付款要求也就不足为奇。但外商会不会一口拒绝中方的要求呢？因为谈判到此时，双方已进入难分难舍的阶段，外商自认为已取得不少优惠条件，只要不是非分之想，怎么可能让既得利益付之东流呢？况且预付款也是为了保证自己能按时获得商品。所以，外商也没理由拒绝，这是在甲公司意料之中的。

综观案例中“放低球”策略的运用，因为甲公司了解市场行情，正确把握了对手的心理活动，对谈判发展的趋势判断合理，再加上谈判人员得体的言行配合，使甲公司从谈判一开始就掌握了主动，并始终左右着谈判发展的方向，最终实现了用普通方法难以

实现的谈判目标。事情经过看起来很简单，但它背后所蕴含的信息并不简单，值得我们分析研究。（总括策略成功的不简单原因）

有人可能会想，案例中的甲公司人员的行为是否有违道德。（突破局限，消除疑问，提升价值）从表面看，甲公司谈判人员是有虚假言行，但这只是迫于现实。因为把自己的底细诚实地告诉对方，并不能保证得到正确对待。甲公司为了争取自己应得的利益，故布疑阵，但并没有强迫对方相信。谈判结果也说明，甲公司只是巧妙地让对方心甘情愿地接受甲公司积压商品的市场价，并未损害对方利益，这不失为一种公平的做法。

附录 B
商务谈判实训演练评分表

商务谈判实训演练评分表

评估指标	评分标准	1 组成绩	2 组成绩	3 组成绩	……
1．模拟演练步骤完整性是否按商务谈判各阶段步骤进行	15				
2．模拟演练内容全面性包括谈判预案准备、信息、策略、技巧全面	20				
3．模拟演练实战性：演练具有真实商务谈判现场情境	20				
4．模拟演练临场表现：口头表达清晰，语言逻辑性强	15				
5．模拟演练团体配合：整体意识强，团队分工与职责明确，配合默契	15				
6．模拟演练创新性：能将所学谈判理论应用到谈判实务中，并有自己的观点	15				
总成绩 100 分					
小组评语	1 组： 2 组： 3 组： ……				
教师评语	1 组： 2 组： 3 组： ……				

参考文献

毕思勇，张成山，2009．商业谈判[M]．北京：高等教育出版社．

蔡玉秋，2011．商务谈判[M]．北京：中国电力出版社．

方琪，2011．商务谈判[M]．北京：中国人民大学出版社．

龚荒，2014．商务谈判与沟通：理论、技巧、实务[M]．北京：人民邮电出版社．

黄卫平，董丽丽，2012．国际商务谈判[M]．北京：机械工业出版社．

李品媛，2010．商务谈判[M]．北京：高等教育出版社．

李逾男，杨学艳，2017．商务谈判与沟通[M]．2 版．北京：北京理工大学出版社．

李哲，2017．现代商务谈判的艺术[M]．天津：天津人民出版社．

毛国涛，田华，2018．商务谈判[M]．北京：北京理工大学出版社．

莫德，2016．国际商务谈判．原理与实务[M]．吴易明，译．北京：中国人民大学出版社．

庞岳红，2011．商务谈判[M]．北京：清华大学出版社．

彭庆武，2016．新编商务谈判[M]．上海：上海财经大学出版社．

孙立秋，徐美荣，赵洪霞，2015．商务谈判[M]．北京：对外经济贸易大学出版社．

汤普森，2013．商务谈判实务[M]．5 版．赵欣，译．北京：中国人民大学出版社．

汪华林，2018．现代商务谈判[M]．北京：企业管理出版社．

王方，2009．商务谈判实训[M]．大连：东北财经大学出版社．

王扬眉，2016．商务谈判[M]．郑州：郑州大学出版社．

辛文昉，2009．商务谈判[M]．北京：中国商务出版社．

袁其刚，2014．商务谈判[M]．北京：电子工业出版社．

张丽华，2010．商务谈判实训[M]．北京：中国劳动社会保障出版社．

张强，2014．商务谈判学[M]．北京：中国人民大学出版社．

张燕，2012．国际商务谈判[M]．上海：立信会计出版社．